bioskop SII

Einführungsphase
Niedersachsen

Arbeitsheft

Autorinnen
Dr. Petra Hoppe
Andrea Ocklitz

westermann

bioskop SII

Einführungsphase Niedersachsen

Begleitmaterial:
Löser zum Arbeitsheft (ISBN 978-3-14-102499-9)

westermann GRUPPE

© 2018 Bildungshaus Schulbuchverlage
Westermann Schroedel Diesterweg Schöningh Winklers GmbH, Braunschweig
www.westermann.de

Das Werk und seine Teile sind urheberrechtlich geschützt. Jede Nutzung in anderen als den gesetzlich zugelassenen bzw. vertraglich zugestandenen Fällen bedarf der vorherigen schriftlichen Einwilligung des Verlages. Nähere Informationen zur vertraglich gestatteten Anzahl von Kopien finden Sie auf www.schulbuchkopie.de.

Für Verweise (Links) auf Internet-Adressen gilt folgender Haftungshinweis: Trotz sorgfältiger inhaltlicher Kontrolle wird die Haftung für die Inhalte der externen Seiten ausgeschlossen. Für den Inhalt dieser externen Seiten sind ausschließlich deren Betreiber verantwortlich. Sollten Sie daher auf kostenpflichtige, illegale oder anstößige Inhalte treffen, so bedauern wir dies ausdrücklich und bitten Sie, uns umgehend per E-Mail davon in Kenntnis zu setzen, damit beim Nachdruck der Verweis gelöscht wird.

Druck A² / Jahr 2020
Alle Drucke der Serie A sind inhaltlich unverändert.

Redaktion: Dr. Sonja Calvus
Satz: Satz und Grafik Walter Laß e.K., Meitingen
Illustrationen: Julius Ecke, Markus Ruchter
Layout: LIO Design GmbH
Druck und Bindung: Westermann Druck GmbH, Braunschweig

ISBN 978-3-14-102498-2

Inhalt

DIE ERFORSCHUNG DER ZELLE – BAU UND FUNKTION VON ZELLEN — 4

1 Die Zelle – Grundbaustein und Funktionseinheit aller Lebewesen — 6
2 Eine Reise in die Zelle - ein Hörspieltext — 7
3a Die Lichtmikroskopie — 8
3b Die Elektronenmikroskopie — 9
4a Zellkern — 10
4b Mitochondrien — 11
4c Golgi-Apparat und Cytoskelett — 12
4d Endoplasmatisches Retikulum und Ribosomen — 13
4e Spezielle Zellorganellen in Pflanzenzellen — 14
4f Eukaryotische und prokaryotische Zellen im Vergleich — 15
4g Tabelle für Material 4a-4f - Die Zellorganellen — 16
5a Kompetent in ... verschiedene Zelltypen und ihre Organellen (1) — 18
5b Kompetent in ... verschiedene Zelltypen und ihre Organellen (2) — 19
5c Kompetent in ... Aufbau von Zellen — 20
6a Lipide — 21
6b Kohlenhydrate — 22
6c Proteine — 24
6d Aufbau und Funktion von Proteinen, Kohlenhydraten und Lipiden — 26
7a Aufbau von Biomembranen: Versuch: Wirkung von Methanol auf Biomembranen — 27
7b Aufbau von Biomembranen: Vom Versuch zum Modell — 28
7c Aufbau von Biomembranen: Grenzen eines Modells — 29
7d Aufbau von Biomembranen: Das Membranmodell nach DAVISON und DANIELLI (1935) — 30
7e Aufbau von Biomembranen: Das Flüssig-Mosaik-Modell — 32
8 Die Arbeit mit Modellen — 33
9 Basiskonzept Kompartimentierung — 34
10 Basiskonzept Struktur und Funktion — 35
11a Grundlagen für Stofftransporte: Verteilung von Duftstoffen im Klassenraum — 36
11b Grundlagen für Stofftransporte: Diffusion durch eine selektiv permeable Membran — 37
11c Grundlagen für Stofftransporte: Osmose — 38
11d Grundlagen für Stofftransporte: Osmose und verschieden konzentrierte Lösungen — 39
11e Grundlagen für Stofftransporte - einen Versuch planen — 40
12 Kompetent in ... Diffusion und Osmose — 41
13a Transportvorgänge an Zellmembranen: Passiver Transport — 42
13b Transportvorgänge an Zellmembranen: Aktiver Transport — 43
13c Kompetent in ... Transportvorgänge an Zellmembranen — 44
13d Basiskonzept Steuerung und Regelung — 45
14a Tipps zum Mikroskopieren - Zeichnen von mikroskopischen Bildern — 46
14b Mikroskopische Übung zur Plasmolyse — 47
15 Checkliste zur Klausurvorbereitung — 48

MOLEKULARGENETIK – DIE FUNKTION DES ZELLKERNS — 48

1 Der Zellkern: Bau und Bedeutung der Steuerzentrale — 50
2a Acetabularia — 51
2b Acetabularia: Einzellige Algen mit Schirm (1) — 52
2c Acetabularia: Einzellige Algen mit Schirm (2) — 53
2d Acetabularia: Historische Experimente (1) — 54
2e Acetabularia: Historische Experimente (2) — 55
3a Chromosomen- unsere Erbinformation — 56
3b Chromatin und Chromosomen — 57
4 Erstellung eines Karyogramms — 58
5a Transformationsexperimente von GRIFFITH und AVERY (1) — 59
5b Transformationsexperimente von GRIFFITH und AVERY (2) — 60
6 Extraktion von DNA aus Pflanzenzellen — 61
7 Bau der DNA — 62
8 Zellzyklus — 64
9a Mitosestadien — 66
9b Mitosestadien im Mikroskop — 67
9c Ablauf der Mitose — 68
10a Verdopplung der DNA — 69

10b Der molekulare Mechanismus der DNA-Replikation — 71
10c Replikation auf Chromosomenebene — 71
11a Basiskonzept Struktur und Funktion (Wiederholung) — 72
11b Basiskonzept Struktur und Funktion – Enzyme — 73
12a Kompetent in… Funktionen des Zellkerns — 74
12b Kompetent in… Funktionen des Zellkerns – Basiskonzept Reproduktion – semikonservative Replikation der DNA — 75
13 Wichtige Daten in der Molekularbiologie — 76
14 Wichtige Wissenschaftler in der Biologie — 77
15 Zusammensetzung der Nucleinsäuren — 78
16 Zellalltag — 79
17a Muskeldystrophie - wenn Muskeln nicht funktionieren — 80
17b Die Proteinbiosynthese - von der DNA zum Protein — 81
17c Was ist eigentlich RNA? — 82
17d Transkription — 83
17e Informationstext: Genetischer Code - das Alphabet unseres Genoms — 84
17f tRNA — 85
17g Translation — 87
17h Beladung der tRNAs — 88
17i Vom Dystrophin-Gen zum Dystrophin-Protein — 88
18a Die Genwirkkette — 89
18b Die Genwirkkette - Nobelpreis für BEADLE und TATUM — 90
18c Alles Banane? – Alterungsprozess in Obst und Gemüse — 91
19 Mutationen - Veränderungen im Erbgut — 92
20 Verschiedene Ursachen – ähnliches Krankheitsbild: Muskeldystrophien und ihre Ursachen — 93
21a Progerie - wenn Kinder im Zeitraffer altern — 94
21b Methoden PCR und Gelelektrophorese — 95
22 Kompetent in… Galaktosämie – wenn molekulare Werkzeuge versagen… — 96
23 Basiskonzept Kompartimentierung (Wiederholung) — 97
24 Checkliste zur Klausurvorbereitung — 98
25 Keimzellen und deren Befruchtung — 100
26 Meiose - Keimzellen entstehen — 101
27 Die Meiose bei Mann und Frau — 102
28 Vergleich Mitose - Meiose — 104
29 Fehler in der Meiose – die Entstehung von Monosomien und Trisomien — 105
30a Pränataldiagnostik (PND) — 106
30b Fruchtwasseruntersuchung — 107
30c Hintergrundinformationen zur Pränataldiagnostik (PND) — 108

31a Methodenblatt: Ethisches Bewerten — 109
31b Was nun? — 110
31c Informationsblatt Down-Syndrom - Trisomie 21 — 111
31d Gavriels Hoffnung - Crispr — 112
32 Basiskonzepte - eine Mindmap erstellen — 113
Glossar — 114
Stichwortverzeichnis — 117
Sicherheit beim Experimentieren — 119
Liste der in Versuchen verwendeten Stoffe — 120
Bildquellennachweis — 120

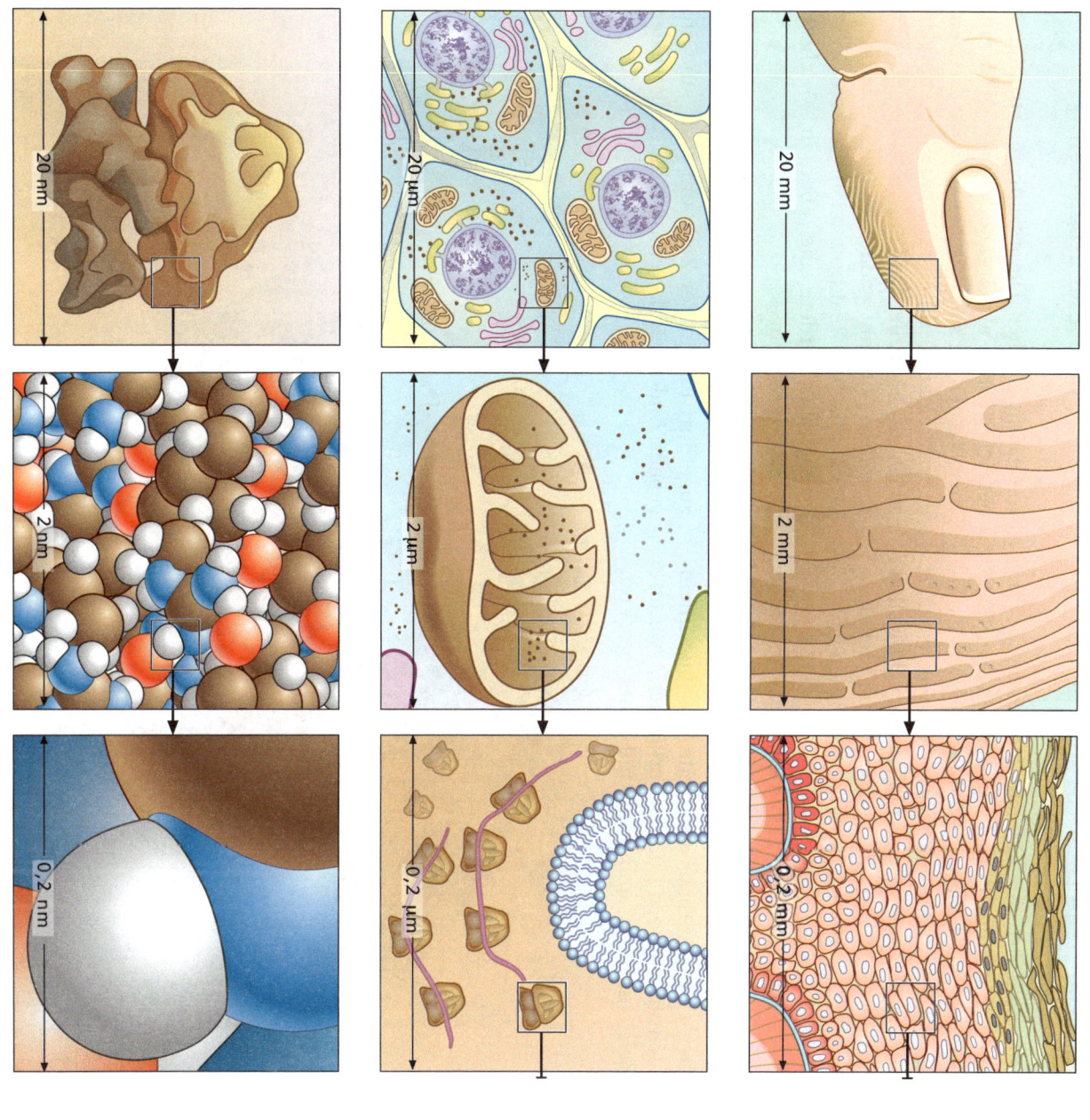

1 Ein Blick in den menschlichen Körper von der Hautoberfläche des Daumens bis zu den Atomen. Von Ausschnitt zu Ausschnitt wird die Vergrößerung um das Zehnfache erhöht.

Die Erforschung der Zelle

Material 1: Die Zelle – Grundbaustein und Funktionseinheit aller Lebewesen

Die Zelle ist die kleinste lebens- und vermehrungsfähige Einheit, an der wir alle Kennzeichen des Lebendigen finden. Sowohl einzellige wie auch mehrzellige, hochentwickelte Lebewesen zeigen den gleichen strukturellen Grundaufbau ihrer Zellen, wobei die Vielfalt in Größe, Gestalt und Funktion beachtlich ist.

Die Gesamtzahl der Zellen eines erwachsenen Menschen wird auf 10 bis 100 Billionen Zellen bei circa 200 verschiedenen Zellarten geschätzt. Der Grundaufbau der Zelle ist mit einem Lichtmikroskop gut zu erkennen, weitere Zellstrukturen sind dann mit einer besseren Auflösung zu sehen. Diese sichtbaren Strukturen bezeichnet man als **Organellen**, die wiederum jeweils einen für sie typischen Feinbau besitzen, der mit einer bestimmten Funktion verbunden ist. Diese Organellen sind durch Zellmembranen räumlich getrennt, wodurch unterschiedliche biochemische Reaktionen in einer Zelle ermöglicht werden, die aber in Wechselbeziehung stehen.

Die Zelle ist ein offenes System: Stoffe werden zugeführt und in der Zelle um-, auf- und abgebaut. Andere Stoffe verlassen die Zelle wieder.

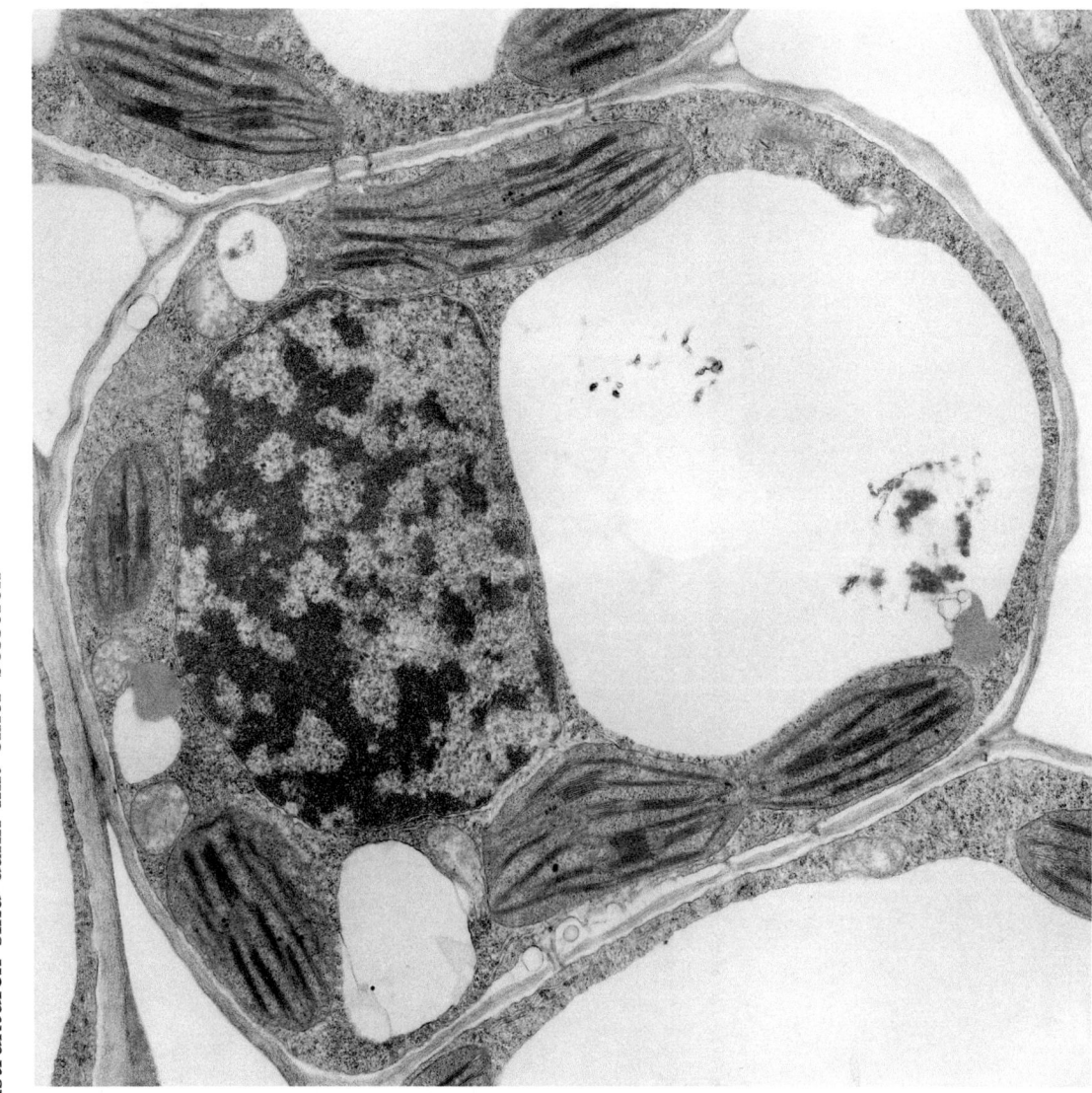

1 *Elektronenmikroskopische Aufnahme einer Pflanzenzelle*

1. Nennen Sie wichtige Eigenschaften und Merkmale von Zellen.
2. Erläutern Sie den Begriff „Organellen".
3. Umranden Sie Strukturen in Abbildung 1, die Organellen darstellen.

Material 2: Eine Reise in die Zelle – ein Hörspieltext

Wir schreiben das Jahr 2020. Der Wissenschaft ist es gelungen, eine Sonde zu entwickeln, mit der man in eine Körperzelle „schauen" kann. Wir vom Radiosender Kuriosos begleiten Anja und Paul, die dem Sondenexperten Cytos beim „Besuch" in eine Zelle folgen dürfen.

Experte: Wir befinden uns mit der Sonde im Magen und schlüpfen in eine Zelle hinein und schauen uns um. So, nun sind wir durch eine **Magenschleimhautzelle** gelangt.

Anja: Meine Güte, das ist ja ein totales Durcheinander in der Zelle. Da sind ja ganz viele Bläschen und noch viele andere merkwürdige Gebilde.

Paul: Also, ich glaube, die Flüssigkeit, in der die Gebilde schwimmen, ist das **Zellplasma**.

Anja: Guck' mal da, was ist das? Das sieht ja aus, als wären das gestapelte Haufen. Oh, und da schnürt sich etwas ab!

Paul: Wenn ich das richtig sehe, sind hier ganz viele Bläschen unterwegs.

Experte: Ja, davon gibt es unterschiedliche mit unterschiedlichen Funktionen. Die Bläschen nennt man **Vesikel**.

Anja: Da hinten taucht etwas auf: etwas Riesiges, Großes, Dunkles!

Paul: Es ist auch kugelig. Herr Cytos, wir brauchen Ihre Hilfe!

Experte: Was seht ihr denn? Hat das Gebilde kleine dunkle Öffnungen oder Löcher?

Paul: Ja, so etwas kann ich erkennen.

Experte: Na, dann ist es klar. Das ist der **Zellkern**. Den sollten wir uns einmal näher anschauen.

Anja: Oh, an den Seiten des Kanals sieht man Proteine.

Experte: Das ist eine **Kernpore**, der Durchlass durch die **Kernhülle**, die aus zwei Membranen besteht.

Paul: Oh je, ich glaube, der Bildschirm ist ausgefallen, dort sind ja nur noch Fäden zu sehen!

Experte: Nein, nein. Im Zellkern befinden sich doch die **Chromosomen**, die die Erbinformation enthalten. Die bestehen aus langen **DNA-Fäden**.

Anja: Ach, das sind die **Gene**, oder?

Paul: Jetzt möchte ich hier aber raus, man sieht ja nur dieses fädige Zeug.

Anja: Die Umgebung wird wieder dünnflüssiger. Wo sind wir jetzt?

Experte: Diese Umgebung ähnelt dem Zellplasma. Aber weil wir uns im Kern befinden, spricht man von **Karyoplasma**.

Paul: So, jetzt aber raus aus dem Zellkern. Ups, das sieht ja aus wie ein Kanalsystem?

Experte: Tja, da sind wir in einem Membransystem gelandet, das direkt am Zellkern hängt. Es hat einen komplizierten Namen: **endoplasmatisches Reticulum**. Außen liegen oft **Ribosomen**. Dann versuchen wir durch eine andere Pore wieder im Zellplasma zu landen.

Anja: Ah, da sieht man Membranen, die dicht an dicht mit kleinen Kügelchen besetzt sind. Ist das wieder das Membransystem von eben?

Experte: Ja, und die Kügelchen sind die Ribosomen. Nun aber weiter, so eine Zelle hat ja noch mehr zu bieten.

Paul: Huch, das sind da aber auch wie kleine Fliegenmaden. Kann man da auch rein?

Experte: Könnte man, aber da müssten wir wieder erst zwei Membranen durchqueren. Die Membranen sind sehr wichtig. Sie füllen fast das **Mitochondrium** aus.

Anja: Ich höre immer nur Membran. Ich habe gelernt, die Zelle sei die kleinste lebensfähige Einheit im Körper. In der Zelle muss also sehr viel passieren, oder?

Experte: Tut es auch! Mitochondrien sind die Kraftwerke der Zelle. Und die Stapel vorhin sind ständig in Bewegung. Die haben auch einen ungewöhnlichen Namen – **Dictyosomen**.

Paul: Also, diese Membranen schaffen in der Zelle selbst kleine, abgegrenzte Räume, oder? Können denn alle Stoffe durch diese Membranen hindurch?

Experte: Nein, das ist es ja – durch diese Abgrenzungen werden Minireaktionsräume geschaffen, so können in einer Zelle verschiedene biochemische Reaktionen ablaufen, ohne sich zu stören! Somit sind auch Einzeller als Lebensform möglich – da laufen Nahrungsaufnahme, Verdauung und Ausscheidung in einer Zelle! Bei uns übernehmen das die Organe, die dann auch spezialisierte Zellen besitzen.

Anja: Das habe ich mir aber anders vorgestellt. Und diese Art Spinnennetze, die immer wieder ins Bild kommen, ich hoffe, das ist etwas Anderes?

Paul: Das ist das **Cytoskelett der Zelle**!

Anja: Okay, okay, mir reicht es erst mal mit diesen Bildern. Ich finde das alles ganz schön unbekannt und schwer zu erkennen.

Experte: Ja, du hast recht, man braucht schon einen geschulten Blick, aber das kann man üben. Hier, ich habe noch ein paar REM-Bilder für euch.

1. Entwickeln Sie Wissensfragen, die sich aus dem Hörspiel für Sie ergeben.
2. Tauschen Sie Ihre Fragen mit Ihrem/r Sitznachbarn/in aus und ergänzen Ihre Fragen.
3. Bilden Sie Gruppen, lesen Sie sich die Fragen aus den Zweierteams vor und entscheiden Sie sich für sechs Fragen, die Sie dann jeweils im Plenum vorstellen.

Die Erforschung der Zelle

Material 3a: Die Lichtmikroskopie

Objekte können dann von dem menschlichen Auge vergrößert gesehen werden, wenn man sie an das Auge annähert. Sobald man allerdings das Objekt näher als 25 bis 30 Zentimeter an das Auge heranführt, sind keine weiteren Einzelheiten zu erkennen. Diese Grenze, bei der sich die Auflösung nicht weiter verbessert, nennt man Auflösungsgrenze. Grundsätzlich gilt: Je näher der Gegenstand, desto größer das Netzhautbild, desto mehr Einzelheiten sind zu erkennen. Das Auge kann aber nur dann zwei Punkte eines Gegenstandes getrennt wahrnehmen, wenn die entsprechenden Bildpunkte auf verschiedene Sehzellen fallen. Diese maximale Auflösung wird bei einem Abstand zwischen Objekt und Auge von 25 bis 30 Zentimetern erreicht, weil dann die Bildpunkte in einem Abstand von 0,1 Millimetern auf die Netzhaut treffen, was genau dem Abstand der Sehzellen entspricht. Um eine weitere Vergrößerung zu erreichen, benötigt man Hilfsmittel wie Lupen oder Lichtmikroskope. Die weitere Vergrößerung wird durch **Linsen** beziehungsweise Linsensysteme bewirkt. Im Lichtmikroskop erzeugt die Linse des **Objektivs** ein vergrößertes Bild des von Licht durchstrahlten Objekts wie bei einem Diaprojektor. Dieses „Zwischenbild" entsteht im oberen Teil des **Tubus** und wird durch die Linse des **Okulars** noch einmal vergrößert. Die Gesamtvergrößerung im Mikroskop ergibt sich also aus dem Produkt der Vergrößerungen von Objektiv und Okular. Sie lässt sich allerdings nicht beliebig steigern. Die maximale Auflösungsgrenze für Lichtmikroskope liegt bei 0,25 Mikrometern, das entspricht 0,00025 Millimetern.

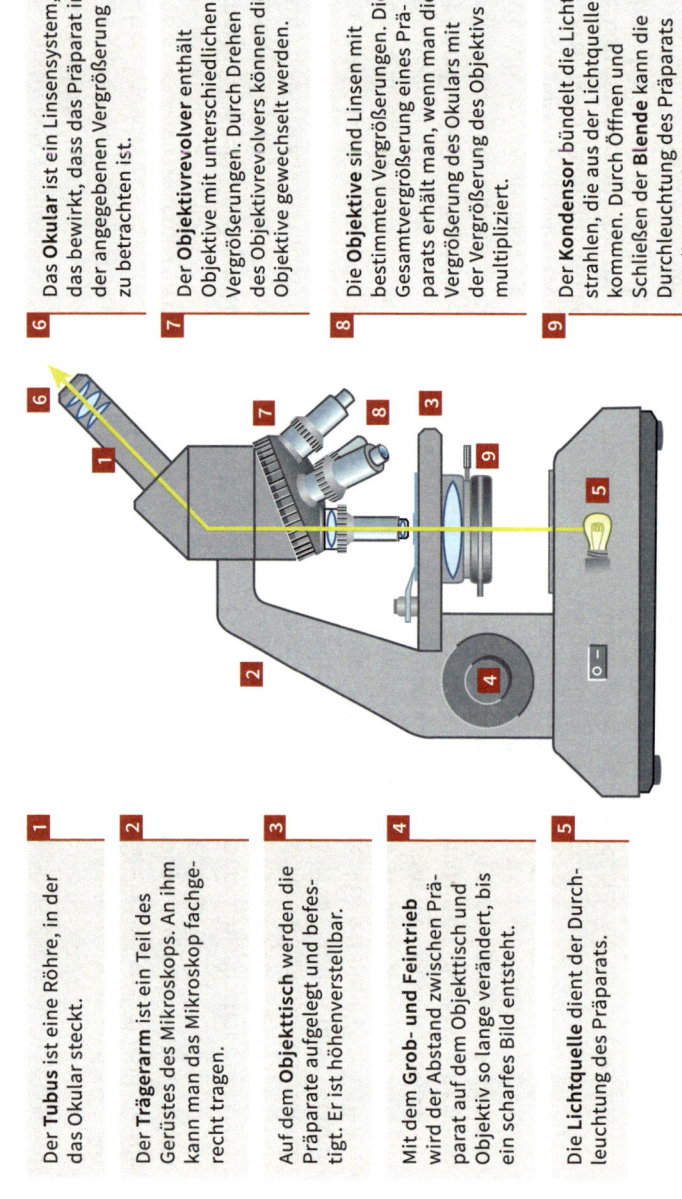

1. Der **Tubus** ist eine Röhre, in der das Okular steckt.
2. Der **Trägerarm** ist ein Teil des Gerüstes des Mikroskops. An ihm kann man das Mikroskop fachgerecht tragen.
3. Auf dem **Objekttisch** werden die Präparate aufgelegt und befestigt. Er ist höhenverstellbar.
4. Mit dem **Grob- und Feintrieb** wird der Abstand zwischen Präparat auf dem Objekttisch und Objektiv so lange verändert, bis ein scharfes Bild entsteht.
5. Die **Lichtquelle** dient der Durchleuchtung des Präparats.
6. Das **Okular** ist ein Linsensystem, das bewirkt, dass das Präparat in der angegebenen Vergrößerung zu betrachten ist.
7. Der **Objektivrevolver** enthält Objektive mit unterschiedlichen Vergrößerungen. Durch Drehen des Objektivrevolvers können die Objektive gewechselt werden.
8. Die **Objektive** sind Linsen mit bestimmten Vergrößerungen. Die Gesamtvergrößerung eines Präparats erhält man, wenn man die Vergrößerung des Okulars mit der Vergrößerung des Objektivs multipliziert.
9. Der **Kondensor** bündelt die Lichtstrahlen, die aus der Lichtquelle kommen. Durch Öffnen und Schließen der **Blende** kann die Durchleuchtung des Präparats reguliert werden.

1 *Strahlengang im Durchlichtmikroskop*

1. Zeichnen Sie die Lage des Zwischenbildes in den Querschnitt des Mikroskops ein.
2. Erläutern Sie die Technik der Bilderzeugung in der Lichtmikroskopie.

Material 3b: Die Elektronenmikroskopie

Das Auflösungsvermögen eines Lichtmikroskops wird vor allem durch die Wellenlängen des Lichts begrenzt. Um das Auflösungsvermögen noch weiter zu steigern, muss daher Strahlung verwendet werden, deren Wellenlänge kürzer ist als die des Lichts. **Elektronen**, die sich sehr schnell bewegen, erfüllen diese Voraussetzung. Je schneller sich die Elektronen bewegen, desto kürzer ist die Wellenlänge des Elektronenstrahls. Elektronen lassen sich durch jede Art von Teilchen ablenken. An festen Stoffen werden sie reflektiert. Daher müssen Elektronenstrahlen im Vakuum erzeugt werden. Die Erzeugung von Vergrößerungen mithilfe von Glaslinsen ist nicht möglich. Allerdings lassen sich Elektronen durch **elektrische und magnetische Felder** ablenken. Besonders konstruierte Felder zeigen im Elektronenmikroskop die gleiche Wirkung wie Sammellinsen auf Lichtstrahlen. Man spricht von elektromagnetischen Sammellinsen. Im Elektronenmikroskop verwendet man als Elektronenquelle Wolframdraht, der elektrisch zum Glühen gebracht wird. Die dabei entweichenden Elektronen bilden im Vakuum im Hochspannungsfeld den Elektronenstrahl. Dieser durchstrahlt das Objekt wie die Lichtstrahlen im Lichtmikroskop. Man spricht daher von einem Durchstrahlungselektronenmikroskop, **Transmissionselektronenmikroskop (TEM)**. Da man zur Erzeugung eines Elektronenstrahls eine sehr lange Röhre, den Tubus, benötigt, ist der Strahlengang im Elektronenmikroskop umgekehrt zu dem im Lichtmikroskop. Die Strahlungsquelle ist oben angebracht. Die Strahlung wird über den Kondensor durch das Objekt geleitet und gelangt dann durch Objektiv und Projektiv, die wie Linsen wirken, auf einen Leuchtschirm. Dieser Fluoreszenzschirm wandelt die für das menschliche Auge unsichtbaren Elektronenstrahlen in sichtbare Lichtpunkte um. Das Vakuum im Tubus und die Eigenschaften der Elektronenstrahlen schließen eine Beobachtung lebender, frischer Objekte aus.

Beim **Rasterelektronenmikroskop (REM)** werden die Objekte nicht von den Elektronen durchstrahlt, sondern nur bestrahlt. Dabei trifft ein punktförmig gebündelter Elektronenstrahl auf die Oberfläche des Objektes. Dieser wird Primärelektronenstrahl genannt. Beim Auftreffen auf die Oberfläche werden die Elektronen abgebremst und gleichzeitig werden weitere Elektronen aus dem Objekt herausgeschleudert. Der so entstehende Sekundärelektronenstrahl wird über einen Detektor ausgewertet und als Helligkeitspunkt dargestellt. Um die gesamte Oberfläche des Objektes abzubilden, wird der Elektronenstrahl zeilenweise über die Oberfläche geführt. Dieses Vorgehen nennt man Rasterung der Oberfläche. Durch die Rasterelektronenmikroskopie entsteht ein räumliches Bild der Oberfläche eines Objektes. Die maximale Auflösungsgrenze der Elektronenmikroskopie liegt bei 0,1 Nanometern.

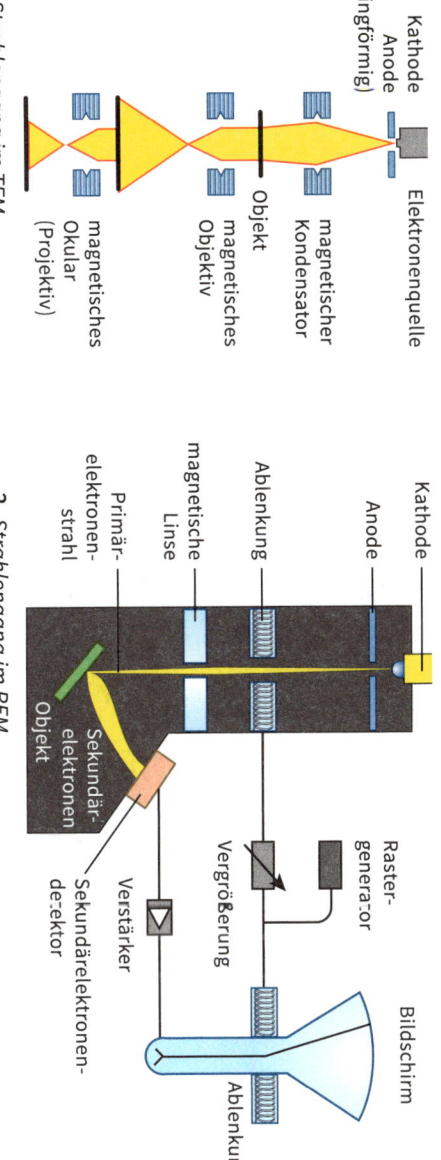

1 Strahlengang im TEM

2 Strahlengang im REM

1. Vergleichen Sie die beiden Abbildungen. Nennen Sie Gemeinsamkeiten und Unterschiede.
2. Erläutern Sie die Technik der Bilderzeugung in beiden Arten der Elektronenmikroskopie.
3. Nennen Sie Unterschiede zu der Technik der Bilderzeugung bei der Lichtmikroskopie.
4. Stellen Sie Hypothesen dazu auf, weshalb die Beobachtung lebender Objekte im Elektronenmikroskop nicht möglich ist.

Die Erforschung der Zelle

Material 4a: Zellkern

Der **Zellkern**, Nucleus, ist oft kugelförmig. In einem elektronenmikroskopischen Bild ist er mit einer Größe von 0,005 bis 0,02 Millimeter gut als größter Zellbestandteil zu erkennen. Die den Zellkern begrenzende **Kernhülle** ist eine Doppelmembran mit einem dazwischenliegenden Hohlraum. Sie ist von zahlreichen Poren, den sogenannten **Kernporen**, durchbrochen. Durch diese Kernporen können Moleküle zwischen dem Zellplasma, Cytoplasma, und dem Inneren des Zellkerns, dem **Karyoplasma**, ausgetauscht werden. Oft ist der Zellkern über die Kernporen auch mit dem **endoplasmatischen Retikulum** verbunden, über das auch Stoffe transportiert werden. Das Karyoplasma enthält neben Proteinen fädige Strukturen, das **Chromatin**. Es ist das genetische Material der Zelle in Form von DesoxyRibonucleinsäuren, der **DNA**, und der Ribonukleinsäuren, der **RNA**. Mithilfe der DNA werden alle Lebensvorgänge innerhalb der Zelle gesteuert. Auf der DNA liegen zum Beispiel alle Informationen verschlüsselt vor, die die Eigenschaften des Organismus ausmachen. Außerdem werden mithilfe der DNA alle Stoffwechselvorgänge reguliert. Die DNA lässt sich anfärben und ist dann bereits lichtmikroskopisch zu erkennen.

Neben DNA, RNA und Proteinen enthält der Zellkern noch einen oder mehrere **Kernkörperchen**, den **Nucleolus** oder die Nucleoli. Nucleoli besitzen einen hohen Gehalt an RNA und sind stark anfärbbar. Sie sind an der Bildung der **Ribosomen** beteiligt.

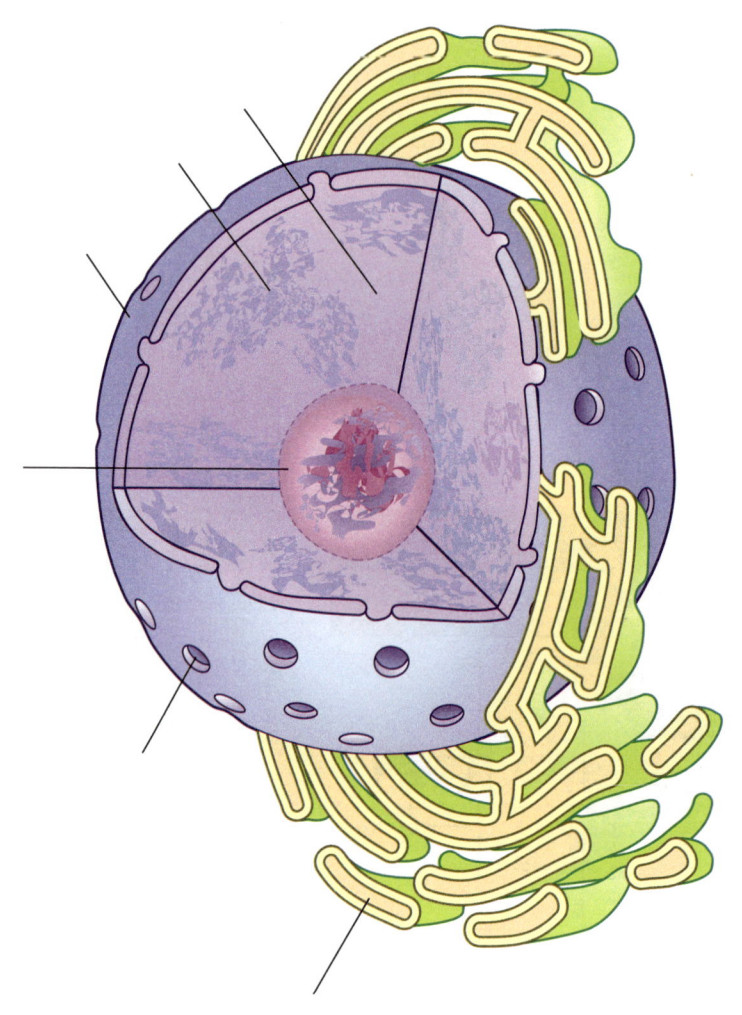

1 *Schema eines Zellkerns*

1. Beschriften Sie die Abbildung.
2. Fassen Sie die wichtigsten Informationen zu Aufbau und Funktion des Zellkerns zusammen und notieren Sie sie in der Tabelle in Material 4g (S. 16/17).

Material 4b: Mitochondrien

Mitochondrien sind langgestreckte, abgerundete Zellbestandteile mit einer Größe von 0,001 bis 0,005 Millimeter. Jedes Mitochondrium wird von zwei Membranen begrenzt, der **äußeren** und der **inneren Membran**. Durch diese Doppelmembran werden zwei unterschiedliche Kompartimente geschaffen: das **nicht-plasmatische Kompartiment** zwischen den beiden Membranen und das **plasmatische Kompartiment** innerhalb der inneren Membran, die sogenannte **Matrix**. Die innere Membran bildet sehr viele Einstülpungen in die Matrix. Diese Einstülpungen werden **Christae** genannt. Sie können röhrenförmig, flächig, lamellenartig oder unregelmäßig ausgebildet sein. Obwohl besondere Poren nicht sichtbar sind, sind beide Membranen für bestimmte Stoffe, wie zum Beispiel Traubenzucker, durchlässig.

Die Mitochondrien sind die Orte der Zellatmung. Diese findet an der inneren Membran statt. Die Zellatmung liefert die für alle Stoffwechselvorgänge in der Zelle benötigte Energie. Daher werden Mitochondrien auch oft die Kraftwerke der Zelle genannt. Mitochondrien enthalten in der Matrix neben Proteinen, Lipiden und **Ribosomen** auch ihre eigene ringförmige DNA. Sie können sich ebenso wie Chloroplasten durch Teilung eigenständig vermehren.

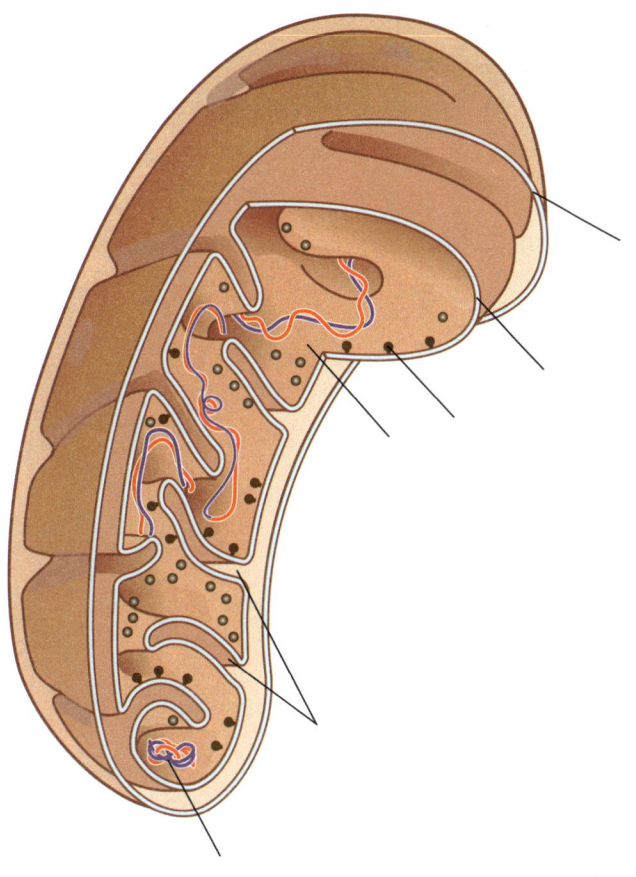

1 *Schema eines Mitochondriums*

1. Beschriften Sie die Abbildung.
2. Fassen Sie die wichtigsten Informationen zu Aufbau und Funktion von Mitochondrien zusammen und notieren Sie sie in der Tabelle in Material 4g (S. 16/17).

Die Erforschung der Zelle

Material 4c: Golgi-Apparat und Cytoskelett

In jeder Zelle befinden sich zahlreiche 0,001 bis 0,003 Millimeter lange, circa 0,0005 Millimeter breite Hohlräume, die von einer Membran umschlossen sind, die sogenannten **Zisternen**. Sie liegen wie gestapelte Teller zusammen und werden in dieser Anordnung **Dictyosomen** genannt.

Die wesentliche Aufgabe der Dictyosomen besteht nicht in der Bildung, sondern in der Speicherung und dem Transport von Stoffen. Während sie in tierischen Zellen überwiegend Proteine speichern und transportieren, sorgen sie in pflanzlichen Zellen vorwiegend für den Transport der Baustoffe für die Zellwand. Zum Transport der Stoffe schnürt sich am Rand einer Zisterne ein Bläschen ab, das **Golgi-Vesikel** genannt wird. Diese Vesikel wandern zu den Orten, an denen die „geladenen" Stoffe benötigt werden. Spezielle Vesikel der Dictyosomen, die Lysosomen, enthalten Enzyme, die Stoffe abbauen können. Sie dienen der intrazellulären Verdauung von Stoffen. Stirbt eine Zelle, löst sich die Vesikelmembran auf. Die freigesetzten Enzyme verdauen die Zellstrukturen und lösen die Zelle auf. Diesen Vorgang nennt man Selbstauflösung oder Autolyse.

In einer Zelle befinden sich in der Regel mehrere Dictyosomen. Alle Dictyosomen einer Zelle werden nach ihrem Entdecker, CAMILLO GOLGI, **Golgi-Apparat** genannt. Der Golgi-Apparat ist ein Speicher- und Transportsystem der Zelle. Das Zellplasma, Cytoplasma, ist von einem komplexen Geflecht aus verschiedenen Proteinstrukturen, den sogenannten **Proteinfilamenten**, durchzogen. Die Gesamtheit dieses Geflechts wird als **Cytoskelett** bezeichnet. Im Gegensatz zu dem statischen, knöchernen Skelett des Menschen ist das Cytoskelett eine sich ständig verändernde Struktur. Das Cytoskelett sorgt für die mechanische Festigkeit der Zelle und ist verantwortlich für Bewegungsvorgänge wie Plasmaströmungen, Kontraktionen und Formveränderungen. Proteinfilamente können fadenförmig oder röhrenförmig sein. Eine röhrenförmige Variante der Filamente stellen die **Mikrotubuli** dar. Mikrotubuli sind Röhren mit einem Durchmesser von 0,00002 bis 0,00003 Millimeter, die aus dem schraubenartig gewundenen Protein Tubulin bestehen. Sie dienen der Versteifung von Plasmastrukturen im Randbereich der Zelle. Darüber hinaus spielen sie bei der Stabilität von Zellporen, beim Aufbau von Geißeln und beim Aufbau des Spindelapparats während der Zellteilung eine Rolle. So sind auch die Centriolen, die während der Zellteilung den Ausgangspunkt für die Bildung der Teilungsspindel bilden, aus Mikrotubuli aufgebaut. Das Cytoskelett dient der Stabilität der Zelle und wirkt bei Bewegungsvorgängen mit.

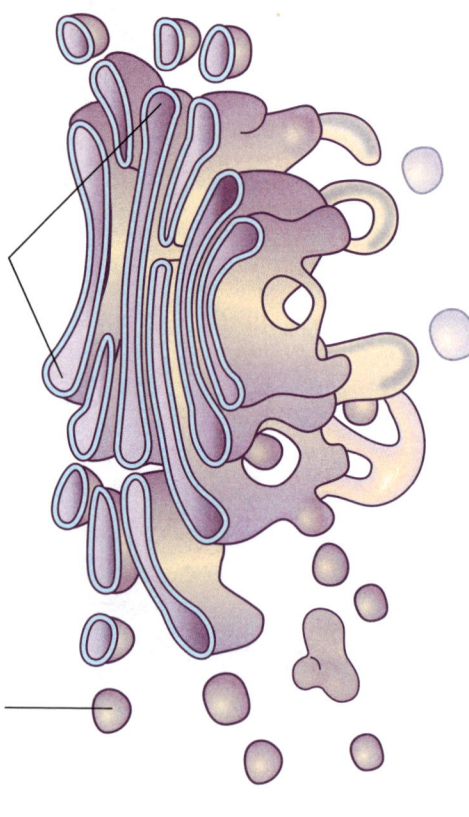

1 *Schema eines Dictyosoms*

1. Beschriften Sie die Abbildung.
2. Fassen Sie die wichtigsten Informationen zu Aufbau und Funktion von Golgi-Apparat und Cytoskelett zusammen und notieren Sie sie in der Tabelle in Material 4g (S. 16/17).

Material 4d: Endoplasmatisches Retikulum und Ribosomen

Das **endoplasmatische Retikulum (ER)** ist ein netzförmiges Membransystem, das das gesamte Cytoplasma durchzieht. Die untereinander verbundenen, membranumgrenzten Hohlräume heißen **Zisternen**. Sie haben eine Dicke von 0,004 bis 0,01 Millimeter und können flach, lamellenartig, röhren- oder bläschenförmig sein. Das ER steht mit anderen Membranen, zum Beispiel der Kernmembran in Verbindung. Ein Teil des ER ist an der Außenseite seiner Membran dicht von **Ribosomen** besetzt. Da es dadurch im mikroskopischen Bild rau erscheint, wird es **raues ER** genannt. Andere Teile besitzen keine Ribosomen und heißen deshalb **glattes ER**. Das ER erfüllt in der Zelle zwei wesentliche Funktionen: Es dient der Synthese und dem Transport von Stoffen. Im glatten ER werden vor allem Membran- und Speicherlipide gebildet, während das raue ER der Proteinsynthese dient. Durch das Membransystem des ER können die gebildeten Stoffe wie in einem Röhrensystem zügig in der Zelle verteilt werden. Darüber hinaus können sich vom ER auch kleine Bläschen, **Vesikel**, abschnüren, die Stoffe zu Orten transportieren, die von dem Netz nicht erreicht werden. Das endoplasmatische Retikulum ist ein Produktions- und Transportsystem der Zelle.

Ribosomen sind kugelige, 0,000015 bis 0,00003 Millimeter große Partikel, die nur im Elektronenmikroskop erkennbar sind. Sie bestehen aus **zwei verschiedenen Untereinheiten** und enthalten Ribonucleinsäuren (RNA) und Proteine. An den Ribosomen findet die Proteinbiosynthese statt.

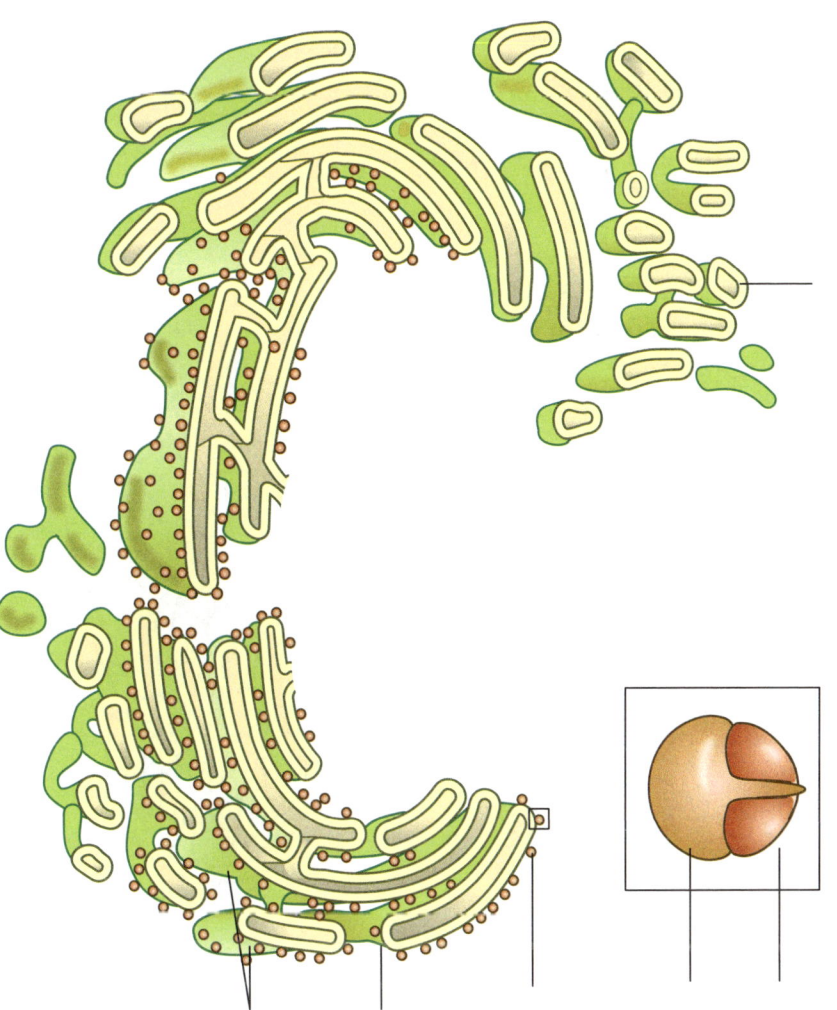

1 Schema eines endoplasmatischen Retikulums

1. Beschriften Sie die Abbildung.
2. Fassen Sie die wichtigsten Informationen zu Aufbau und Funktion von ER und Ribosomen zusammen und notieren Sie sie in der Tabelle in Material 4g (S. 16/17).

Die Erforschung der Zelle

Material 4e: Spezielle Zellorganellen in Pflanzenzellen

Vakuolen sind Vesikel von sehr unterschiedlicher Größe. Während in tierischen Zellen oft nur sehr kleine Vakuolen vorliegen, entstehen in pflanzlichen Zellen durch das Zusammenfließen von Vesikeln sehr große Vakuolen, die oft das gesamte Zellinnere ausfüllen. Vakuolen sind von einer teilweise durchlässigen, selektiv permeablen, Membran umgeben, die **Tonoplast** genannt wird. In Pflanzenzellen sorgen Vakuolen für den Innendruck der Zellen und dienen damit als „Skelett" der Pflanze. Ferner sind Vakuolen der Speicherort für Reservestoffe wie Kohlenhydrate, Proteine oder Farbstoffe, und Ablagerungsstätte für giftige Stoffwechselprodukte. Der Inhalt der Vakuole wird als Zellsaft bezeichnet.

In pflanzlichen Zellen findet man grüne, linsenförmige Zellbestandteile, die eine Größe von 0,002 bis 0,008 Millimeter haben. Sie heißen **Chloroplasten** und werden von einer Doppelmembran begrenzt. Die innere Membran bildet zahlreiche Einstülpungen, die teilweise sehr weit in das Innere des Chloroplasts, in das sogenannte **Stroma**, hineinreichen. Diese flachen Membranzisternen werden **Thylakoide** genannt. An verschiedenen Stellen falten sich diese Thylakoide mehrfach und werden übereinandergeschichtet. Dabei bilden sich geldrollenartige Membranstapel, die **Grana** genannt werden. In die Thylakoidmembranen sind die Blattfarbstoffe eingelagert: Das grüne **Chlorophyll** und die gelb-orangen **Carotinoide**. Diese Blattfarbstoffe dienen der Absorption von Lichtenergie während der Fotosynthese. Im Rahmen der Fotosynthese, die in den Chloroplasten abläuft, werden mithilfe des Sonnenlichts aus Wasser und Kohlenstoffdioxid Traubenzucker und Sauerstoff hergestellt. Der Traubenzucker kann in Form von **Stärke** im Stroma des Chloroplasts gespeichert werden. Neben der Stärke befinden sich im Stroma noch Lipidtröpfchen und **Ribosomen** sowie eine ringförmige **DNA**. Chloroplasten können sich deshalb ebenso wie Mitochondrien durch Teilung eigenständig vermehren. Chloroplasten sind die Produktionsstätten energiereicher Verbindungen in pflanzlichen Zellen.

Neben den Chloroplasten kommen in Pflanzen noch Chromoplasten und Leukoplasten vor. Diese Zellorganellen besitzen auch eine Doppelmembran. Allerdings ist die Thylakoidstruktur nicht so stark beziehungsweise gar nicht ausgebildet. Die Chromoplasten enthalten Farbstoffe und sorgen zum Beispiel für die Färbung der Blütenblätter. Leukoplasten sind farblos und dienen der Speicherung von Stärke, Proteinen oder Lipiden. Unter bestimmten Bedingungen sind die einzelnen Plastiden ineinander umwandelbar.

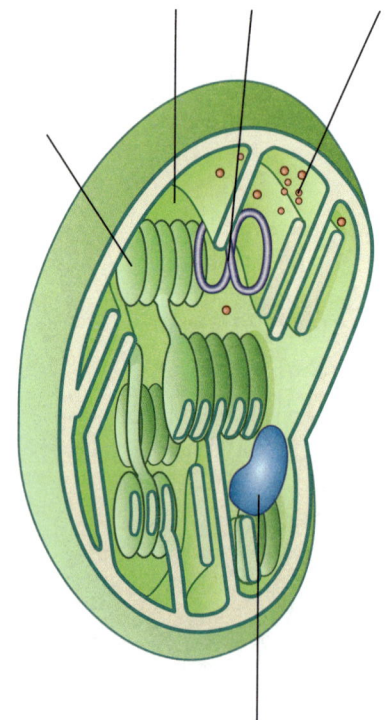

1 *Schema eines Chloroplasten*

1. Beschriften Sie die Abbildung.
2. Fassen Sie die wichtigsten Informationen zu Aufbau und Funktion von Vakuole und Chloroplasten zusammen und notieren Sie sie in der Tabelle in Material 4g (S. 16/17).

Material 4f: Eukaryotische und prokaryotische Zellen im Vergleich

Die Zellen von **eukaryotischen Organismen** werden als Eucyten bezeichnet. Jede **Eucyte** ist durch eine Membran von benachbarten Zellen abgegrenzt und enthält zahlreiche, oft von Membranen umschlossene Reaktionsräume in ihrem Inneren, die auch als **Kompartimente** bezeichnet werden.

Das Innere einer jeden Zelle wird als Zellleib oder **Protoplast** bezeichnet. Der Protoplast besteht aus dem flüssigen Zellplasma, dem Cytoplasma, und den darin enthaltenen Zellstrukturen. Das Cytoplasma ist allerdings keine strukturlose Flüssigkeit. Es enthält neben Wasser und den darin gelösten Stoffen vorwiegend Proteine, die die Struktur der Zelle und Bewegungsvorgänge im Protoplasten beeinflussen. Die Zellstrukturen im Cytoplasma werden auch als Zellorganellen bezeichnet, weil sie in der Zelle, wie die Organe in einem Organismus, ganz bestimmte Funktionen erfüllen. Zellen enthalten immer Zellorganellen, allerdings variieren sie in Art und Anzahl je nach Herkunft und Funktion der jeweiligen Zelle. Zellen eukaryotischer Organismen wie Pflanzen, Tiere oder Pilze enthalten neben einem echten Zellkern, Mitochondrien, Dictyosomen, ein endoplasmatisches Retikulum, Lysosomen, Peroxisomen, Ribosomen und ein Cytoskelett. Darüber hinaus enthalten Pflanzenzellen noch Chloroplasten, eine ausgeprägte Vakuole und eine Zellwand aus Cellulose.

Die Zellen **prokaryotischer Organismen** wie Bakterien oder Archaebakterien sind einfacher gebaut und deutlich kleiner als eukaryotische Zellen. Bakterienzellen sind von einer **Zellmembran** umhüllt und oft auch noch zusätzlich von einer **Zellwand** umgeben. Sie enthalten keinen echten Zellkern. Die **DNA** liegt ringförmig im Cytoplasma vor und ist viel kürzer als bei den Eukaryoten. Daneben gibt es oft noch kleinere Ringe, die auch Erbinformationen enthalten und **Plasmide** genannt werden. Die prokaryotischen Zellen besitzen als Zellorganellen nur **Ribosomen** und das **Cytoskelett**, somit sind sie nicht kompartimentiert.

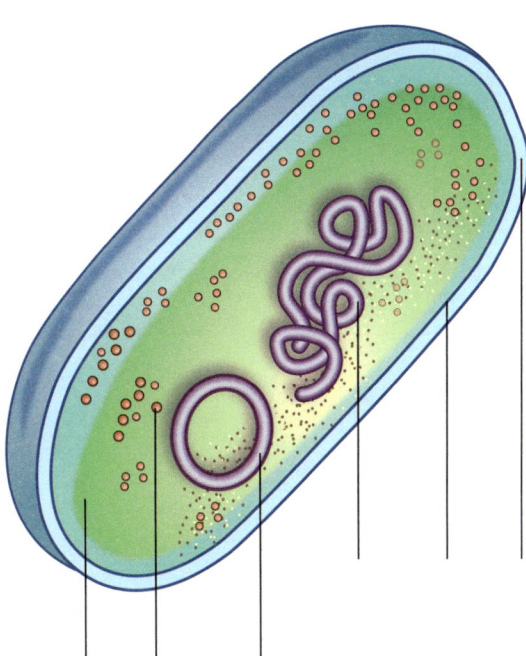

1 Schema einer Bakterienzelle

1. Beschriften Sie mithilfe der Informationen aus den Texten die Abbildung der Bakterienzelle.
2. Markieren Sie in der Tabelle in Material 4g (S. 16/17) durch + und –, in welchen der drei Zelltypen die jeweiligen Organellen vorkommen.

Die Erforschung der Zelle

Material 4g: Tabelle für Material 4a–4f - Die Zellorganellen

Name	Aufbau	Funktion	Tierzelle	Pflanzen-zelle	Bakterien-zelle
Zellkern					
Mitochondrien					
Dictyosom					

Name	Aufbau	Funktion	Tierzelle	Pflanzen-zelle	Bakterien-zelle
Endoplasmatisches Reticulum (ER)					
Ribosom					
Cytoskelett					
Chloroplast					
Vakuole					

Die Erforschung der Zelle

Material 5a: Kompetent in ... verschiedene Zelltypen und ihre Organellen (1)

Zellen sind je nach Herkunft und Funktion unterschiedlich aufgebaut. Sie enthalten darüber hinaus verschiedene Zellorganellen in unterschiedlichen Mengen. Grundsätzlich unterscheidet man Zellen in **prokaryotische** Zellen, Bakterienzellen, und in **eukaryotische** Zellen, Tier- und Pflanzenzellen. Im Folgenden sind Beispiele für die drei unterschiedlichen Zelltypen aufgeführt.

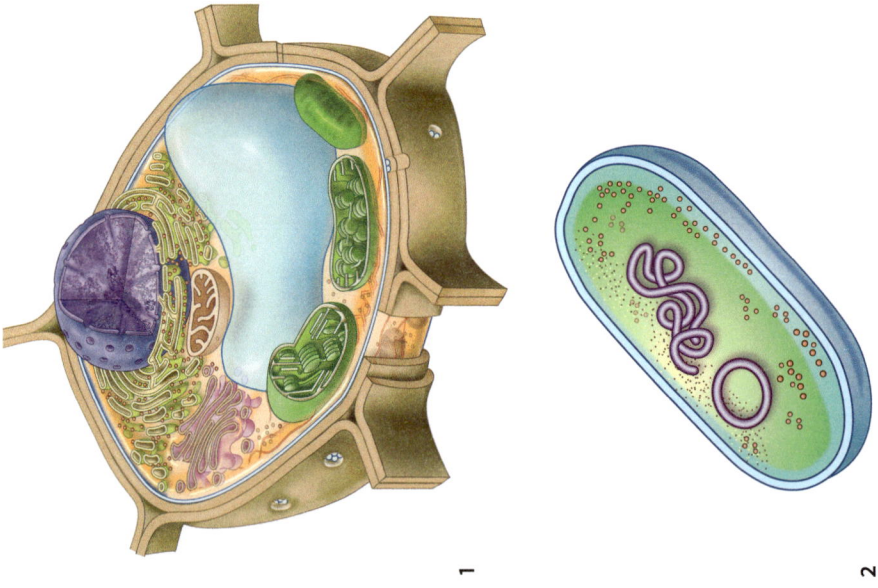

1

2

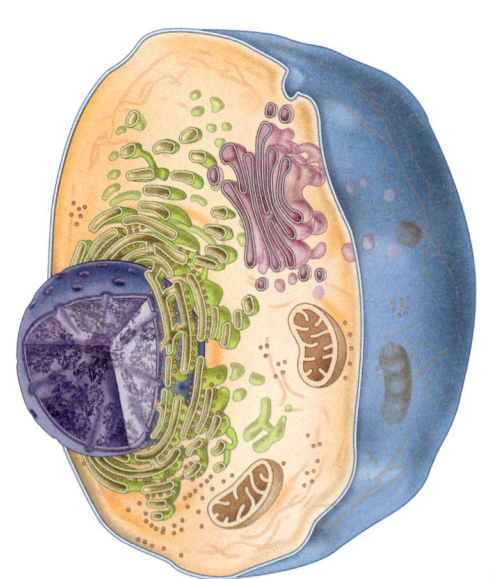

3

1. Geben Sie der jeweiligen Abbildung einen Titel.
2. Beschriften Sie die Zellorganellen in den einzelnen Zelltypen.

Material 5b: Kompetent in ... verschiedene Zelltypen und ihre Organellen (2)

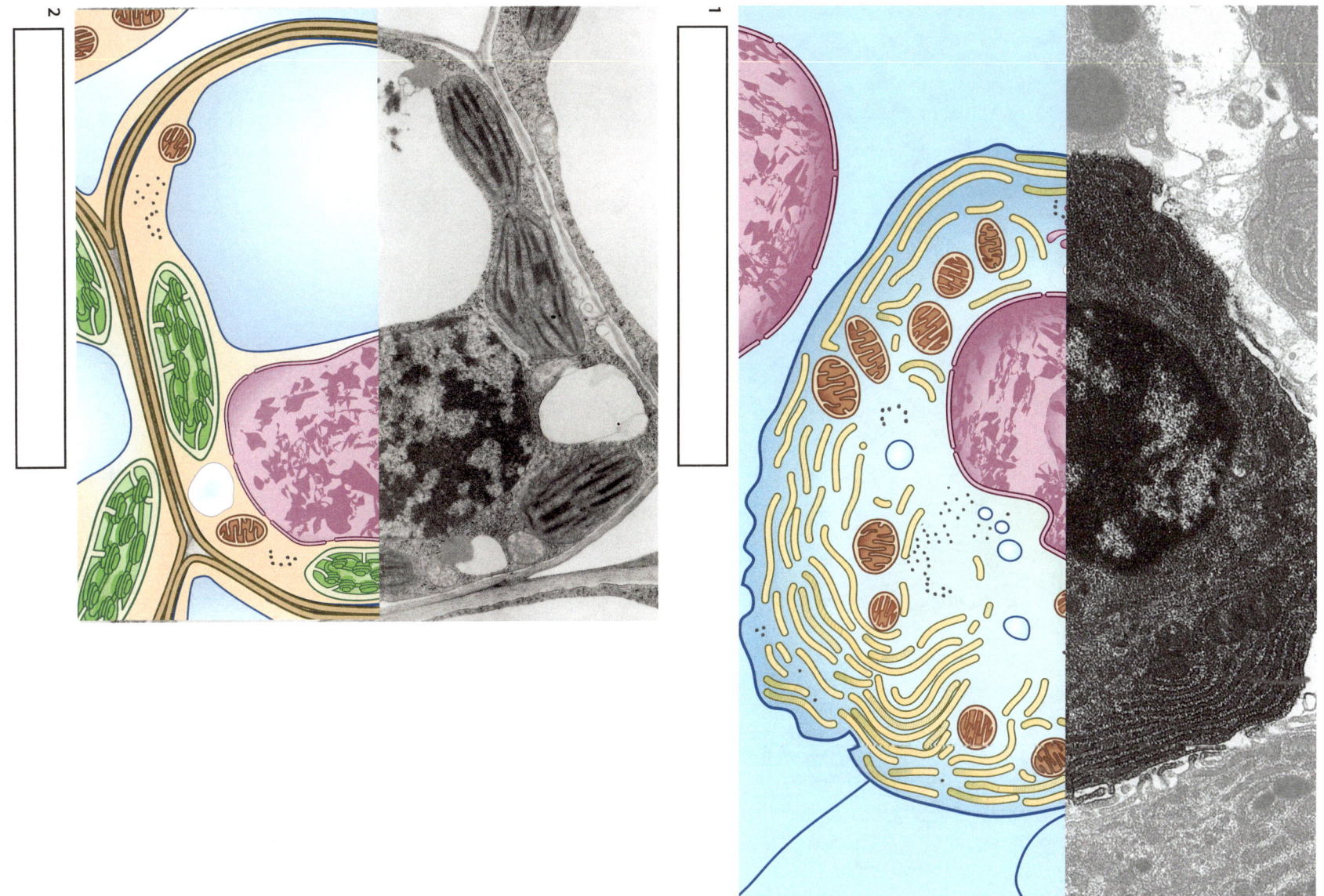

1. Geben Sie der jeweiligen Abbildung einen Titel.
2. Beschriften Sie die Zellorganellen in den einzelnen Zelltypen.

Die Erforschung der Zelle

Material 5c: Kompetent in … Aufbau von Zellen

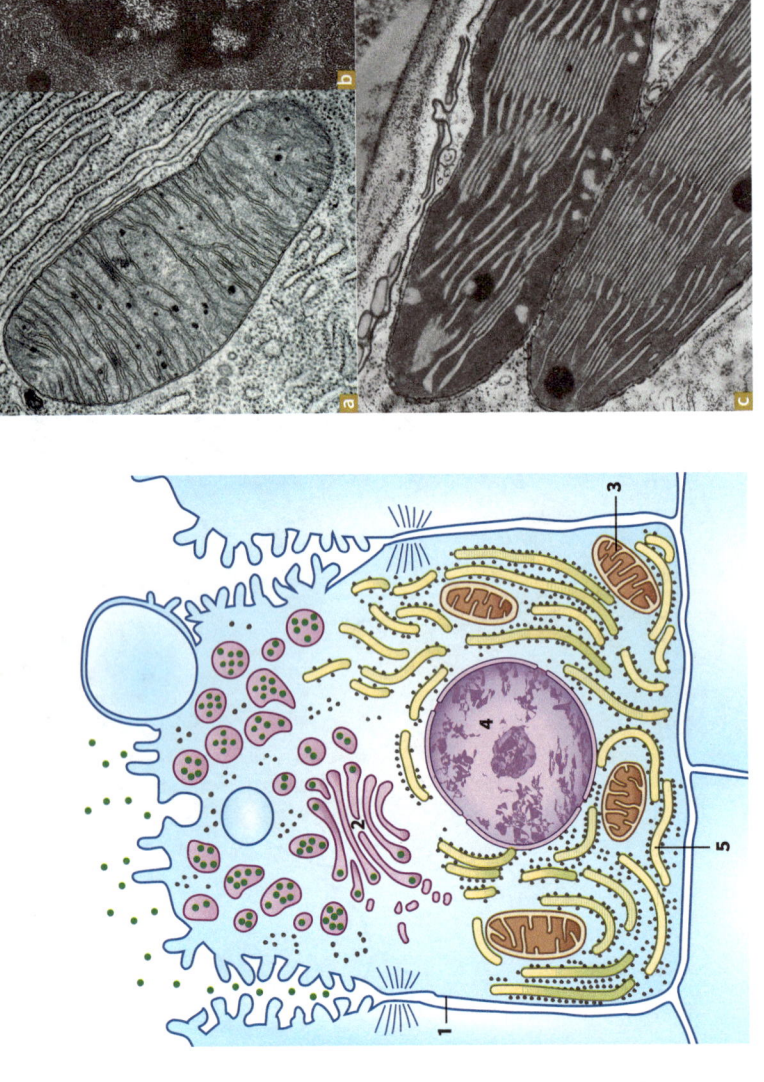

1 Zelltyp

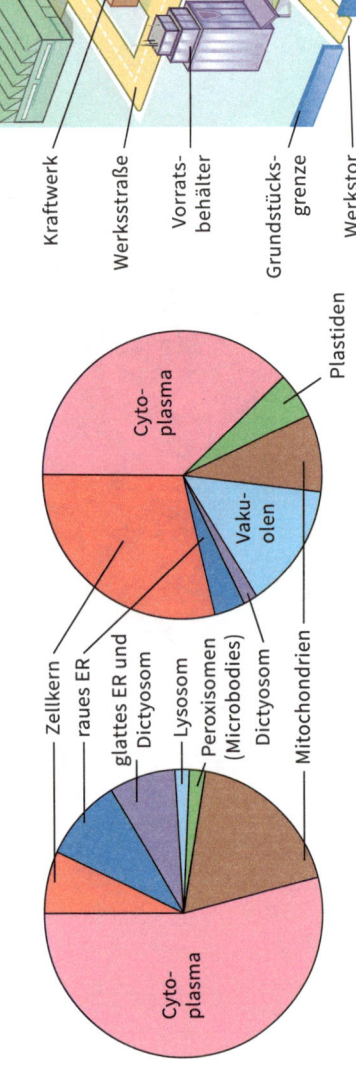

2 Zellorganellen

4 Aufbau einer Firma

3 Volumenanteile von Zellorganellen

1. Ordnen Sie der Darstellung in Abbildung 1 einen Zelltyp zu und begründen Sie Ihre Zuordnung. Benennen Sie die in der EM-Schemazeichnung mit Zahlen versehenen Zellorganellen.
2. Benennen Sie die Zellorganellen in Abbildung 2 und begründen Sie Ihre Zuordnung. Beschreiben Sie die Funktion des jeweiligen Zellorganells.
3. Aus den Volumenanteilen der Zellorganellen in unterschiedlichen Zellen kann man Rückschlüsse auf die Art der Zelle und ihre Funktion ziehen.
   a) Vergleichen Sie die unterschiedlichen Volumenanteile der Zellorganellen.
   b) Entwickeln Sie anhand des Ergebnisses Hypothesen über die Funktion der jeweiligen Zelle.
4. Erläutern Sie, inwieweit das Basiskonzept der Kompartimentierung auf den prinzipiellen Aufbau einer Firma zutrifft. Ordnen Sie die einzelnen Abteilungen einer Firma den entsprechenden Zellorganellen zu und begründen Sie Ihre Entscheidung (Abb. 4).

Material 6a: Lipide

Unter dem Begriff **Lipide** (gr. *lipos* = Fett, Öl) fasst man Fette und fettähnliche Stoffe wie Öle und Wachse zusammen. Fette werden sowohl in tierischen als auch in pflanzlichen Zellen als Reservestoffe gespeichert. Besonders reich an Fetten sind die Samen bestimmter Pflanzen wie Raps und Sonnenblumen sowie das Unterhautfettgewebe bei Mensch und Tier. Den Tieren dient die Fettspeicherung nicht nur als Energiereserve, sondern auch als Wärmeisolierung und als Schutz. Daneben erfüllen sie noch Sonderaufgaben als Hormone und Vitamine. Lipide sind unpolare Moleküle und damit sehr gut in Lösungsmitteln löslich, die ihnen chemisch ähnlich sind, zum Beispiel in organischen Lösungsmitteln, wie Aceton oder Benzin. In Wasser lösen sie sich dagegen kaum. Daher werden Fette als **lipophil**, fettfreundlich, und **hydrophob**, wasserfeindlich, bezeichnet.

Fettmoleküle sind Verbindungen aus einem dreiwertigen Alkohol, dem **Glycerin**, und **Fettsäuren**. Eine Fettsäure ist eine lange Kohlenwasserstoffkette, die an dem einen Ende eine Carboxylgruppe (-COOH) trägt. Die Carboxylgruppe der Fettsäure kann mit einer Hydroxylgruppe (-OH) des Glycerins unter Abspaltung von Wasser reagieren. Die dabei entstehende Bindung wird als Esterbindung bezeichnet. Sind alle drei Hydroxylgruppen des Glycerins mit Fettsäuren verestert, spricht man von Fetten beziehungsweise Triglyceriden, in denen nur Einfachbindungen zwischen den Kohlenstoffatomen vorkommen, nennt man **gesättigte Fettsäuren**, während **ungesättigte Fettsäuren** eine oder mehrere Doppelbindungen aufweisen. Je höher der Anteil an ungesättigten Fettsäuren ist, desto niedriger ist die Schmelztemperatur. Tierische Fette sind aus diesem Grund bei Zimmertemperatur fest, pflanzliche Fette eher flüssig. Mehrfach ungesättigte Fettsäuren können vom Menschen nicht produziert werden, sie müssen daher mit der Nahrung aufgenommen werden. Man bezeichnet sie daher als lebenswichtige, „essenzielle" Nahrungsbestandteile.

Phospholipide sind Hauptbestandteil von Biomembranen. Sie sind ähnlich wie Fette aufgebaut. Allerdings wird eine Fettsäure durch Phosphorsäure ersetzt, die ihrerseits oft weitere polare Reste gebunden hat. Die **Phosphorsäuregruppe** und ihre angehängten, polaren Gruppen sind gut in Wasser und in anderen polaren Flüssigkeiten löslich. Man bezeichnet sie daher als den **hydrophilen**, wasserfreundlichen Teil des Moleküls. Der Fettsäureanteil des Phospholipids dagegen ist unpolar und wird deswegen als lipophiler Teil bezeichnet. Neben den Phospholipiden enthält die Biomembran noch **Glykolipide** und Cholesterol. Bei den Glykolipiden ist statt der Phosphorsäuregruppe eine verzweigte Kohlenhydratkette gebunden. Glykolipide spielen zusammen mit Glykoproteinen eine Rolle bei der Zellerkennung.

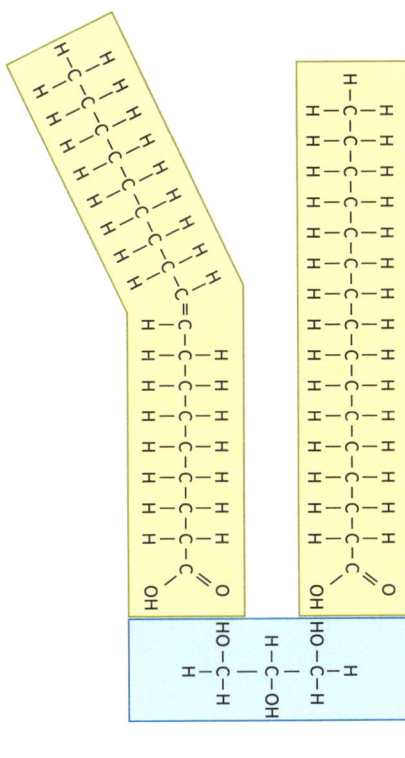

1 *Bausteine der Fette*

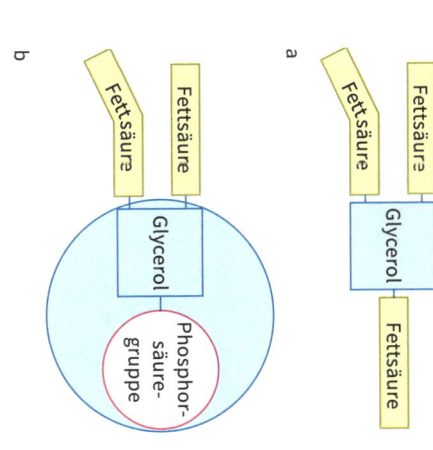

2 *a) Triglycerid, b) Phospholipid*

1. Beschriften Sie Abbildung 1.
2. Fassen Sie Aufbau und Funktion der Lipide in der Tabelle in Material 6d (S. 26) zusammen.

Die Erforschung der Zelle

Material 6b: Kohlenhydrate

Die **Kohlenhydrate** spielen in der Natur eine herausragende Rolle: als Bau- und Gerüstsubstanzen, als Reservestoffe, als Funktion der Zellerkennung und als universeller Energielieferant. Sie haben ihren Namen von den Elementen, aus denen sie bestehen: Kohlenstoff, Sauerstoff und Wasserstoff im Verhältnis 1:1:2. Viele Kohlenhydrate schmecken süß, sie werden daher auch oft als Zucker oder Saccharide bezeichnet. Man teilt die Saccharide in Mono-, Di- und Polysaccharide ein.

Die einfachsten Zucker sind **Monosaccharide**. Ihr Kohlenstoffgerüst besteht aus drei bis sieben Kohlenstoffatomen. Je nach der Anzahl der Kohlenstoffatome werden sie zum Beispiel **Triosen**, drei C-Atome, **Pentosen**, fünf C-Atome, oder **Hexosen**, sechs C-Atome genannt. Viele Monosaccharide liegen in **Ringform** vor. Biologisch wichtig sind die Pentosen Ribose und Desoxyribose als Bestandteil der Nucleinsäuren RNA und DNA und die Hexosen Fructose und Glucose als Energielieferanten. So ist Glucose als Produkt der Fotosynthese der häufigste natürlich vorkommende organische Stoff.

Monosaccharide können unter Wasserabspaltung miteinander zu **Disacchariden**, Zweifachzuckern, reagieren. Die entstehende Bindung über ein Sauerstoffatom wird glykosidische Bindung genannt. So reagieren zum Beispiel zwei Glucosemoleküle miteinander zu Maltose, Glucose und Fructose reagieren zu Saccharose, Glucose und Galactose zu Lactose.

Polysaccharide sind Makromoleküle aus vielen Monosaccharidmolekülen. Sie bilden verzweigte oder unverzweigte Ketten. Viele kommen als Reservestoffe vor, aus denen sich die Monosaccharide wieder leicht mobilisieren lassen. Wichtigster Reservestoff bei Pflanzen ist die Stärke, die als Amylose und Amylopektin vorkommt. Amylose besteht aus mehreren Hundert Glucosemolekülen, ist unverzweigt und schraubig gewunden. Sie zeigt mit Iod eine starke Blaufärbung. Amylopektin ist deutlich größer und zusätzlich verzweigt. Glykogen ist ein tierischer Reservestoff. Es wird oft als tierische Stärke bezeichnet und ist deutlich stärker verzweigt als Amylopektin. Außer als Reservestoff kommen Polysaccharide auch als Strukturbildner vor. So ist Cellulose Hauptbestandteil der pflanzlichen Zellwand.

Kohlenhydrate gehen auch Verbindungen mit Proteinen und Fetten ein, sie kommen dann als Glykoproteine und Glykolipide in Zellmembranen vor.

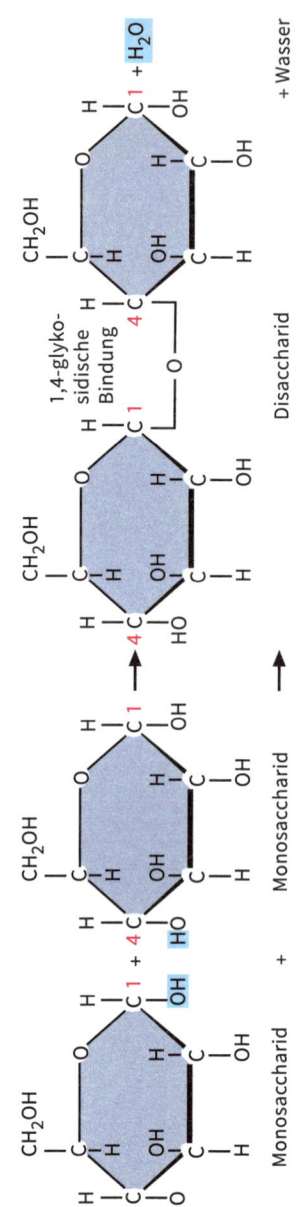

1 *Glucose, lineare Form*

2 *Glucose, Ringform*

3 *Kondensation von zwei Monosacchariden zu einem Disaccharid*

4 Kohlenhydrate

Monosaccharide

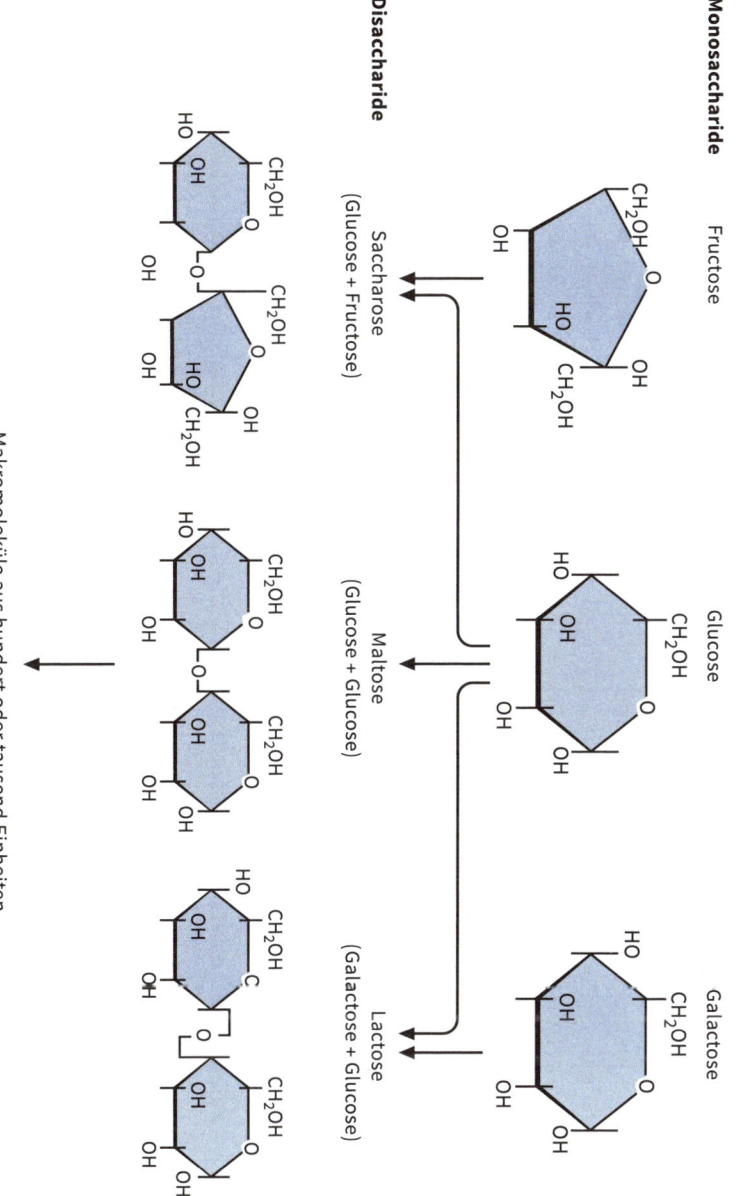

Disaccharide

Saccharose (Glucose + Fructose)

Maltose (Glucose + Glucose)

Lactose (Galactose + Glucose)

Makromoleküle aus hundert oder tausend Einheiten →

Polysaccharide

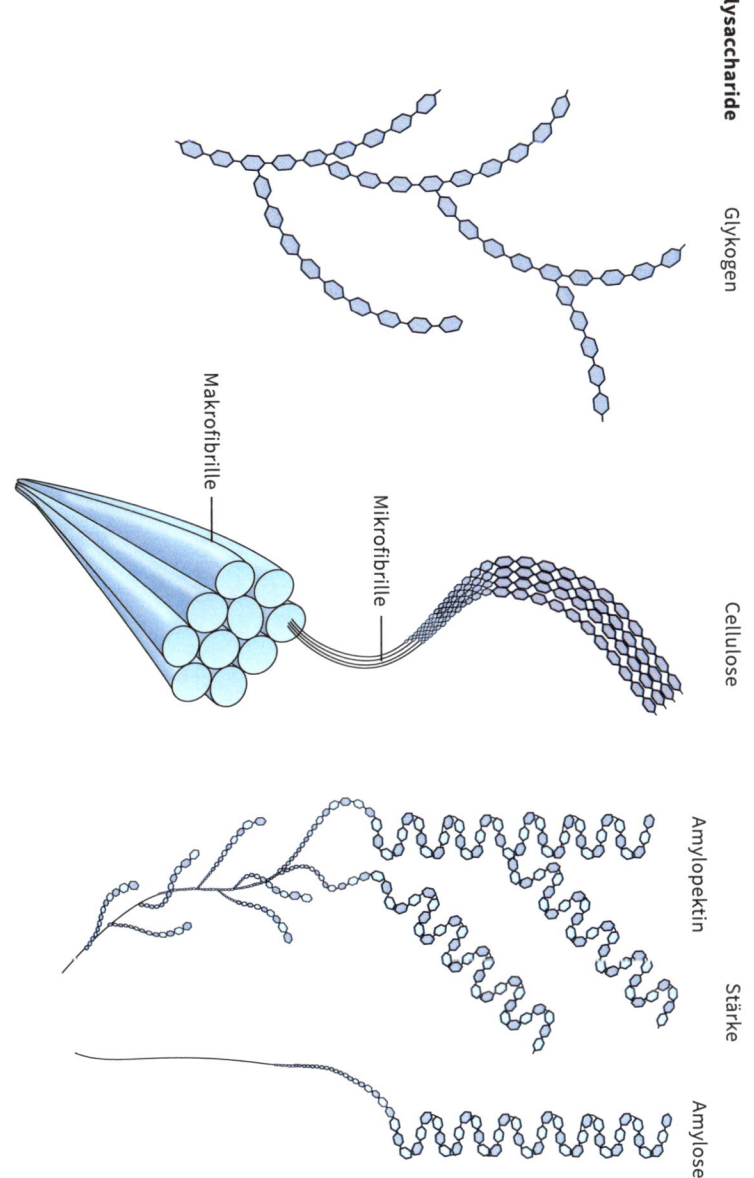

Glykogen

Cellulose (Makrofibrille, Mikrofibrille)

Amylopektin

Stärke

Amylose

1 Bau und Funktionen von Zellen

1. Stärke ist aus vielen Glucoseeinheiten aufgebaut. Zeichnen Sie mithilfe der Informationen aus Abb. 1–4 einen Ausschnitt einer Stärkekette mit vier Glucosemolekülen.
2. Fassen Sie Aufbau und Funktion der Kohlenhydrate in der Tabelle in Material 6d (S. 26) zusammen.

Die Erforschung der Zelle

Material 6c: Proteine

Proteine bilden den größten Anteil aller organischen Substanzen in pflanzlichen und tierischen Zellen. Diese Tatsache hat auch zu ihrem Namen geführt. Protein leitet sich von dem griechischen Wort proteios ab und bedeutet: erstrangig, an erster Stelle stehend. Da sie sich chemisch ähnlich wie das Eiklar des Hühnereis verhalten, nennt man Proteine auch Eiweißstoffe. Proteine erfüllen eine Vielzahl unterschiedlicher Funktionen im Organismus. Die Funktion vieler Proteine beruht darauf, dass sie andere Moleküle über umkehrbare Wechselwirkungen erkennen, an sich binden und diese Bindung wieder lösen können. So transportiert der rote Blutfarbstoff Hämoglobin Sauerstoff durch den Körper und setzt ihn an Orten des Bedarfs wieder frei.

Proteine in Zellmembranen, die sogenannten **Glykoproteine**, ermöglichen die Signalübertragung und den Stoffaustausch zwischen Zellen. Auch für Bewegungsvorgänge im Körper sind Proteine verantwortlich. Andere Proteine spielen als Antikörper, Hormone oder Enzyme bei der Regulation von Stoffwechselvorgängen und des Immunsystems eine Rolle. Strukturproteine sorgen für Elastizität und Festigkeit des Körpers, zum Beispiel das Protein Keratin in Fingernägeln und Haaren. Als Reservestoffe werden Proteine zum Beispiel in Vakuolen pflanzlicher Zellen von Samen gespeichert.

Proteine sind Makromoleküle, die neben den Elementen Kohlenstoff, Sauerstoff und Wasserstoff stets noch Stickstoff enthalten. Im menschlichen Körper kommen mehrere Tausend verschiedene Proteine vor. Alle diese Proteine sind aus 20 verschiedenen **Aminosäuren** aufgebaut, die in unterschiedlichen Anordnungen zu langen Ketten, den **Polypeptidketten** verknüpft sind. Eine oder mehrere Polypeptidketten bilden das Protein. Alle Aminosäuren zeigen prinzipiell einen einheitlichen Aufbau. An ein zentrales Kohlenstoffatom ist eine Aminogruppe (-NH$_2$), eine Carboxylgruppe (-COOH), ein Wasserstoffatom (-H) und ein Rest (-R) gebunden. Dieser Rest, der auch als Seitenkette bezeichnet wird, ist charakteristisch für jede Aminosäure. Die Seitenketten unterscheiden sich zum Beispiel in der Säure-Base-Reaktion, der Polarität, der Ladung oder in der Fähigkeit Wasserstoffbrückenbindungen auszubilden.

Eine Carboxylgruppe einer Aminosäure kann mit der Aminogruppe einer zweiten Aminosäure unter Wasserabspaltung eine **Peptidbindung** eingehen. Das entstehende **Dipeptid** kann mit weiteren Aminosäuren reagieren und eine lineare Polypeptidkette bilden. Die Reihenfolge oder Sequenz der Aminosäurenkette ist für jedes Protein genau festgelegt. Sie wird auch als **Primärstruktur** bezeichnet und bestimmt die Eigenschaften des Proteins. Darüber hinaus bildet sich aber noch eine komplexe räumliche Struktur aus, die auf den Wechselwirkungen der Seitenketten der einzelnen Aminosäuren beruht. Diese dreidimensionale Struktur ist oft in mehreren Ebenen angelegt, und ist entscheidend für die Funktionalität des gebildeten Proteins. Eine **Sekundärstruktur** ergibt sich dadurch, dass sich die Peptidkette aufgrund von Wasserstoffbrücken schraubenförmig als **Helix** oder als **Faltblatt** anordnet. Eine weitere Auffaltung erfolgt oft aufgrund der Wechselwirkungen zwischen den Resten der Aminosäuren und wird **Tertiärstruktur** genannt. Treten mehrere Polypeptidketten miteinander in Wechselwirkung, um eine funktionsfähige Einheit zu bilden, spricht man von **Quartärstruktur**.

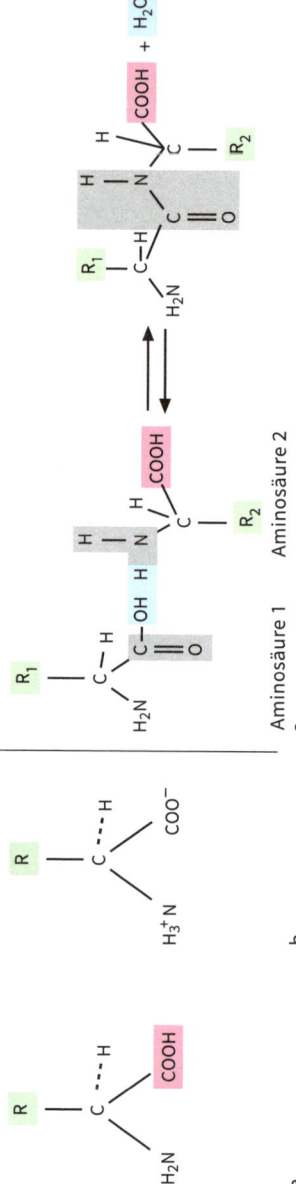

1 *Grundstruktur der Aminosäuren a) Bau, b) Zwitterionenstruktur, c) Verknüpfung von zwei Aminosäuren*

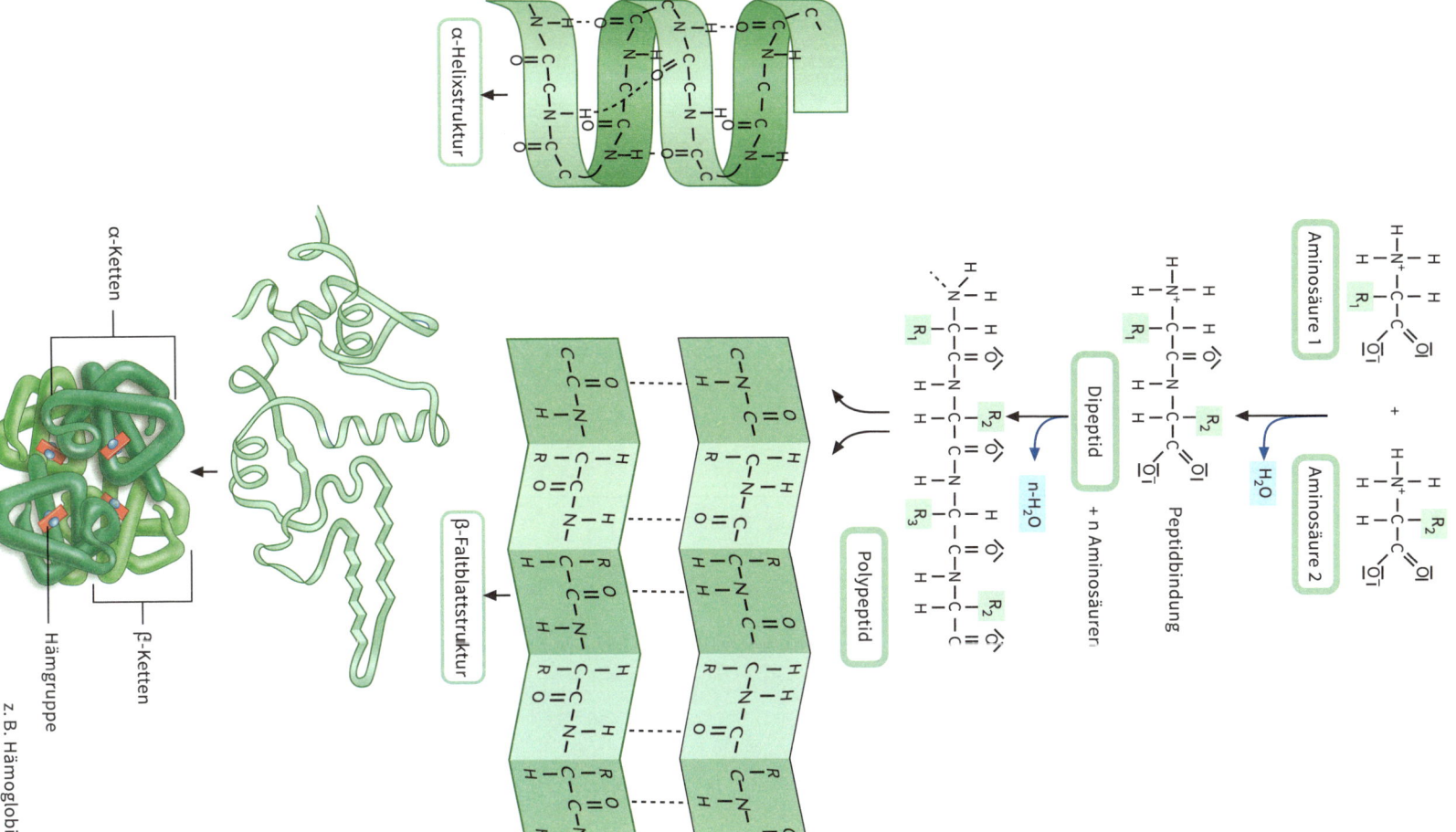

2 *Komplexe Raumstrukturen von Aminosäureketten*

1. Beschriften Sie Abbildung 1.
2. Fassen Sie Aufbau und Funktion der Proteine in der Tabelle in Material 6d (S. 26) zusammen.

Die Erforschung der Zelle

Material 6d: Aufbau und Funktion von Proteinen, Kohlenhydraten und Lipiden

Name	Symbole	Aufbau	Funktion
Kohlenhydrate			
Lipide (Fett / Phospholipid)			
Proteine			

Material 7a: Aufbau von Biomembranen: Versuch - Wirkung von Methanol auf Biomembranen

Biomembranen sind komplexe Gebilde, die aus verschiedenen Bestandteilen bestehen. Die Bestandteile und ihre Zusammensetzung bestimmen die Eigenschaften von Biomembranen. Der Hauptbestandteil von Biomembranen lässt sich mit einem einfachen Versuch veranschaulichen.

Rote Beete in verschiedenen Flüssigkeiten

Material: Rote Beete, 2 Bechergläser 500 ml, Methanol, Wasser

Durchführung:
Aus einer Roten Beete werden zwei gleich große, quaderförmige Stücke herausgeschnitten und mit Wasser gespült.
a) Ein Stück Rote Beete wird in ein Gefäß mit Wasser gelegt. b) Ein Stück Rote Beete wird in ein Gefäß mit Methanol gelegt.

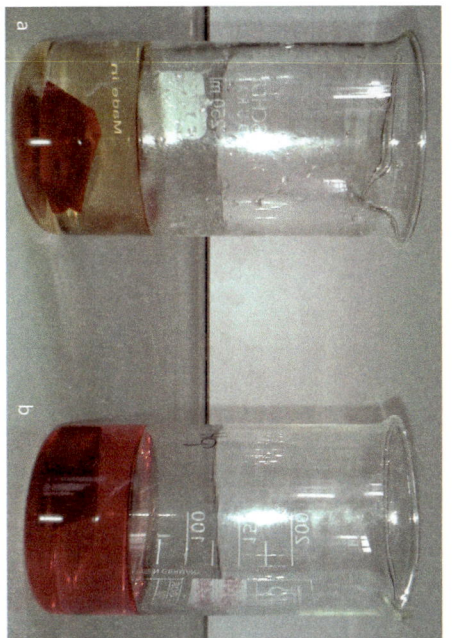

1 Becherglas a) Rote Beete in Wasser, b) Rote Beete in Methanol

Beobachtung:

a)

b)

Auswertung:

a)

b)

1. Führen Sie den Versuch gemäß der Versuchsdurchführung durch und werten Sie ihn aus.

Die Erforschung der Zelle

Material 7b: Aufbau von Biomembranen: Vom Versuch zum Modell

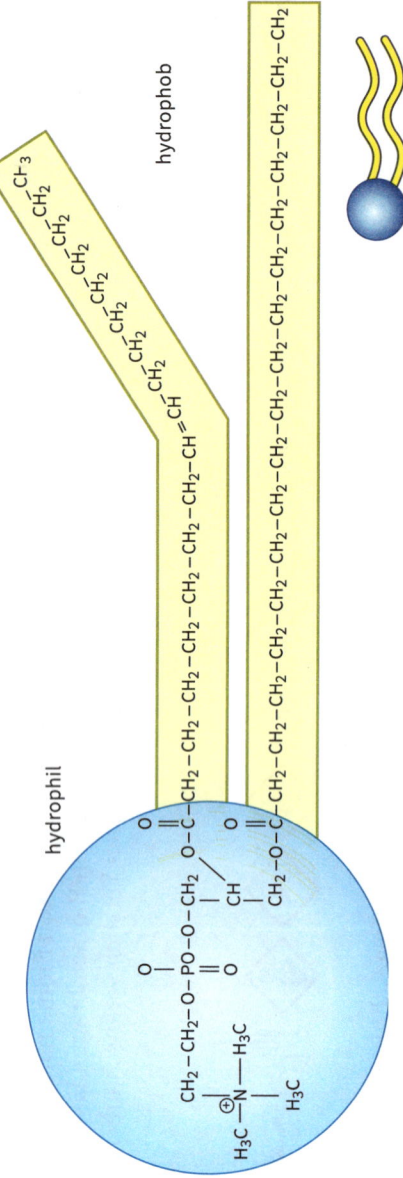

1 *Struktur des Phospholipids Lecithin*

2 *Vereinfachtes Symbol*

Demonstrationsexperiment: Lecithin auf Wasser

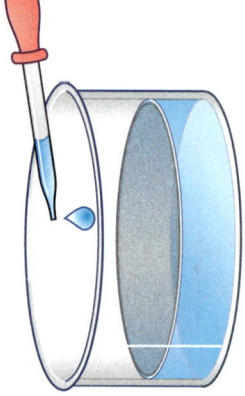

Material: Pneumatische Wanne, Wasser, Lecithin, Bärlappsporen

Durchführung:
In eine Schale mit Wasser, dessen Oberfläche mit Bärlappsporen benetzt ist, wird ein Tropfen Lecithin gegeben.

Beobachtung:

_____

_____

Auswertung:

_____

_____

M1: Membranmodell von GORTER und GRENDAL (1925): Ausgehend von der Erkenntnis, dass fettähnliche Stoffe einen wesentlichen Bestandteil der Membran bilden und dass Lecithinmoleküle sich auf Wasser zu einem monomolekularen Film ausbreiten, stellten E. GORTER und F. GRENDAL 1925 ein erstes Modell von der Feinstruktur der Zellmembran auf. Sie isolierten den gesamten Fettanteil aus einer bekannten Zahl von roten Blutzellen und breiteten ihn auf einer Wasseroberfläche aus. Dann verglichen sie die Gesamtfläche des dadurch erhaltenen monomolekularen Films mit der errechneten gesamten Oberfläche der für diesen Versuch verwendeten roten Blutzellen. Das Ergebnis war, dass die monomolekulare Schicht stets die doppelte Fläche einnahm, als die die Gesamtoberfläche der roten Blutzellen betrug, aus denen das Fett isoliert worden war.

1. Werten Sie das Demonstrationsexperiment aus. Skizzieren Sie als Auswertung die Anordnung der Lecithinmoleküle in der Wasserschale beim Demonstrationsexperiment. Begründen Sie Ihre Darstellung.
2. Entwickeln Sie unter Berücksichtigung der Informationen aus Abbildung 1 + 2 und M1 eine Hypothese dazu, wie die Phospholipidmoleküle nach dem Model von GORTER und GRENDAL in der Biomembran angeordnet sind. Skizzieren Sie Ihr Modell.

Material 7c: Aufbau von Biomembranen: Grenzen eines Modells

Das erste Modell zum Aufbau von Biomembranen wurde 1925 von den Wissenschaftlern E. GORTER und F. GRENDAL entwickelt. Schon nach kurzer Zeit gab es neue wissenschaftliche Erkenntnisse, die zu einer Weiterentwicklung des Modells führten.

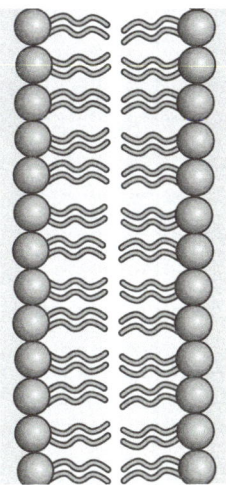

bios
Die Fachzeitschrift für interessierte Biologen

Nr. 348, 1935

Im Artikel „Aufbau von Zellmembranen" wurde 1925 von den Wissenschaftlern E. GORTER und F. GRENDAL der genaue Aufbau der Zellmembranen beschrieben. Mit der Entwicklung ihres Bilayer-Modells haben sie für großes Aufsehen gesorgt. Aufgrund neuester wissenschaftlicher Erkenntnisse bestehen aktuell begründete Zweifel an diesem Modell, denn ein wichtiger Aspekt bleibt unberücksichtigt: die Proteine.

Nach neuesten Ergebnissen der Forscher DAVSON und DANIELLI müssen die Proteine ebenfalls in erheblichem Umfang Bestandteil der Zellmembran sein, da die Köpfe der Phospholipide zwar hydrophil sind, die Oberfläche einer künstlichen

Abbildung 1 Bilayer-Modell nach GORTER und GRENDAL, 1925

Membran aus einer Phospholipiddoppelschicht jedoch nicht so stark an Wasser haftet wie eine biologische Membran. Dieser Unterschied in der Haftfähigkeit lässt sich mit der Annahme erklären, dass ...

---
1 Auszug aus einer Notiz aus „bios"

1. Beschreiben Sie, aufgrund welcher wissenschaftlichen Erkenntnisse das Modell von E. GORTER und F. GRENDAL weiterentwickelt wurde.
2. Entwickeln Sie Fragen, die sich in Bezug auf das neue Modell stellen.

Die Erforschung der Zelle

Material 7d: Aufbau von Biomembranen: Das Membranmodell nach Davson und Danielli (1935)

Die Forscher H. Davson und J.F. Danielli stellten 1935 ein Membranmodell vor, das auch den Proteinanteil von Biomembranen mit einbezieht. Sie stützten sich dabei auf neue wissenschaftliche Erkenntnisse, die durch Elektronenmikroskopie gewonnen werden konnten und in den Tabellen 1 und 3 dargestellt sind:

	Künstliche Lipiddoppelschicht	Biomembran
Durchmesser	4 nm	8 nm
Chemische Zusammensetzung:	100 % Lipide	circa 50 bis 60% Proteine, circa 40 bis 50 % Lipide

1 *Vergleich einer künstlichen Lipiddoppelschicht mit einer Biomembran*

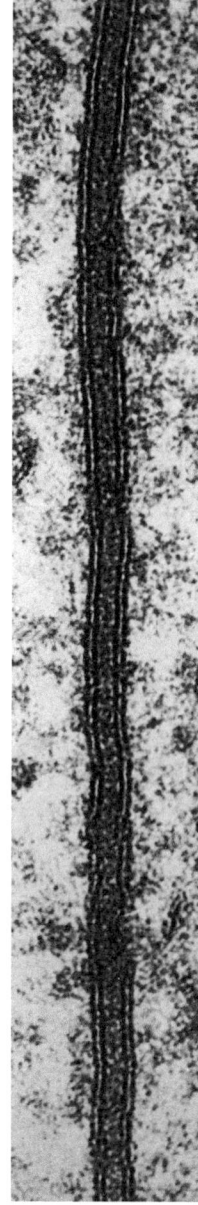

2 *Elektronenmikroskopische Aufnahme einer Biomembran*

Membranbestandteil	Größe
Membranlipid	circa 2 nm, unterteilt in hydrophilen und lipophilen Bereich
Membranprotein	circa 1,5 x 3 nm

3 *Größe von Membranbestandteilen*

1. Erläutern Sie unter Berücksichtigung der Tabellen 1 und 3 und Abbildung 2, welche Erkenntnisse zur Erweiterung des Bilayer-Models von Gorter und Grendal führten.
2. Entwickeln Sie mithilfe der Abbildungen der Membranbausteine auf der nächsten Seite das Membranmodell von Davson und Danielli und begründen Sie dies mithilfe der Versuchsergebnisse.

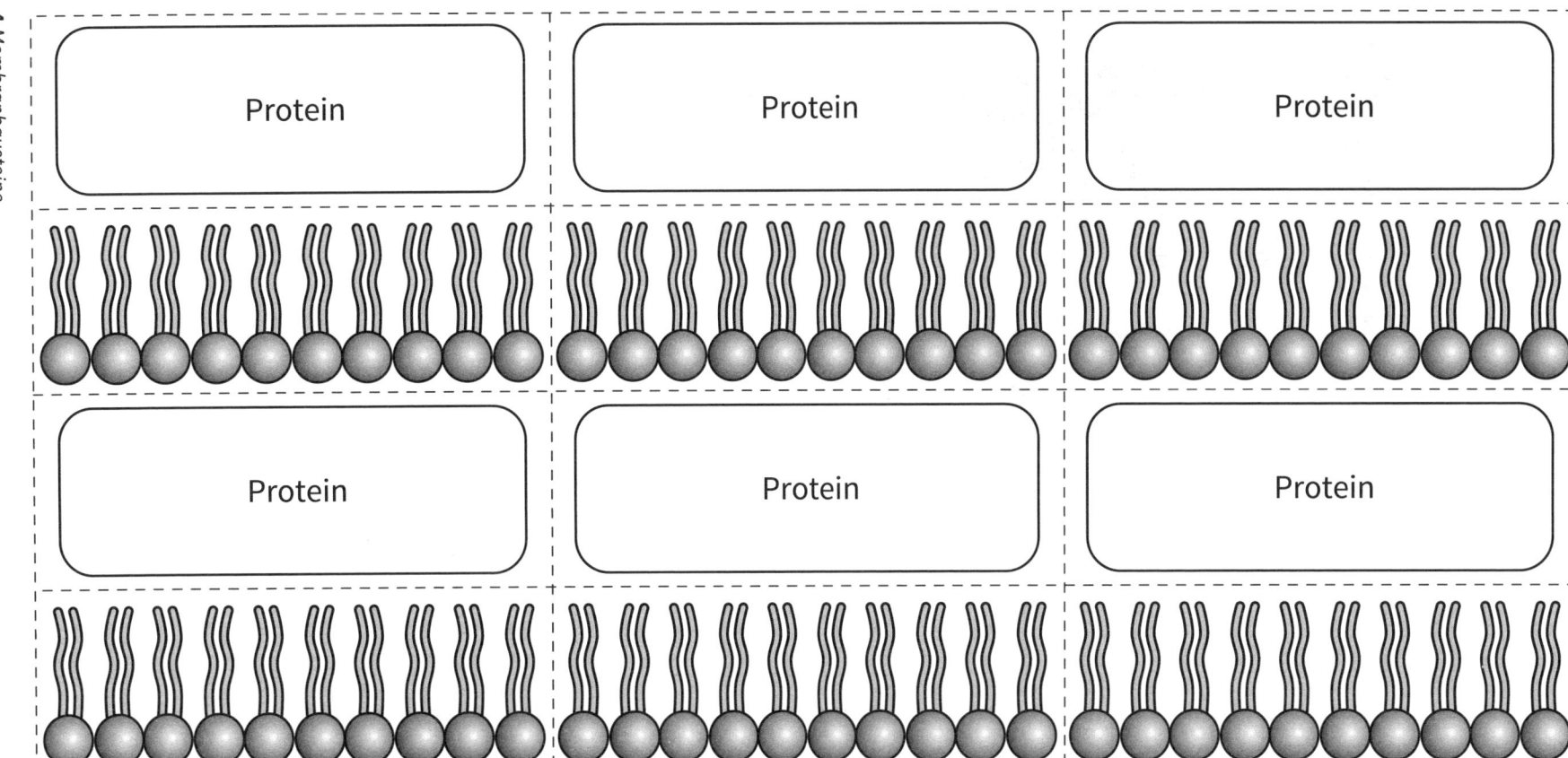

4 *Membranbausteine*

Die Erforschung der Zelle

Material 7e: Aufbau von Biomembranen: Das Flüssig-Mosaik-Modell

Die Weiterentwicklung der Elektronenmikroskopie lieferte feinere und genauere Bilder, auch von der Oberfläche von Biomembranen. Ausgehend von diesen Ergebnissen entwickelten die Forscher SINGER und NICOLSON 1972 das Flüssig-Mosaik-Modell vom Aufbau einer Biomembran. Dieses Modell hat heute noch Gültigkeit. Sie gingen von folgenden Annahmen aus: Die Lipidmoleküle sind gewöhnlich in ständiger thermischer Bewegung und können sich innerhalb der Membranebene frei bewegen. Trotz ihrer zähflüssigen, hauchdünnen Struktur ist die Doppelschicht aber stabil, da die Lipidmoleküle in ihr die günstigste Orientierung haben (Bilayer-Modell). Neben Lipiden sind in Membranen auch Proteine enthalten. Diese Membranproteine sind zwischen den Lipidmolekülen eingeschlossen. Proteine sind ganz unterschiedlich gebaut, einige haben überwiegend hydrophobe Anteile, andere hydrophile oder sie haben sowohl hydrophobe als auch hydrophile Anteile. Entsprechend ihres Aufbaus liegen sie entweder auf der Membran, ragen nur teilweise in die Membran hinein oder dringen die gesamte Membran vom Außen- bis zum Innenmedium. Die Proteine sind ebenfalls beweglich.

1 Flüssig-Mosaik-Modell von Schülern einer 11. Klasse

Membran	Proteine	Lipide	Kohlenhydrate
Erythrocyt (Mensch)	54 %	46 %	
Leberzelle (Ratte)	68 %	29 %	3 %
Sehstäbchen (Außensegment)	60 %	40 %	

2 Chemische Zusammensetzung von Zellmembranen in % des Trockengewichts

1. **Think:** Nennen Sie ausgehend von dem vorliegenden Material Unterschiede zwischen dem Flüssig-Mosaik-Modell und dem Sandwich-Modell nach DANIELLI und DAVSON. Legen Sie dazu eine Tabelle an.
2. **Pair:** Vergleichen Sie Ihre Ergebnisse mit Ihrem Partner. Prüfen Sie, welche Funktionen die Proteine in diesem Modell erfüllen könnten.
3. **Share:** Vergleichen Sie Ihre Ergebnisse mit denen einer anderen Gruppe. Nennen Sie Gründe für die Weiterentwicklung des Sandwich-Modells zum Flüssig-Mosaik Modell und nutzen Sie dazu auch Tabelle 2.
4. Stellen Sie die Entwicklung der verschiedenen Membranmodelle in Form eines Zeitstrahls dar. Notieren Sie unter dem Zeitstrahl die Forschungsergebnisse, die zu der Veränderung des Modells geführt haben.

1895
C. OVERTON
Biomembranen ⟶ bestehen aus Lipiden

Material 8: Die Arbeit mit Modellen

Was sind Modelle?

Der Begriff „Modell" ist nicht einheitlich definiert und wird in verschiedenen Zusammenhängen verwendet. In der naturwissenschaftlichen Forschung dienen Modelle der Erkenntnisgewinnung. Modelle sind Abbilder des Originals. Da sie häufig der Veranschaulichung dienen, sind sie in der Regel nicht maßstabsgerecht und berücksichtigen nicht alle Details und Eigenschaften des Originals.

Wann werden Modelle verwendet?

Ein Modell wird dann eingesetzt, wenn direkte Untersuchungen am Original nicht durchgeführt werden können. Dafür kann es verschiedene Gründe geben:

- Das Original steht für die Untersuchung nicht zur Verfügung. So können Bewegungsabläufe ausgestorbener Tierarten, zum Beispiel bei den Dinosauriern, nicht am Original beobachtet werden. Durch die Untersuchung von Bewegungsabläufen an entsprechenden Funktionsmodellen können aber Schlussfolgerungen gezogen werden.
- Es gibt (noch) keine Untersuchungsmethode, die eine direkte Erforschung des Originals ermöglicht. Die Auflösung der Elektronenmikroskopie reicht noch nicht in den atomaren Bereich. Daher ist eine direkte Untersuchung des Aufbaus von Atomen nicht möglich. Alle Vorstellungen zum Aufbau von Atomen wurden auf der Grundlage indirekter Untersuchungen entwickelt. Daher handelt es sich hierbei um Atommodelle.

Wie werden Modelle verwendet?

Beim Arbeiten mit Modellen kann man verschiedene Phasen unterscheiden:

Phase A: Sammlung von Daten über das Original.

Phase B: Konstruktion eines Modells, das den gesammelten Daten entspricht.

Phase C: Sammlung weiterer Daten, Überprüfung, ob sich die Daten mithilfe des Modells erklären lassen.

In Phase C zeigt sich die Qualität des Modells: Lassen sich die neuen Befunde mit seiner Hilfe erklären, handelt es sich um ein leistungsfähiges Modell. Ist dies nicht der Fall, so zeigen sich die Grenzen des Modells und das Modell muss erweitert werden. Beim Auftreten neuer Erkenntnisse werden also ständig die Phasen B und C erneut durchlaufen.

1. Fassen Sie die Prinzipien des Modelleinsatzes in der Naturwissenschaftlichen Erkenntnisgewinnung mit eigenen Worten zusammen
2. „Irgendwann stößt jedes Modell an seine Grenzen". Diskutieren Sie diese Behauptung mit Ihren Gruppenmitgliedern.
3. Untersuchen Sie den bisherigen Unterrichtsverlauf zum Thema „Biomembranen" unter dem Aspekt „Arbeit mit Modellen". Berücksichtigen Sie dabei folgende Punkte:
   a. Prüfen Sie, ob sich die Modelldefinition auf die Lipiddoppelschicht anwenden lässt.
   b. Begründen Sie, inwieweit der Modelleinsatz bei der Erforschung von Biomembranen sinnvoll ist.
   c. Stellen Sie dar, inwieweit die Phasen A–C auch bei der Entwicklung des Sandwichmodells durchlaufen wurden.

Die Erforschung der Zelle

Material 9: Basiskonzept Kompartimentierung

Das Prinzip der Einteilung eines Systems in Teilräume, die Kompartimentierung, wird auf zellulärer Ebene sehr deutlich: Kompartimente (franz. *compartiment*, Abteil, Fach) sind durch Membranen abgegrenzte Reaktionsräume innerhalb einer Zelle. Durch die Abgrenzung wird es möglich, dass auf- und abbauende Stoffwechselprozesse, Energie- beziehungsweise Stoffspeicherung in derselben Zelle zur gleichen Zeit stattfinden können. Jede Eukaryotenzelle ist durch Membranen in mehrere, zum Teil ineinander geschachtelte, Reaktionsräume unterteilt. Jedes Kompartiment besitzt charakteristische Enzyme und nimmt besondere Aufgaben wahr. Die spezialisierten Kompartimente stehen untereinander in Kontakt: ER, Golgi-Apparat und die Plasmamembran sind zum Beispiel durch Abschnürungs- und Fusionsprozesse verbunden.

Jede Zelle wird ebenfalls von einer Membran umschlossen, die den Ein- und Austritt von Stoffen kontrolliert. Bei Einzellern übernimmt eine einzige Zelle alle Lebensfunktionen, bei Vielzellern teilen die Zellen die Arbeit untereinander auf: Ähnlich spezialisierte Zellen sind zu Zellverbänden, Geweben, und diese wiederum zu Organen zusammengeschlossen.

Jedes Lebewesen ist gegen seine Umgebung durch Strukturen abgegrenzt, die den Stoffaustausch beeinflussen und Energieverluste minimieren. Das Prinzip der Unterteilung eines Systems in Teilräume ist jedoch nicht auf Zellen beschränkt, man findet auch viele andere Beispiele für Kompartimentierung.

1 Organe des menschlichen Körpers

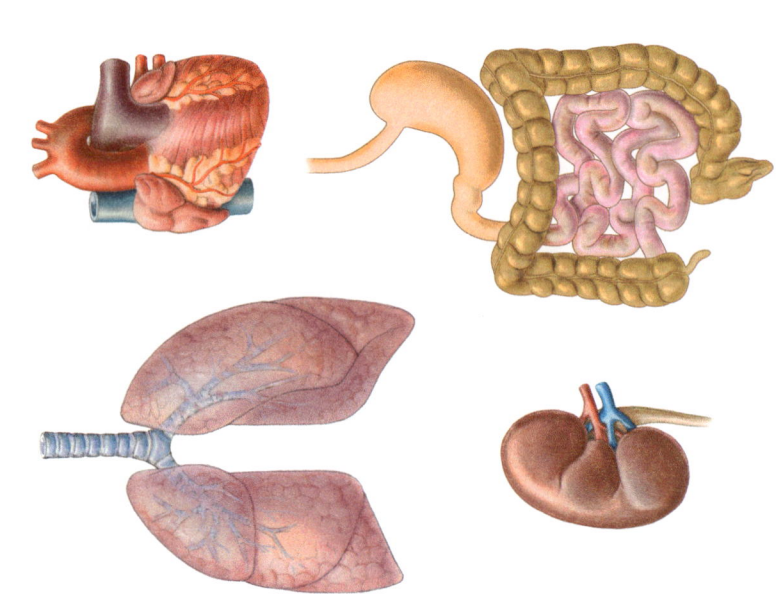

2 Grundriss eines Wohnhauses

1. Erläutern Sie, weshalb man die Organe des menschlichen Körpers als Kompartimente bezeichnen kann (Abb. 1).
2. Wenden Sie das Prinzip der Kompartimentierung auf das Beispiel „Wohnhaus" in Abbildung 2 an.
3. Nennen Sie eigene Beispiele für Kompartimentierung.

Material 10: Basiskonzept Struktur und Funktion

Unter Struktur versteht man in der Biologie den Bau von Lebewesen und ihrer Teile, zum Beispiel Organen, Geweben, Zellen und Molekülen. Die Aufgaben dieser Teile im Organismus zeigen oft einen klar erkennbaren Zusammenhang zur Struktur: Die Struktur ist so ausgeprägt, dass sie eine bestimmte Funktion übernehmen kann. Daher handelt es sich bei dem **Zusammenhang zwischen Struktur und Funktion** um ein grundlegendes biologisches Prinzip. Es ermöglicht, aus der Beobachtung bestimmter Strukturen auf deren Funktion zu schließen, da gleiche oder ähnliche Strukturen in der Natur häufig gleiche Aufgaben erfüllen.

Der Zusammenhang von Struktur und Funktion lässt sich anhand unterschiedlicher Prinzipien erkennen. Eines davon ist das **Abwandlungsprinzip**, das sich in der unterschiedlichen Differenzierung von Zellen mit gleichem Grundbauplan widerspiegelt: Der Bauplan der Zelle wird je nach Funktion vielfältig abgewandelt. Pflanzenzellen besitzen Chloroplasten, die maßgeblich an der Fotosynthese beteiligt sind und sich in Blättern oder Sprossteilen befinden, die dem Licht zugewandt sind. Im Unterschied dazu sind die Speicherzellen des Rettichs dicht gefüllt mit Stärkekörnern und besitzen kein Chlorophyll. In den Zellen reifer Früchte, wie der Tomate, befinden sich statt der Chloroplasten orangege Körnchen und Kügelchen, die Chromoplasten. Durch ihren hohen Gehalt an Carotinoiden sorgen sie für die rötliche Färbung der Früchte.

Ein weiteres Prinzip von Struktur und Funktion, das der **Oberflächenvergrößerung**, haben Sie an mindestens zwei Beispielen in der Sekundarstufe I kennengelernt: Im Zusammenhang mit dem Feinbau der Darmwand und bei den zahlreichen Alveolen der Lunge. Aufgrund dieses allgemeingültigen Prinzips können Sie für ähnlich aufgebaute Strukturen auf deren Funktion schließen.

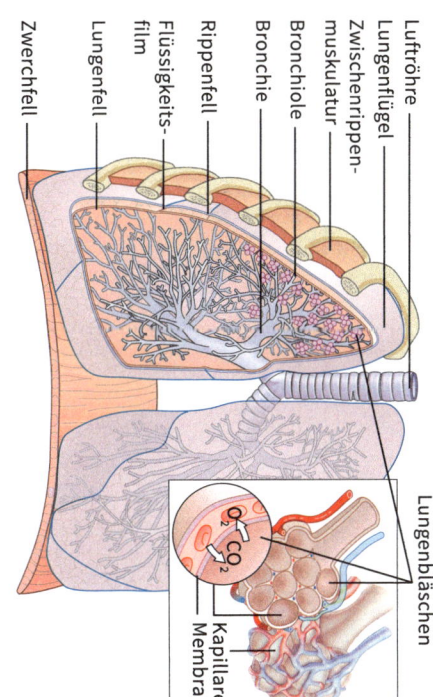

1 Feinbau der Lunge

Luftröhre
Lungenflügel
Zwischenrippenmuskulatur
Bronchiole
Bronchie
Rippenfell
Flüssigkeitsfilm
Lungenfell
Zwerchfell

Lungenbläschen
O_2, CO_2
Kapillare
Membran

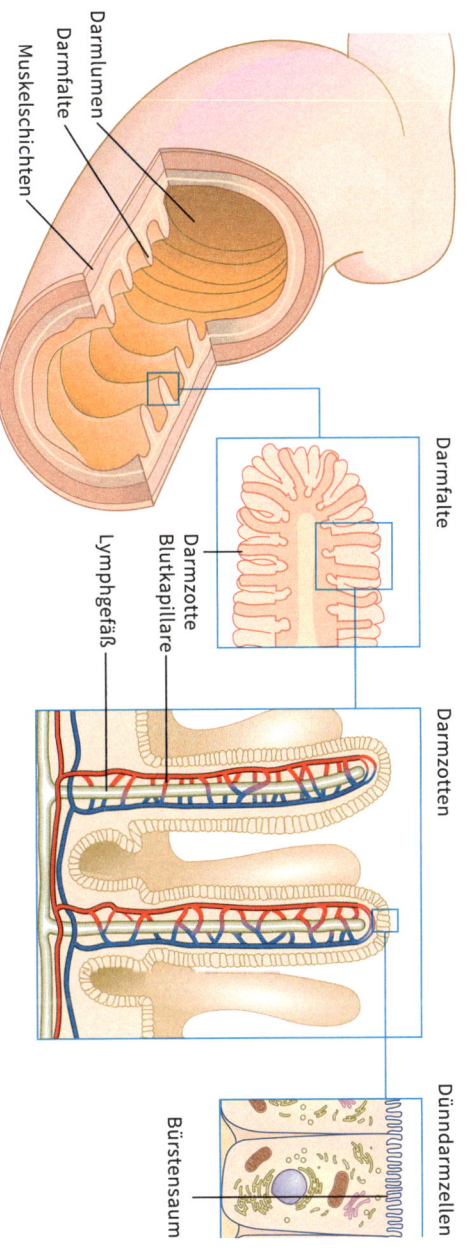

2 Feinbau Darmwand

Darmlumen
Darmfalte
Muskelschichten

Darmfalte
Darmzotte
Blutkapillare
Lymphgefäß
Darmzotten

Dünndarmzellen
Bürstensaum

1. Beschreiben Sie die Vorgänge, die in den Lungenalveolen und an der Darmwand ablaufen.
2. Erläutern Sie, inwiefern der prinzipielle Aufbau der Strukturen dieser Funktion dient. Benennen Sie das biologische Prinzip, das diesem Phänomen zugrunde liegt.
3. Stellen Sie Hypothesen auf, weshalb bei den Mitochondrien ein ähnlicher prinzipieller Aufbau förderlich sein könnte. Ziehen Sie hierfür Material 4b (S. 11) hinzu.

Die Erforschung der Zelle

Material 11a: Grundlagen für Stofftransporte: Verteilung von Duftstoffen im Klassenraum

Stoffe können sich in den ihnen zur Verfügung stehenden Räumen verteilen. Ein gutes Beispiel für die Verteilung in Luft ist der Duftstoff Campher und für die Verteilung in Wasser das Salz Kaliumpermanganat.

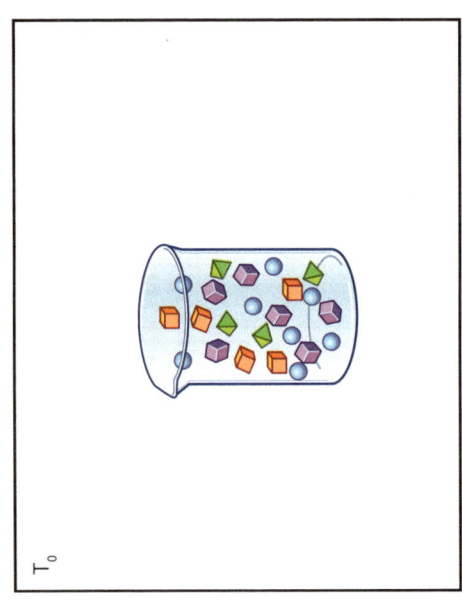

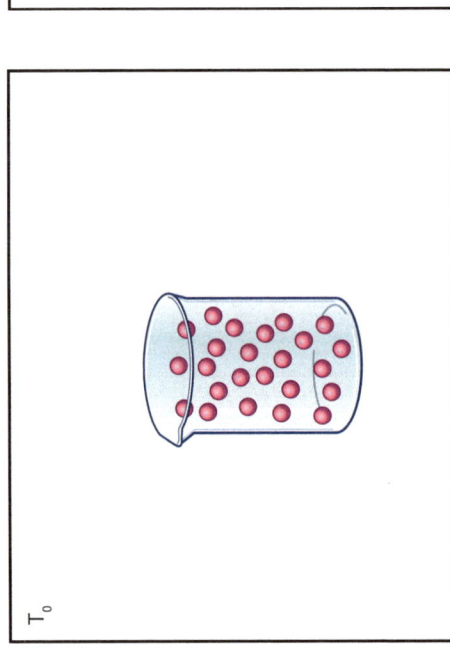

1 *Verteilung von Campher*

2 *Verteilung von Parfum*

1. Ergänzen Sie in der Skizze die Verteilung des Stoffes Campher zu zwei verschiedenen Zeiten.
2. Ein Parfum stellt ein Stoffgemisch aus verschiedenen Stoffen dar. Außer den Duftstoffen sind auch noch andere Komponenten vorhanden, die nicht flüchtig sind. Skizzieren Sie mithilfe des Modells die Verteilung von Parfum zu zwei verschiedenen Zeiten.

Material 11b: Grundlagen für Stofftransporte: Diffusion durch eine selektiv permeable Membran

Die ungerichtete Bewegung von Teilchen im Raum wird als **Diffusion** bezeichnet. Dabei bewegen sich Teilchen vom Ort der höheren Konzentration zu Orten mit geringerer Konzentration. Ursache für die Diffusion ist die Eigenbewegung der Teilchen. Diese Eigenbewegung wird **Brown'sche Molekularbewegung** genannt.

Die Geschwindigkeit der Diffusion hängt ab von
- der Temperatur
- der Größe der diffundierenden Teilchen
- der Größe des Konzentrationsgefälles.

Auch Biomembranen sind durchlässig, das heißt **permeabel**, für kleine unpolare Teilchen wie zum Beispiel die Gase Sauerstoff und Kohlenstoffdioxid.

Um Transportvorgänge beschreiben und erklären zu können, muss man zwischen **Stoff- und Teilchenebene** wechseln. Versuchsbeobachtungen und die Vorgänge an sich werden auf der Stoffebene beschrieben. Mögliche Formulierungen für die Stoffebene sind:
- Wasser strömt in XX ein.
- Salz wird feucht.

Die Erklärungen der Beobachtungen erfolgen mithilfe des Modells der kleinsten Teilchen. In diesem Modell sind kleinste Teilchen die Bausteine, aus denen Stoffe aufgebaut sind. Mögliche Formulierungen für die Teilchenebene sind:
- Die Wasserteilchen diffundieren von dem Ort der höheren Konzentration zu …
- Die YY-teilchen sind zu groß und können deshalb nicht durch die Membran gelangen.

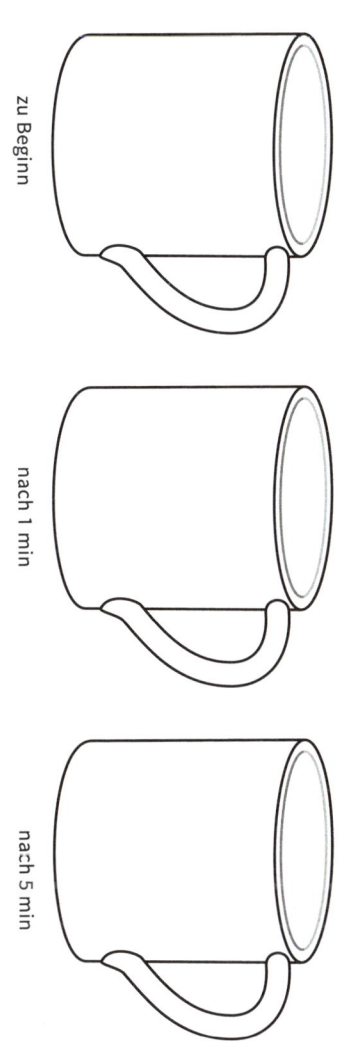

1 Verteilung der Stoffe aus dem Teebeutel im Wasser

zu Beginn

nach 1 min

nach 5 min

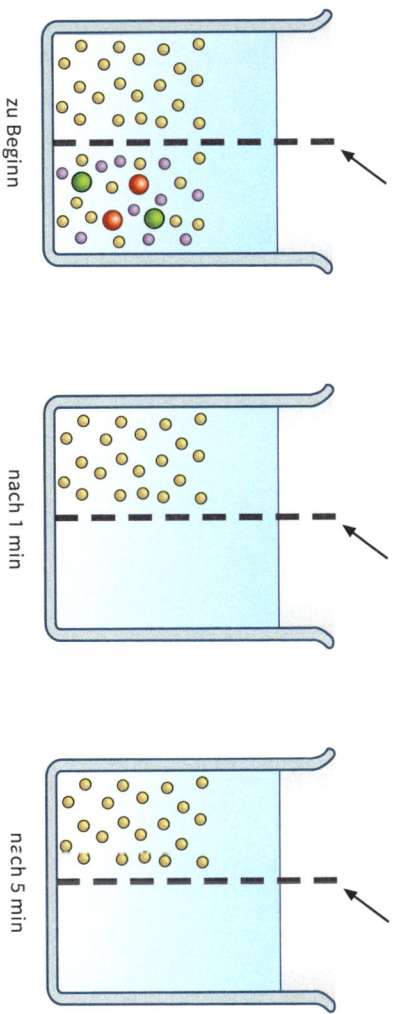

2 Modelldarstellung zur Diffusion durch eine permeable Membran

zu Beginn

nach 1 min

nach 5 min

1. Hängen Sie einen Beutel Früchtetee in ein Glas mit Wasser.
2. Notieren Sie Ihre Beobachtungen und erklären Sie diese.
3. Stellen Sie Ihre Beobachtungen mithilfe des Teilchenmodells dar. Nutzen Sie hierfür Abbildung 1.
4. Entwickeln Sie aufgrund Ihrer Vorstellung ein Modell zur Diffusion durch eine für bestimmte Stoffe permeable Membran. Nutzen Sie hierfür Abbildung 2.

Die Erforschung der Zelle

Material 11c: Grundlagen für Stofftransporte: Osmose

Membranen, durch die nur bestimmte Stoffe diffundieren können, nennt man **selektiv permeabel**. Diffusion durch selektiv permeable Membranen wird als **Osmose** bezeichnet. Biomembranen sind selektiv permeable Membranen für kleinere Teilchen. Stoffe diffundieren entlang des **Konzentrationsgefälles**.

Einfluss von Zucker und Kochsalz auf Kartoffelzellen

Material: 2 Kartoffeln, Zucker, Kochsalz, Messer, Teelöffel ✂

Durchführung:
Schneiden Sie eine Kartoffel in der Mitte durch. Geben Sie auf die Schnittfläche der einen Hälfte einen Teelöffel Haushaltszucker, auf die andere Hälfte einen Teelöffel Kochsalz. Als Kontrolle benutzen Sie eine dritte Kartoffelhälfte, auf die Sie keinen Stoff geben.

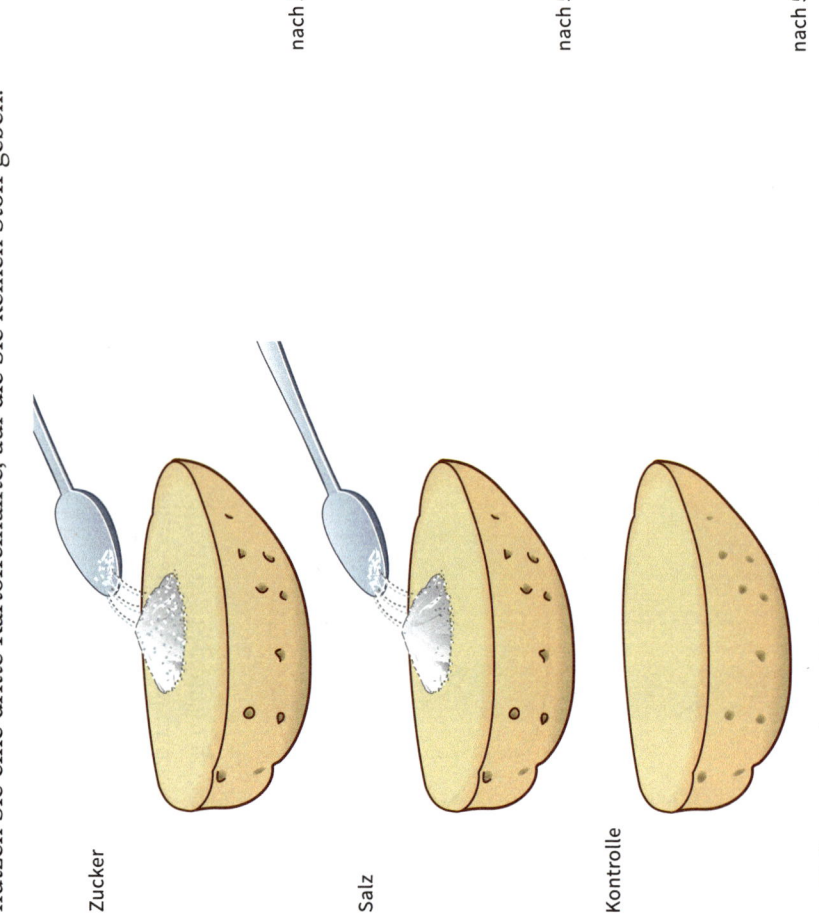

Zucker — nach 5 min

Salz — nach 5 min

Kontrolle — nach 5 min

1 Einfluss von Zucker und Salz auf Kartoffelzellen

Beobachtung:

Auswertung:

1. Führen Sie den Versuch gemäß Versuchsanleitung aus.
2. Notieren Sie Ihre Beobachtungen und ergänzen Sie die Skizzen.
3. Werten Sie ihre Beobachtungen aus.

Material 11d: Grundlagen für Stofftransporte: Osmose und unterschiedlich konzentrierte Lösungen

Osmosevorgänge an Kartoffeln

Kartoffeln bestehen aus Zellen. Erhöht man die _____ von Zucker beziehungsweise Salz außerhalb der Zellen, so fließt Wasser _____ aus den Zellen heraus. Ursache dieser _____ ist _____ an Wassermolekülen vor. Dementsprechend diffundieren _____ Wassermoleküle von der Seite mit der hohen Wasserkonzentration zu der Seite mit der niedrigeren Wasserkonzentration. Hat eine Lösung im Vergleich zum Zellinnenraum eine geringere Konzentration an gelösten Teilchen, so spricht man von einer **hypotonischen Lösung**. Lösungen mit gleicher Konzentration an gelösten Stoffes zur Seite mit _____ Konzentration des gelösten Stoffes zur Seite mit _____ Konzentration. Diese _____ von Wasser durch eine selektiv permeable Membran nennt man **Osmose**. Die Lösung, die im Vergleich zum Zellinnenraum eine höhere Konzentration an gelösten Teilchen aufweist, heißt **hypertonische Lösung**. Bezogen auf die Wassermoleküle liegt in dieser Lösung eine geringere Konzentration an gelösten Teilchen, zum Beispiel Zucker- oder Salzteilchen, zwischen Zellinnenraum und der Umgebung. Das heißt, immer dann, wenn eine Biomembran zwei Lösungen mit _____ an gelösten Teilchen trennt, _____ Wasser von der Seite mit _____ Konzentration des gelösten Teilchen werden als **isotonisch** bezeichnet.

1. Ergänzen Sie im Lückentext folgende Begriffe:
   aus - Diffusion - Diffusionsprozesse - diffundiert - höherer - Konzentration - Konzentrationsunterschied - mehr - niedrigeren - unterschiedlichen Konzentrationen
2. Definieren Sie die Begriffe:
   hypertonische Lösung, hypotonische Lösung, isotonische Lösung, Osmose.

Die Erforschung der Zelle

Material 11e: Grundlagen für Stofftransporte - einen Versuch planen

An Hühnereiern lassen sich Transportvorgänge sehr gut untersuchen, wenn vorher die harte Kalkschale entfernt wurde (siehe Versuchsanleitung).

Entfernung der Kalkschale bei Hühnereiern

Material: rohes Hühnerei (möglichst frisch), Haushaltsessig (circa 10%), Gefäß mit Abdeckung

Durchführung:
Füllen Sie das Gefäß etwa fünf bis sieben Zentimeter hoch mit Haushaltsessig und lassen Sie das Ei vorsichtig hineingleiten. Decken Sie die Öffnung ab, zum Beispiel mit einem passenden Schraubdeckel. Dieser sollte nur aufgelegt, auf keinen Fall fest zugeschraubt werden. Lassen Sie das Gefäß einen Tag lang ruhig stehen. Nach einem Tag wird das Ei vorsichtig entnommen und gründlich mit Wasser gespült.

Beobachtung:
Die Kalkschale ist verschwunden. Das Ei ist aber noch von einer weichen, durchscheinenden und elastischen Haut umgeben.

1. Planen Sie einen Versuch, mit dem Sie nachprüfen können, ob die das Ei umgebende Haut für Wasser selektiv permeabel ist. Führen Sie diesen Versuch durch und werten Sie ihn vollständig aus.

Tipp: Sollte kein Ei ohne Kalkschale zur Verfügung stehen, kann der Versuch auch mit einem Rhabarber-Stiel durchgeführt werden, der am unteren Ende sternförmig eingeschnitten wurde.

Material 12: Kompetent in … Diffusion und Osmose

Pflanzenzellen und rote Blutzellen eignen sich besonders gut zur Untersuchung von Diffusions- und Osmosevorgängen. Osmotische Vorgänge bei Pflanzenzellen, die zur Ablösung des Zellleibs führen, werden als **Plasmolyse** bezeichnet. Vorgänge, die dazu führen, dass der Zellleib sich wieder an die Zellwand anlagert werden als **Deplasmolyse** bezeichnet.

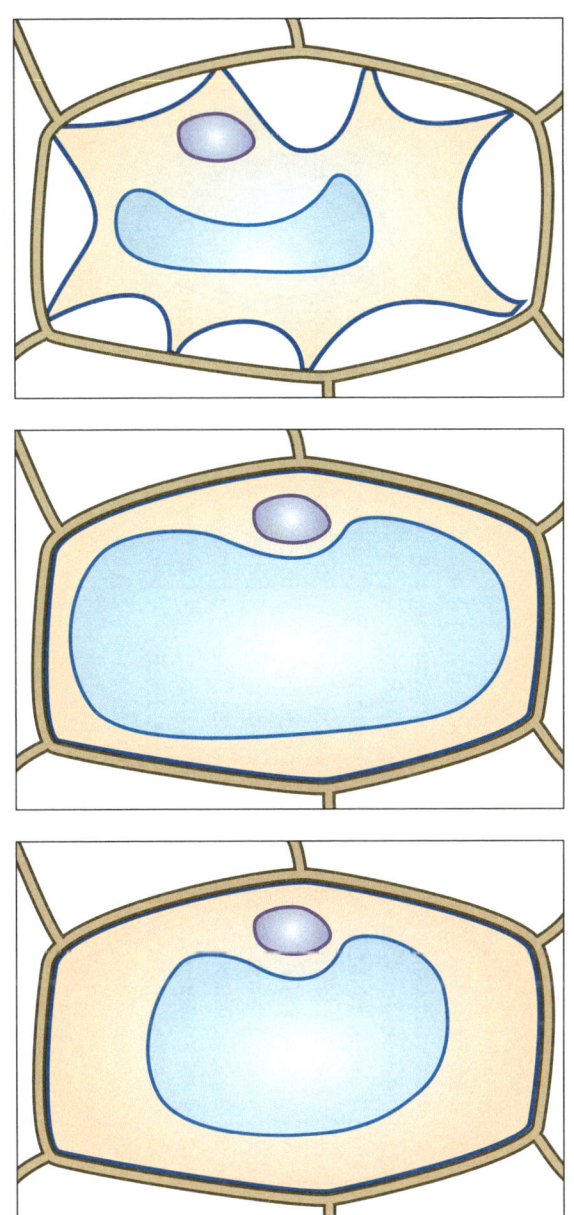

1 Plasmolyse und Deplasmolyse bei Zwiebelzellen

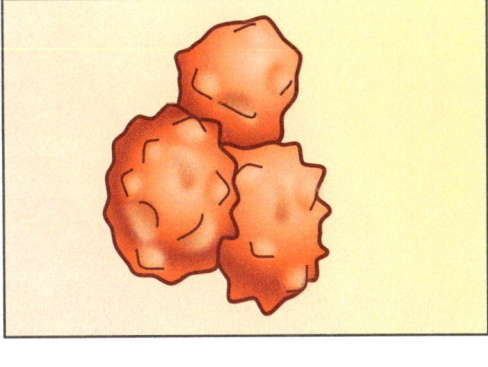
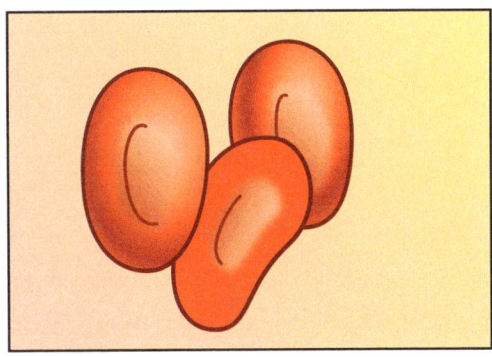
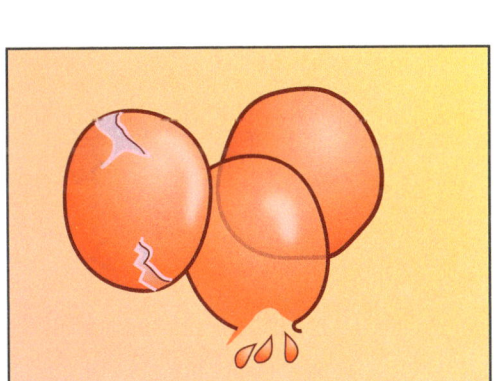

2 Rote Blutzellen in unterschiedlich konzentrierten Lösungen

1. Erklären Sie die plasmolytischen Vorgänge bei Zwiebelzellen unter Verwendung der Fachbegriffe. Ziehen Sie zum Vergleich Abbildung 1 in Material 14b (S. 47) hinzu.
2. Erklären Sie anhand von Abbildung 2 die Vorgänge, die zu den Veränderungen der roten Blutzellen geführt haben.
3. Ermitteln Sie anhand der Versuche die Bedeutung der Zellwand bei pflanzlichen Zellen.

Die Erforschung der Zelle

Material 13a: Transportvorgänge an Zellmembranen: Passiver Transport

An Biomembranen finden viele Transportvorgänge statt. Man unterteilt sie gemäß ihres Energieverbrauchs in passive Transportvorgänge ohne Energieverbrauch und in aktive Transportvorgänge, die nur unter Energieverbrauch ablaufen können.

Diffusion spielt beim **passiven Transport** eine entscheidende Rolle. Daneben findet passiver Transport auch über die Proteine in der Biomembran statt. Manche Ionen und polare Moleküle, die nicht durch die Lipiddoppelschicht gelangen, werden aber von der Zelle benötigt. Dazu gehören zum Beispiel Natrium- und Kaliumionen oder Glucose. Sie können nur auf einem speziellen Weg durch die Membran gelangen. Sie werden von **Transportproteinen** durchgeschleust, welche überall in der Membran zu finden sind. Der Vorteil für die Zelle besteht darin, dass dieser Transport schneller als die freie Diffusion abläuft. Außerdem sind Transportproteine substratspezifisch, das heißt, dass nur eine ganz bestimmte Stoffart transportiert wird und somit ein kontrollierter Austausch stattfindet. Dabei unterscheidet man zwischen Kanalproteinen und Carriern. **Kanalproteine** lassen aufgrund ihrer polaren Gruppen an den Innenwänden hydrophile Moleküle und Ionen bestimmter Größe durch. Eine solche kanalvermittelte Diffusion erfolgt oftmals erst durch ein bestimmtes Signal. Stoffe wie Hormone steuern dabei den Öffnungsgrad des Kanalproteins, wodurch dann entsprechend dem Konzentrationsgefälle eine Diffusion ohne Energiezufuhr erfolgen kann.

Eine andere Möglichkeit bilden die sogenannten **Carrier**, die einen bestimmten Stoff kurzfristig an sich binden. Sie besitzen für den zu transportierenden Stoff, das Substrat, eine ganz bestimmte Bindungsstelle. Das Substrat passt dort hinein wie ein „Schlüssel" in ein „Schloss". Es bildet sich ein Carrier-Substrat-Komplex aus, woraufhin der Carrier seine Form ändert und das Substrat auf die andere Seite gelangt. Ein Carrier kann entweder nur ein einziges Substrat befördern (**Uniport**) genannt, oder aber gleichzeitig zwei Substrate (**Cotransport**). Erfolgt der Transport in die gleiche Richtung, wird er als **Symport** bezeichnet. Erst wenn beide Bindungsstellen besetzt sind, verändert sich die Form des Carriers. Dieser Vorgang kann auch in entgegengesetzter Richtung erfolgen, was als **Antiport** bezeichnet wird. Hier gelangt ein Molekül hinein und gleichzeitig ein anderes hinaus.

Der Stofftransport durch Membranproteine läuft, wie auch die freie Diffusion, freiwillig ab. Es wird keine Energie verbraucht. Beide Transportarten werden durch einen Konzentrationsunterschied zwischen den beiden Membranseiten angetrieben und erfolgen immer von der höheren zur niedrigeren Konzentration. Daher bezeichnet man diese Transportarten auch als **passiven Transport**.

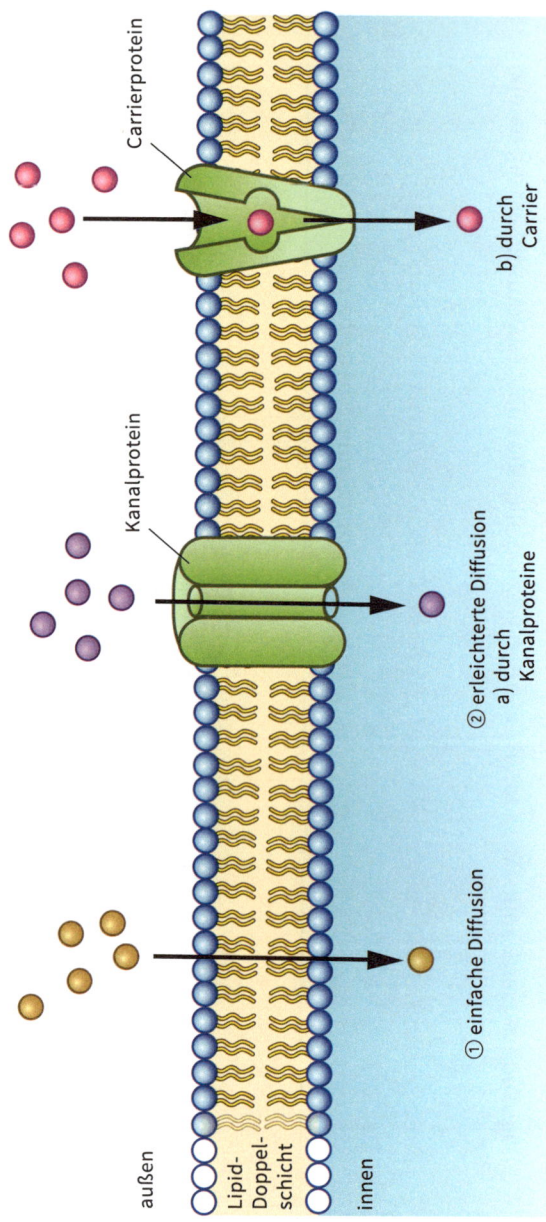

1 *Passiver Transport durch die Zellmembran*

1. Fassen Sie die wichtigsten Transportvorgänge an Zellmembranen und ihre Merkmale zusammen.

Material 13b: Transportvorgänge an Zellmembranen: Aktiver Transport

An Biomembranen finden viele Transportvorgänge statt. Man unterteilt sie gemäß ihres Energieverbrauchs in passive Transportvorgänge ohne Energieverbrauch und in aktive Transportvorgänge, die nur unter Energieverbrauch ablaufen können.

Manche Carrier können Substrate entgegen deren Konzentrationsgefälle befördern. Sie arbeiten wie elektrische Pumpen und bringen gelöste Stoffe auf diejenige Seite, auf der sie höher konzentriert sind. Für diesen Vorgang benötigen solche Carrier daher Energie, weshalb man diese Art des Stoffaustauschs auch als **aktiven Transport** bezeichnet. Die Energie für die meisten Transportvorgänge kann durch die Spaltung der energiereichen Verbindung ATP zu ADP geliefert werden. Erst unter Energieverbrauch ändert das Transportprotein seine Form und befördert das gebundene Molekül auf die andere Seite.

Beim **primären aktiven Transport** werden unter ATP-Verbrauch Ionen gegen ein Konzentrationsgefälle, den Ionengradienten, durch die Biomembran gepumpt. Beim **sekundären aktiven Transport** wird der Strom der aktiv transportierten Ionen dazu genutzt, um andere Moleküle mit zu transportieren. Dies stellt ein Beispiel für einen Cotransport dar. Der Cotransport kann als Symport oder als Antiport erfolgen.

Ein Beispiel für den aktiven Transport ist die **Natrium-Kalium-Ionenpumpe**, die in allen tierischen Zellen vorkommt und unter anderem bei der Signalübertragung an Nerven eine Rolle spielt. Die Natrium-Kalium-Ionenpumpe befördert unter Verbrauch von 1 ATP-Molekül 3 Natrium-Ionen gegen ein Konzentrationsgefälle aus der Zelle. Während des Transportvorgangs wird das bei der ATP-Spaltung entstehende Phosphat an den Carrier gebunden. Anschließend binden zwei Kalium-Ionen aus dem Bereich außerhalb der Zelle an den Carrier. Durch das Binden der Kalium-Ionen wird das Phosphat wieder freigesetzt, der Carrier stellt seine ursprüngliche räumliche Struktur wieder her und die Kalium-Ionen gelangen in die Zelle. Dies stellt ein Beispiel für einen Antiport dar.

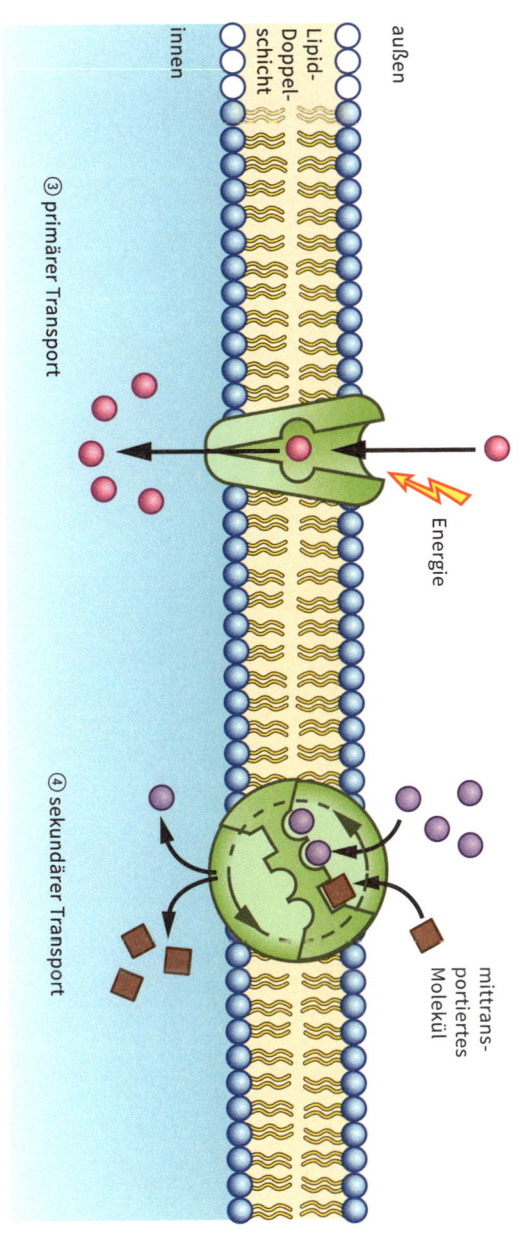

1 Aktiver Transport durch die Zellmembran

1. Fassen Sie die wichtigsten Transportvorgänge an Zellmembranen und ihre Merkmale zusammen.

Die Erforschung der Zelle

Material 13c: Kompetent in ... Transportvorgänge an Zellmembranen

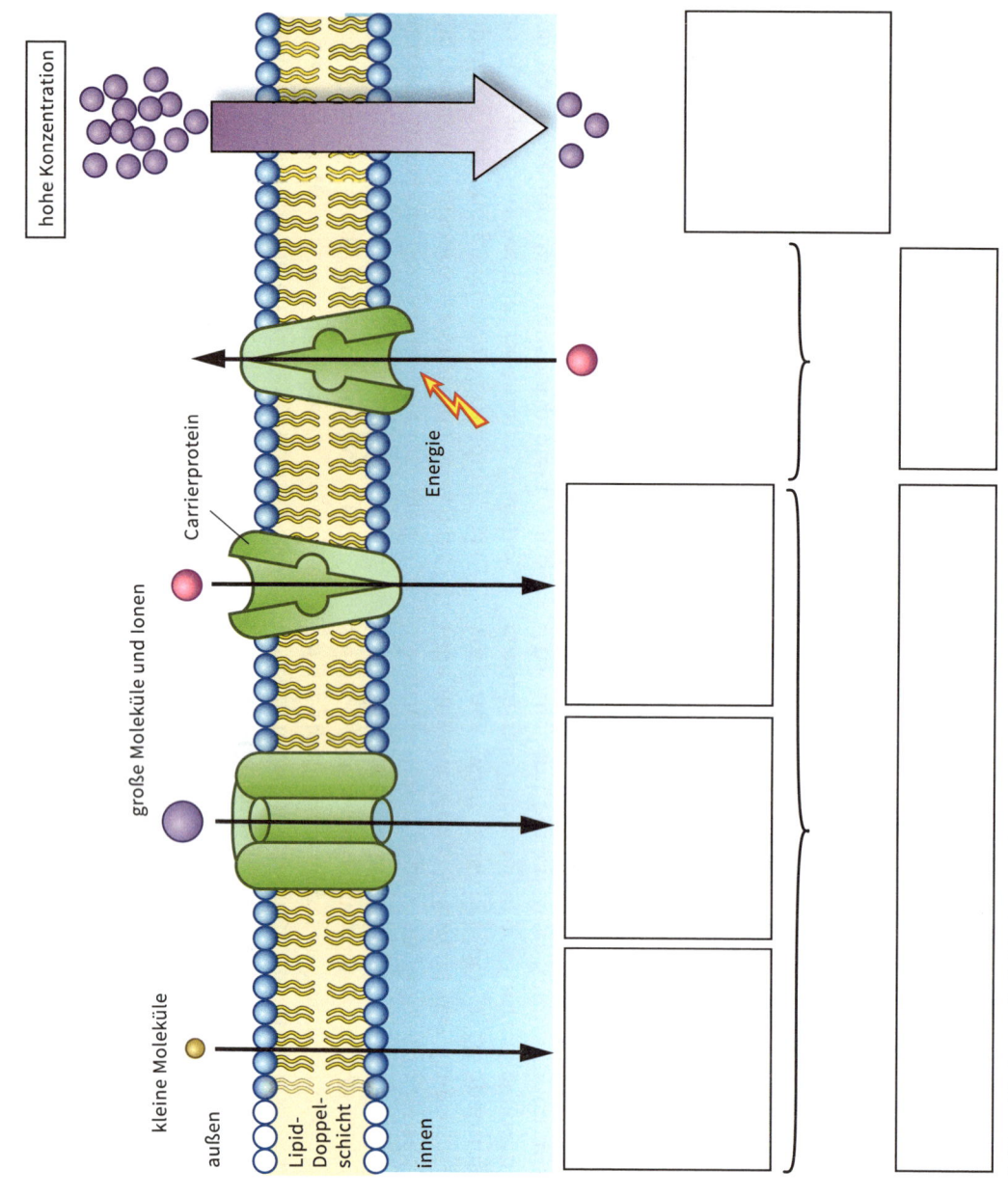

1 *Verschiedene Möglichkeiten von Transportvorgängen an Zellmembranen*

1. Beschriften Sie Abbildung 1.
2. Nennen Sie grundsätzliche Probleme, die sich bei Transportvorgängen an Zellmembranen ergeben.
3. Erläutern Sie grundsätzliche Unterschiede zwischen dem aktiven und dem passiven Transport.
4. Erläutern Sie anhand von Abbildung 1 die verschiedenen Transportmechanismen durch die Biomembran. Gehen Sie dabei auch auf Vor- und Nachteile der einzelnen Mechanismen ein.

Material 13d: Basiskonzept Steuerung und Regelung

In biologischen Systemen wie Zellen und Lebewesen finden ständig Wechselwirkungen statt. Werden Wechselwirkungen so beeinflusst, dass sie gerichtet stattfinden, dann spricht man von Steuerung. Zum Beispiel können Stofftransporte durch Ionenpumpen gesteuert werden. Von Regelungen spricht man, wenn eine bestimmte Zustandsgröße durch Regelvorgänge annähernd konstant gehalten wird. So wird der Glucosegehalt im Blut des Menschen ständig kontrolliert und durch zahlreiche Stoffwechselvorgänge so verändert, dass er nahezu konstant bleibt. In Zellen und Lebewesen sind Steuerungen oft in Regelungsvorgänge eingebunden. Ein Beispiel für Steuerungs- und Regelprozesse ist die Regulation des Wasserhaushalts in Zellen und Lebewesen.

Regulation von Spaltöffnungen

Pflanzen geben durch Spaltöffnungen Wasserdampf und Sauerstoff ab und nehmen Kohlenstoffdioxid auf. Die Wasserabgabe bewirkt einen Transpirationssog, der dazu führt, dass Wasser aus der Wurzel in den Spross der Pflanze gelangt. Ein Teil des aufgenommenen Wassers wird für die Fotosynthese genutzt. Bei hohen Temperaturen schließen sich Spaltöffnungen, wodurch der Wasserverlust durch Verdunstung verringert wird. Durch diese Maßnahme kann jedoch über die Spaltöffnungen auch kein Kohlenstoffdioxid für die Fotosynthese mehr aufgenommen und kein Sauerstoff mehr abgegeben werden. Die Pflanze steuert somit die Wasserabgabe und den Gasaustausch durch die Spaltöffnungen, indem sie die Porenweite entsprechend der abiotischen Faktoren anpasst. Jede Spaltöffnung wird durch zwei bohnenförmige Schließzellen gebildet. Schließzellen enthalten im Gegensatz zu den übrigen Epidermiszellen viele **Chloroplasten**. Die Zellwände der Schließzellen sind nicht gleichmäßig dick: Die Zellwand zur Spaltöffnung hin ist stärker verdickt und wenig elastisch, der andere Teil der Zellwand ist elastisch. Sind die Schließzellen nicht mit Wasser prall gefüllt, dann sind die Spaltöffnungen nahezu geschlossen (Abbildung 1a). Durch Wasseraufnahme wird der Druck im Innenraum der Schließzellen erhöht. Dadurch werden die dünneren Außenwände stärker gedehnt als die Zellwand neben der Spaltöffnung; die Schließzellen krümmen sich nach außen und die Pore in der Mitte öffnet sich (Abbildung 1b). Die Steuerung dieses Vorgangs erfolgt über die Kohlenstoffdioxidkonzentration in den Zellen: Bei Lichteinfall wird Kohlenstoffdioxid durch die Fotosynthese in den Chloroplasten verbraucht, dadurch nimmt dessen Konzentration im Innenraum der Zelle ab und der pH-Wert steigt. Die Erhöhung des pH-Wertes ist das Signal für die Öffnung der Spaltöffnung.

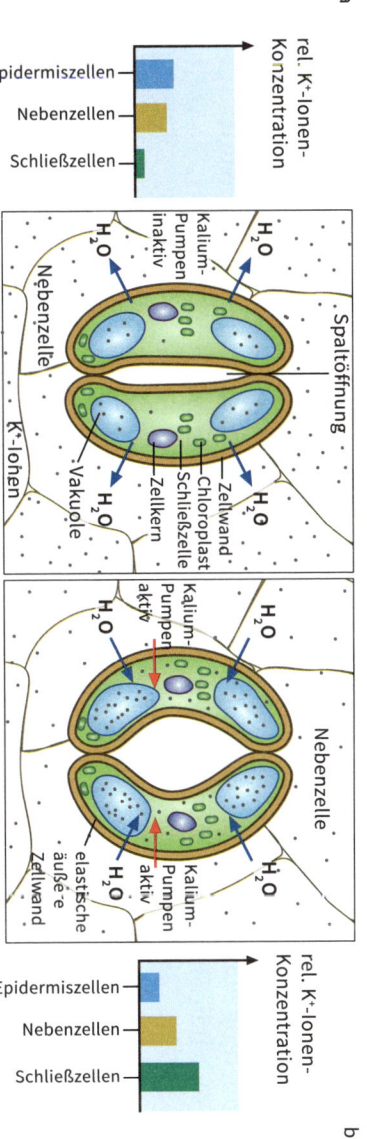

1 *Regulation der Spaltöffnung a) Schließen der Schließzellen, b) Öffnen der Schließzellen*

1. Erläutern Sie anhand der Abbildungen 1a+b die Vorgänge, die zum Öffnen und Schließen der Schließzellen führen.
2. Stellen Sie dar, welche Transportvorgänge aktiv und welche passiv ablaufen. Begründen Sie Ihre Entscheidung.
3. Erläutern Sie, weshalb es biologisch sinnvoll ist, die Öffnung der Spaltöffnungen über den Gehalt an CO_2 zu regulieren.
4. Bei starkem Wasserverlust schließen sich die Spaltöffnung automatisch – ohne Regulierungsvorgänge. Beschreiben Sie die Vorgänge, die dazu führen könnten.

Die Erforschung der Zelle

Material 14a: Tipps zum Mikroskopieren: Zeichnen von mikroskopischen Bildern

Biologen beobachten nicht nur mit dem bloßen Auge, sondern verwenden auch Lichtmikroskope, mit denen sie kleinere Strukturen sichtbar machen und dadurch genauer untersuchen können. Lichtmikroskopische Bilder sind oft sehr komplex und nicht leicht zu deuten. Für das Anfertigen einer Zeichnung muss das reale Bild (Objekt) präzise betrachtet werden, um wesentliche Bestandteile erkennen und festhalten zu können. Für das mikroskopische Zeichnen gelten folgende Zeichenregeln:

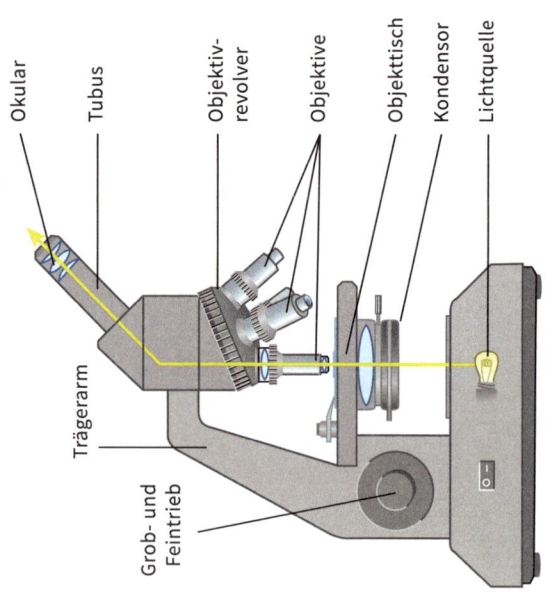

1 *Lichtmikroskop*

Tipps zum Mikroskopieren – Der Weg zu einem guten Bild beim Mikroskopieren

1. Schwenken Sie das kleinste Objektiv in den Strahlengang.
2. Stellen Sie das Bild mit dem Grobtrieb scharf und bringen Sie das Objekt in die Mitte des Sichtfeldes.
3. Stellen Sie die Helligkeit der Lampe so ein, dass das Präparat gut ausgeleuchtet ist.
4. Schwenken Sie das nächstgrößere Objektiv in den Strahlengang.
5. Stellen Sie das Bild mit dem Feintrieb scharf.
6. Durch vorsichtiges Verschieben des Präparates auf dem Objekttisch kann nach den Zellen gesucht werden, die man zeichnen möchte.
7. Besseren Kontrast und Tiefenschärfe erhält man durch Verändern der Blendeneinstellung und der Lichtstärke.

Zeichnen von mikroskopischen Bildern

1. Bereiten Sie ein weißes Blatt Papier mit den folgenden Angaben vor: Name, Datum, Überschrift, Vergrößerung, Zeichnung und Beschriftung (siehe Beispiel in Abbildung 2).
2. Die Bleistiftzeichnung sollte etwa eine halbe DIN-A4-Seite groß sein.
3. Zeichnen Sie nur die **Umrisse** der gesehenen Strukturen, malen Sie nichts aus.
4. Zeichnen Sie mit einer durchgezogenen Linie **ohne zu stricheln**.
5. Geben Sie den Vergrößerungsfaktor an. Die Gesamtvergrößerung errechnet sich aus der Vergrößerung durch das Okular multipliziert mit der Vergrößerung durch das Objektiv.
6. Beschriften Sie Ihre Zeichnung, indem Sie die Bestandteile benennen.

Name: Lisa Müller
Überschrift: Mundschleimhautzellen
Vergrößerung: 400fach *Datum: 11.11.2011*

Zeichnung *Beschriftung*

2 *Beispiel einer Zeichnung*

Material 14b: Mikroskopische Übung zur Plasmolyse

Material: Mikroskop, Messer, Küchenzwiebel, Rasierklinge, Pipette, Pinzette, Objektträger, Deckgläschen, Filterpapier, Methylenblau, Kochsalzlösung.

Durchführung:
- Schneiden Sie die Zwiebel längs durch und lösen sie eine Schuppe aus der Zwiebel. ①
- Schneiden Sie mit einer Rasierklinge in die Innenseite der Schuppe ein kleines Viereck hinein und lösen Sie das Zwiebelhäutchen mit der Pinzette ab. ②
- Bringen Sie das Zwiebelhäutchen in einen Tropfen Wasser auf dem Objektträger ③ und legen Sie ein Deckgläschen darauf. ④
- Geben Sie an den Rand des Deckgläschens einen Tropfen Methylenblau und saugen Sie ihn von der gegenüberliegenden Seite her mit einem Stück Filterpapier unter dem Deckgläschen hindurch. ⑤
- Mikroskopieren Sie bei 130-facher Vergrößerung und fertigen Sie eine Zeichnung an.
- Geben Sie ein bis zwei Tropfen Kochsalzlösung an den Rand des Deckgläschens und saugen Sie die Lösung unter dem Deckgläschen hindurch. Beobachten Sie einige Minuten genau und fertigen Sie eine Zeichnung an.
- Geben Sie ein bis zwei Tropfen Leitungswasser an den Rand des Deckgläschens und ziehen Sie es mit Filterpapier unter dem Deckgläschen hindurch. Fertigen Sie eine weitere Zeichnung an.

1 Mikroskopieranleitung zur Plasmolyse

1. Beschreiben Sie die Beobachtungen, die in Ihrer Zeichnung 1 und Zeichnung 2 zu erkennen sind.

Zeichnung 1

Zeichnung 2

Die Erforschung der Zelle

Material 15: Checkliste zur Klausurvorbereitung

In den vergangenen Wochen haben Sie sich intensiv mit verschiedenen Themenbereichen der Cytologie beschäftigt. Die folgenden Aspekte sollten Sie beherrschen:

Sie sollten:

	☺	☺	☹
– die Begriffe Eukaryoten, Prokaryoten, Eucyte und Procyte erklären und entsprechenden Abbildungen zuordnen können.			
– Abbildungen und Schemazeichnungen von Pflanzen-, Tier- und Bakterienzelle den entsprechenden Organismen, Pflanze, Tier und Bakterium zuordnen können.			
– Abbildungen und Schemazeichnungen der drei Zelltypen beschriften können.			
– Zellorganellen der verschiedenen Zelltypen nennen können.			
– Bau und Funktion der Zellorganellen Zellkern, Mitochondrium, Dictyosom, Chloroplast, Vakuole, Endoplasmatisches Reticulum und Cytoskelett beschreiben können.			
– weitere Zellbestandteile wie Cytoplasma und Biomembran in ihrer Funktion für die Zelle einordnen können.			
– lichtmikroskopische und elektronenmikroskopische Bilder unterscheiden können.			
– Aufbau und Eigenschaften der Bestandteile von Biomembranen erläutern können.			
– die verschiedenen Membranmodelle und ihren Entwicklungsgang erläutern können.			
– Vorteile und Grenzen beim Einsatz von Modellen erläutern können.			
– die Vorgänge bei Diffusion und Osmose auf der Teilchenebene erläutern können.			
– osmotische Regulation bei Zellen erläutern können.			
– die verschiedenen Arten des Stofftransports, passiver und aktiver Transport, zwischen den Kompartimenten erläutern können.			
– das Basiskonzept Kompartimentierung an einem beliebigen Beispiel erläutern können.			
– darstellen können, inwieweit das Basiskonzept der Kompartimentierung auf den Zellaufbau zutrifft.			
– das Basiskonzept Struktur und Funktion an einem beliebigen Beispiel erläutern können.			
– darstellen können, inwieweit das Basiskonzept Struktur und Funktion auf den Aufbau der einzelnen Zellorganellen zutrifft.			
– biologische Präparate mikroskopieren und zeichnen können.			

1. Überprüfen Sie anhand der Tabelle, welche Bereiche und Inhalte Sie schon sicher beherrschen.

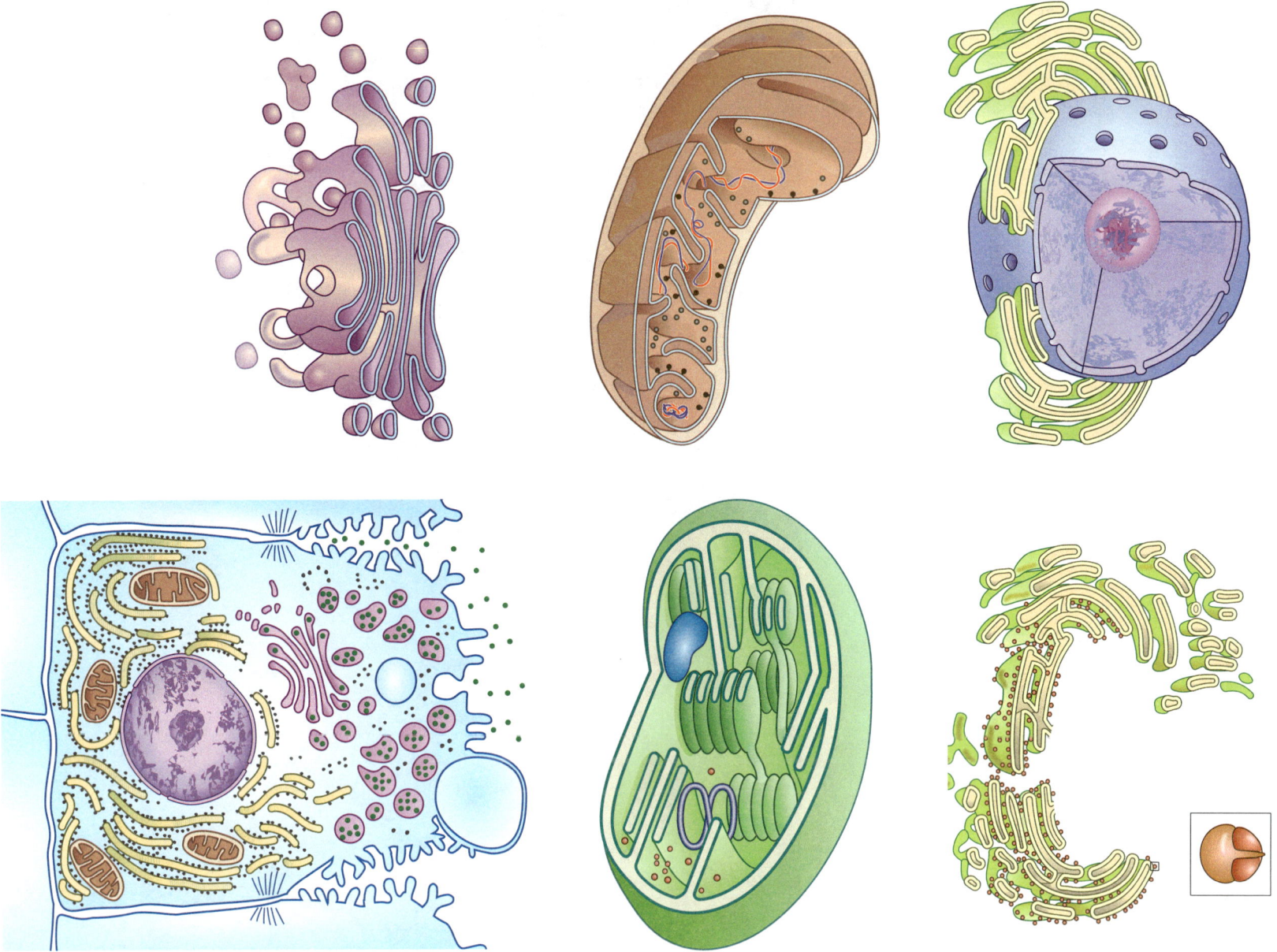

Molekulargenetik

Material 1: Der Zellkern: Bau und Bedeutung der Steuerzentrale

Der Zellkern der Eukaryoten enthält fast die gesamte Erbinformation einer Zelle und ist somit die **Steuerungszentrale** aller Stoffwechselvorgänge der Zelle. Durch eine **Doppelmembran** abgegrenzt liegt der Zellkern als **größtes Zellorganell** lichtmikroskopisch deutlich sichtbar im Inneren der Zelle im Cytoplasma.

Schon in der Mitte des 19. Jahrhunderts wurden in den Zellkernen zum Zeitpunkt der Zellteilung fädige Strukturen entdeckt, die später mit bestimmten Farbstoffen angefärbt werden konnten. Der deutsche Anatomieprofessor Wilhelm von Waldeyer gab ihnen 1888 den Namen **Chromosomen**.

Prokaryoten besitzen keine Chromosomen im klassischen Sinn, sondern ein oder mehrere, meist zirkuläre DNA-Moleküle, die häufig als **Bakterienchromosom** bezeichnet werden, obwohl diese mit den eukaryotischen Chromosomen nicht viel gemeinsam haben.

Über die Bedeutung der Chromosomen beziehungsweise des Zellkerns und den Aufbau des Erbmaterials haben sich viele Wissenschaftler den Kopf zerbrochen und unzählige Experimente durchgeführt. Mittlerweile ist der technische Fortschritt so weit entwickelt, dass man unproblematisch einzelne Zellkerne in andere Zellen transplantieren kann.

1 *Elektronenmikroskopische Aufnahme eines Zellkerns*

1. Fertigen Sie eine schematische Zeichnung der Aufnahme des Zellkerns an. Zeichnen Sie dabei einen Teil des Zellkerns offen, sodass Sie die im Text genannten Strukturen ergänzen können. Beschriften Sie die Abbildung.
2. Fassen Sie die Kernaussagen des Textes in Stichworten zusammen.

Material 2a: *Acetabularia*

Dieser Brief kann als Einstieg in das Thema *Acetabularia* von der Lehrperson oder einem/einer Schüler/in vorgelesen werden.

Göttingen, den 23.06.1930

Sehr geehrter Kollege,

mit sehr großem Interesse habe ich vernommen, dass Sie beabsichtigen, die Bedeutung des Zellkerns zu erforschen. Ich möchte Ihnen dazu ein geeignetes Forschungsobjekt empfehlen. Wie Sie vielleicht gehört haben mögen, ist eine Grünalgenart der Gattung Acetabularia meinem Vater zu Ehren nach ihm benannt worden. Acetabularia ist eine einzellige Schirmalge, die bis zu 10 Zentimeter groß werden kann. Damit ist sie für ein einzelliges Lebewesen überaus groß und somit leicht zu handhaben. Darüber hinaus ist sie leicht zu kultivieren und besitzt eine große Regenerationsfähigkeit.

Insgesamt gibt es 15 Acetabularia-Arten, die sich vor allem in der Form ihres Schirmes unterscheiden. Neben Acetabularia wettsteinii, die einen kleinen becherförmigen Schirm besitzt, empfehle ich Ihnen vor allem die Arten Acetabularia mediterranea und Acetabularia crenulata, die sich besonders gut unterscheiden lassen: Acetabularia mediterranea: Ihr Schirm besteht aus radial angeordneten Kammern, die miteinander becherförmig verbunden sind. Acetabularia crenulata: Die Kammern ihres Schirmes entspringen ebenfalls rosettenförmig an der Spitze des Stiels, allerdings stehen sie bei dieser Art frei und unregelmäßig nebeneinander, wodurch ein bischelartiger Eindruck entsteht.

In der Hoffnung, Sie mit dieser Empfehlung in Ihrem Vorhaben unterstützt zu haben, verbleibe ich mit freundlichen Grüßen

Friedrich Wettstein, Ritter von Wertersheim

---

1. Recherchieren Sie Lebensdaten zu FRIEDRICH WETTSTEIN. Ziehen Sie hierfür auch Material 14 (S. 77) hinzu.

Molekulargenetik

Material 2b: *Acetabularia*: Einzellige Algen mit Schirm (1)

Die Schirmalgen (lat. *Acetabularia*) sind einzellige Algen im Meer, welche zwischen 0,5 und 10 Zentimeter groß werden können. Sie sind im Vergleich zu anderen einzelligen Organismen riesige Einzeller und wirken optisch eher wie Mehrzeller. Die Gattung *Acetabularia* besteht aus circa 15 verschiedenen Arten.

Lebensraum und Verbreitung: Schirmalgen kommen in tropischen und subtropischen Meeren vor. Im Mittelmeer und am Ostatlantik trifft man häufig die Arten *Acetabularia wettsteinii* (früher *Acetabularia parvula* alias *wettsteinii*) und *Acetabularia acetabulum* (früher *A. mediterranea*) an. Allerdings wurde *A. wettsteinii* mittlerweile einer anderen Gattung zugeordnet und in *Parvocaulis parvula* umbenannt. Die Art *Acetabularia crenulata* ist ein weiterer Vertreter dieser Gattung und kommt in der Karibik vor.

Aufbau: Alle *Acetabularia*-Arten bestehen aus einem einzelligen, weißlich-grünen Zellkörper, der in ein wurzelartiges Gebilde, das sogenannte Rhizoid, und einen unverzweigten Stiel mit Schirm gegliedert ist. Im Rhizoid befindet sich der Zellkern, der für die Steuerung der Stoffwechselvorgänge verantwortlich ist. Die verschiedenen *Acetabularia*-Arten unterscheiden sich vor allem in der Schirmform:

Acetabularia acetabulum (= *A. mediterranea*) ist etwa 5 bis maximal 10 Zentimeter groß. Ihr Schirm besteht aus radial angeordneten Kammern, die becherförmig miteinander verbunden sind. Der deutsche Name „Weinglas der Meerjungfrau" veranschaulicht die Form des Schirms.

Parvocaulis parvula (= *Acetabularia wettsteinii*) kann ebenfalls bis zu 10 cm groß werden. Sie besitzt aber einen deutlich kleineren, ebenfalls becherförmigen Schirm mit etwas breiteren radialen Kammern.

Acetabularia crenulata hat eine ähnliche Größe wie die beiden anderen Arten. Die Kammern ihres Schirmes entspringen ebenfalls rosettenförmig an der Spitze des Stiels, allerdings stehen sie bei dieser Art frei und unregelmäßig nebeneinander, wodurch ein büschelartiger Eindruck entsteht. Im Vergleich zu *A. acetabulum* und *P. parvula* ist der Stiel wesentlich dicker.

1 a) *Acetabularia acetabulum*, b) *Parvocaulis parvula*, c) *Acetabularia crenulata*

1. Nennen Sie die Gemeinsamkeiten der drei beschriebenen *Acetabularia* Arten.
2. Stellen Sie die Unterschiede der drei Arten tabellarisch dar.

Material 2c: Acetabularia – Einzellige Algen mit Schirm (2)

Entwicklungszyklus

Der natürliche Entwicklungszyklus von *Acetabularia* dauert mehrere Jahre. Erst im dritten Jahr wächst die Alge zu ihrer vollen Größe heran und bildet den typischen, gekammerten Schirm aus. Molekularbiologie und Zellforschung, insbesondere wenn es um die Interaktion zwischen Zellkern und Cytoplasma geht. Darüber hinaus zeichnet sich *Acetabularia* durch eine überaus große Regenerationsfähigkeit aus. So hat der deutsche Wissenschaftler JOACHIM HÄMMERLING schon ab 1931 Isolations-, Amputations-, Transplantations- und Implantationsversuche mit verschiedenen Arten von *Acetabularia* durchgeführt. Durch einen Trick war man schon damals in der Lage, den Entwicklungszyklus von *Acetabularia* zu verkürzen und somit jahrelange Wartezeiten zu vermeiden. Im Kaiser-Wilhelm-Institut in Berlin wurde durch Auskochen von Gartenerde ein Nährmedium hergestellt, das den Keim schon in 60 Tagen zu der vollständigen Alge heranwachsen ließ.

Bedeutung

Die Gattung *Acetabularia* hat in unterschiedlichen Bereichen eine große Bedeutung. In der Natur spielt sie eine entscheidende Rolle bei der Bildung von Riffen, da sie in ihre Zellwand Kalk einlagert. Eine herausragende Stellung hat *Acetabularia* in der Wissenschaft. Sie ist für einen einzelligen Organismus ungewöhnlich groß und lässt sich relativ einfach halten. Diese Tatsachen machen sie zu einem interessanten Studienobjekt für die Entwicklungsbiologie,

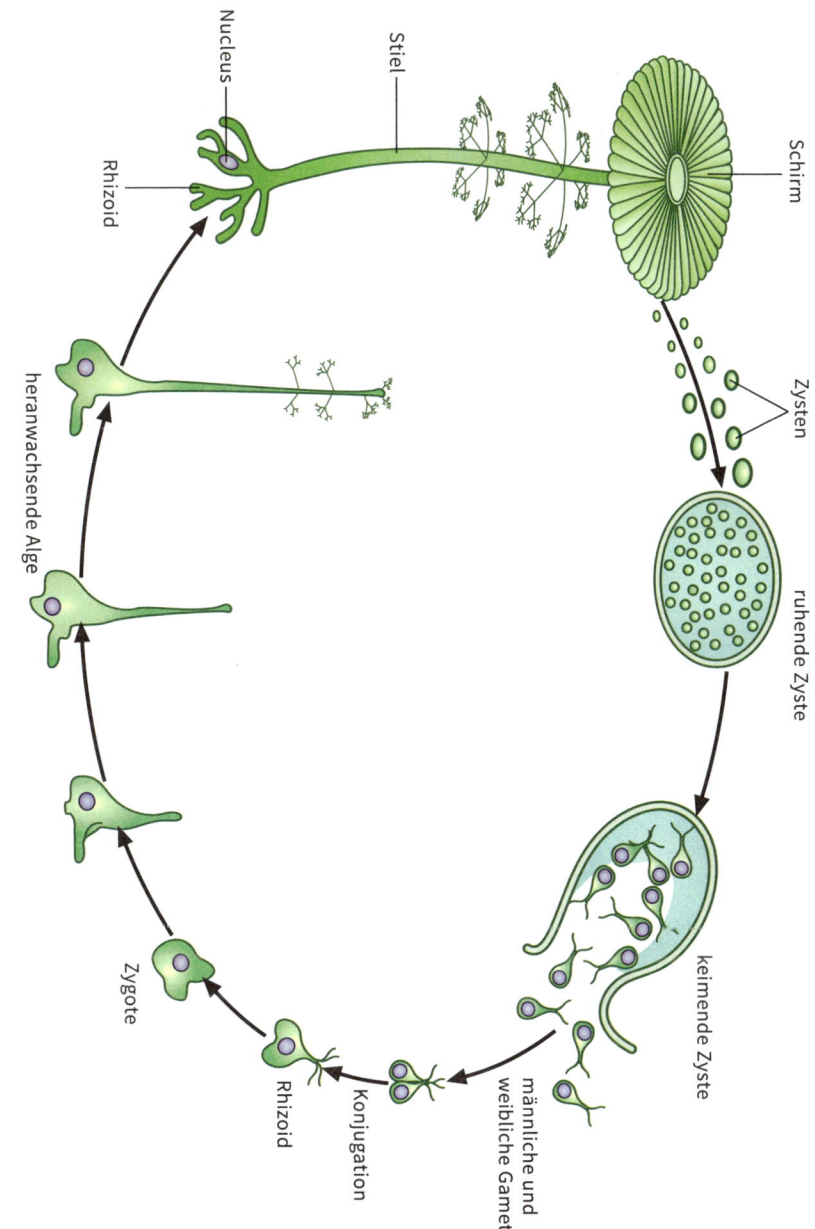

1 *Entwicklungszyklus von Acetabularia*

1. Beschreiben Sie den Entwicklungszyklus von *Acetabularia*.
2. Erläutern Sie, weshalb sich *Acetabularia* als Forschungsobjekt für Abläufe und Prozesse innerhalb einer Zelle besonders gut eignet.
3. Definieren Sie in diesem Zusammenhang „Isolations-, Amputations-, Transplantations- und Implantationsversuche".

Molekulargenetik

Material 2d: *Acetabularia*: Historische Experimente (1)

Experiment 1:
Die Stielspitze einer jungen Alge *Acetabularia acetabulum* wird abgeschnitten (A). Das Reststück mit dem Rhizoid (B) wird einige Tage in Nährmedium aufbewahrt. Nach einer Weile bildet sich ein neuer Schirm (C). Das Experiment wird ebenfalls mit der Alge *Parvocaulis parvula* (= *A. wettsteinii*) durchgeführt (D-F).

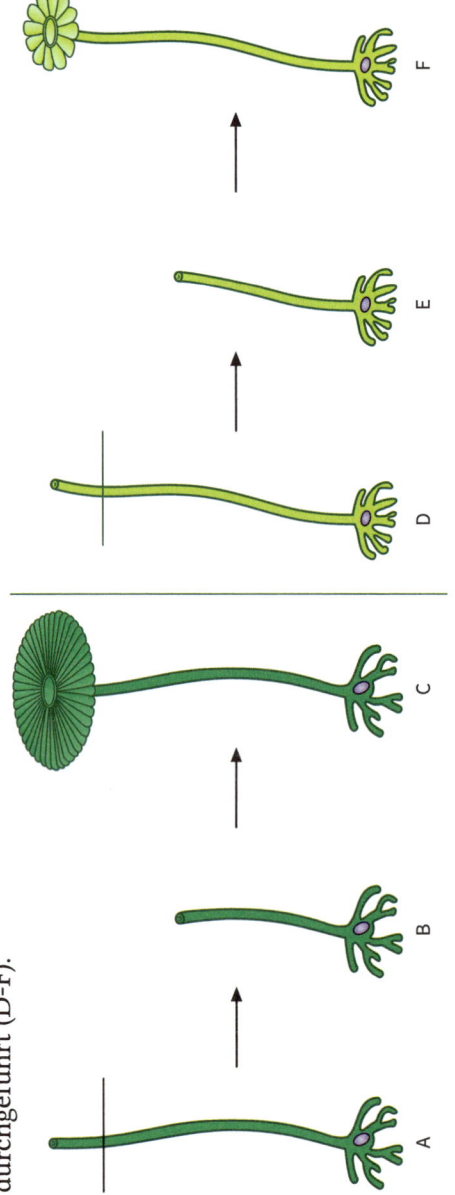

1 Experiment 1

Experiment 2:
Von *Acetabularia acetabulum* und *Parvocaulis parvula* werden jeweils der Stiel vom Rhizoid und der Schirm abgetrennt. Anschließend werden die Rhizoidstümpfe ausgetauscht, die abgetrennten Schirme werden verworfen.

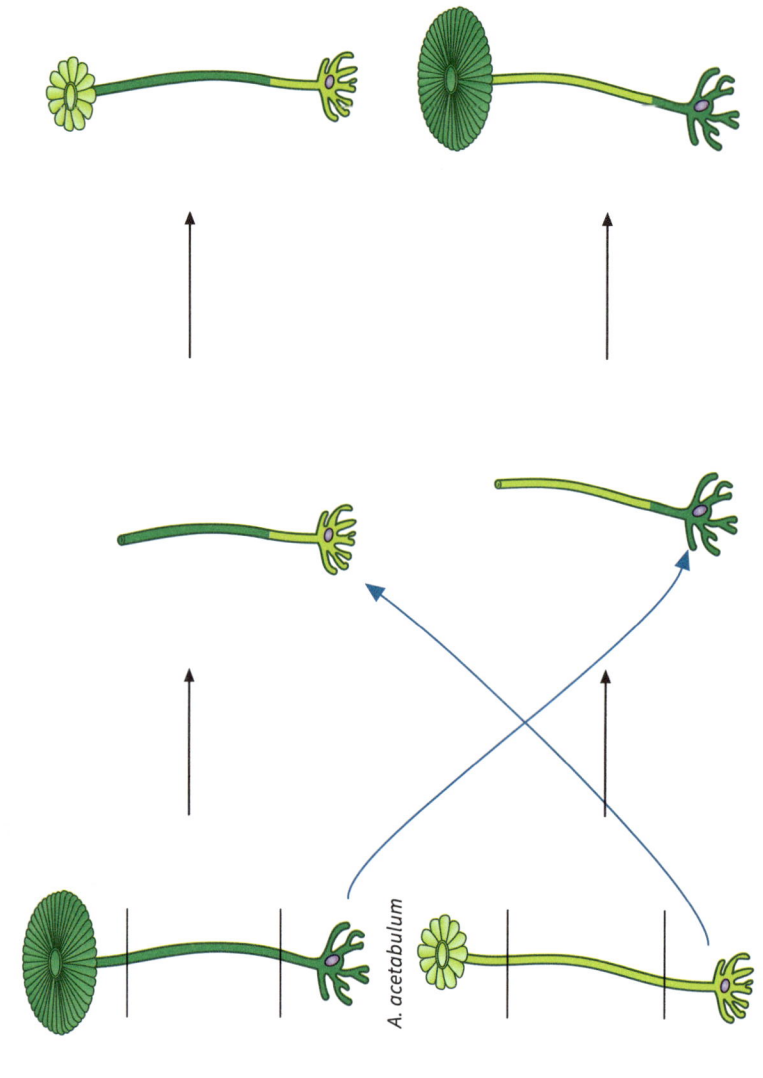

2 Experiment 2

1. Beschreiben Sie die Experimente und deren Ergebnisse mit eigenen Worten.
2. Deuten Sie die Ergebnisse der Experimente hinsichtlich der Funktionen des Zellkerns.

Material 2e: *Acetabularia*: Historische Experimente (2)

Experiment 3:
Der Stiel einer jungen Alge *Acetabularia acetabulum* wird direkt über dem Rhizoid abgeschnitten (G). Der abgetrennte Stiel entwickelt nach einiger Zeit eigenständig einen Schirm (H).

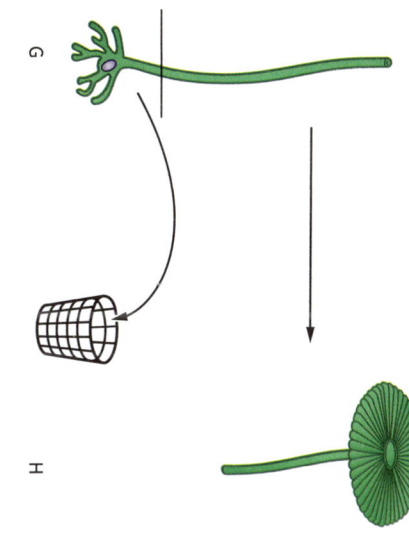

1 Experiment 3

1. Dieses Ergebnis ist überraschend. Formulieren Sie die „Überraschung" und stellen Sie eine Hypothese auf, wie es zu diesem Versuchsergebnis gekommen sein könnte.

Experiment 4:
Eine *Acetabularia*-Alge wird wie in Experiment 2 zweimal zerteilt, dann überträgt man den Zellkern aus dem Rhizoid in das mittlere Teilstück.

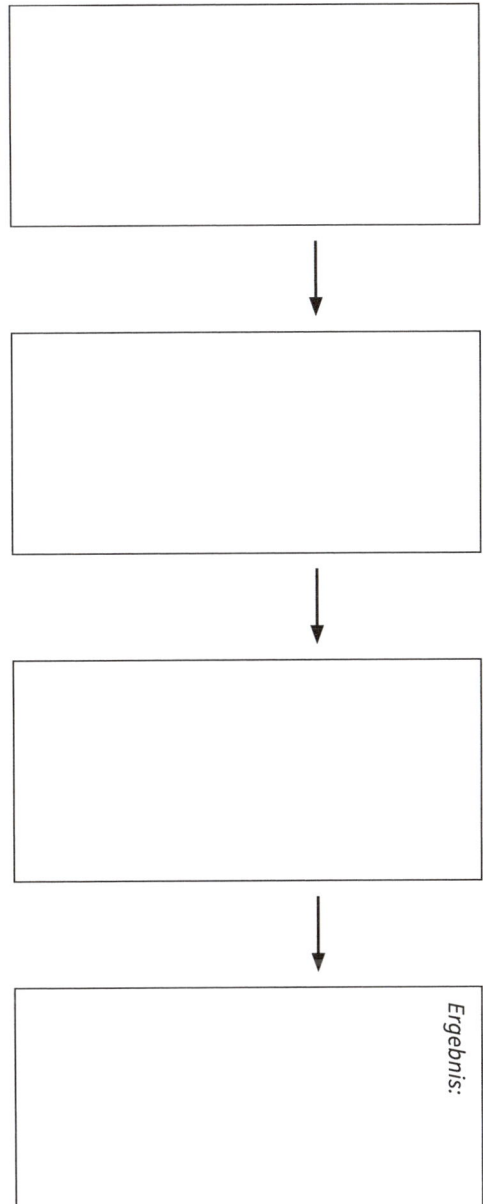

Ergebnis:

2. Zeichnen Sie die einzelnen Schritte und Ihr vermutetes Ergebnis, wie sich das Teilstück weiterentwickeln wird.
3. Ordnen Sie die vorgestellten historischen Experimente 1–4 nach Isolations-, Amputations-, Transplantations- oder Implantationsversuch.

Molekulargenetik

Material 3a: Chromosomen – unsere Erbinformation

Chromosomen (färbbare Körperchen; griech. *Chroma*, Farbe, *soma*, Körper) sind Strukturen, die Gene und damit Erbinformationen enthalten. Sie sind lichtmikroskopisch am besten während eines kurzen Abschnitts der Zellteilung sichtbar und bestehen aus zwei miteinander verbundenen, genetisch identischen Teilen, den (Schwester-) **Chromatiden**. Die beiden Schwesterchromatiden werden durch das **Centromer** zusammengehalten. Die Chromosomen eines Zellkerns unterscheiden sich in Form, Größe und Lage des Centromers. Je nach Lage des Centromers entstehen verschieden lange „Arme". Auf einer schematischen Abbildung und zur Auswertung werden Chromosomen so ausgerichtet, dass die kürzeren Arme oben, die längeren unten liegen, wodurch sie x- oder v-förmig aussehen.

Es gibt mehrere Methoden zum Anfärben von Chromosomen. Aktuelle Anfärbemethoden arbeiten mit Fluoreszenzfarbstoffen. Die Chromosomen können dadurch im Fluoreszenzmikroskop farbig dargestellt werden. Dies erleichtert die Auswertung beziehungsweise das Feststellen von Chromosomenveränderungen.

Als **Genom** bezeichnet man die Gesamtheit der Erbinformation in einer Zelle. Die Anzahl der Chromosomen ist für eine Art charakteristisch. Der Mensch hat 46 Chromosomen in jeder Körperzelle, wobei 23 von der Mutter und 23 vom Vater stammen. Beispiele für andere Chromosomenanzahlen zeigt die Tabelle in Abbildung 1. Es gibt keinen Zusammenhang zwischen der Gesamtanzahl der Chromosomen und der Entwicklungsstufe der verschiedenen Arten.

Zur Auswertung ordnet man die Chromosomen aus einem Chromosomenpräparat per Computer nach Größe, Form und Lage des Centromers, so erhält man ein **Karyogramm**. Die Chromosomen werden nach internationalen Festlegungen nummeriert und zu Gruppen zusammengefasst. Im Karyogramm kann man sehen, dass jeweils zwei Chromosomen gleich gestaltet sind, sie sind zueinander **homolog**. Somit ergibt sich, dass der Mensch 23 Chromosomenpaare besitzt. Zwei der 46 Chromosomen bestimmen das Geschlecht, sie heißen **Gonosomen**. Die Frau besitzt zwei homologe **X-Chromosomen**. Der Mann hat unterschiedlich geformte, somit nicht homologe Gonosomen, ein X-Chromosom und ein **Y-Chromosom**. Die anderen 22 Chromosomenpaare nennt man **Autosomen**.

Art und Chromosomenzahl		Art und Chromosomenzahl	
Mensch	46	Gartenbohne	22
Schimpanse	48	Weizen	42
Hund	78	Kartoffel	48

1 Chromosomenanzahlen verschiedener Lebewesen

2 Schema eines Chromosoms

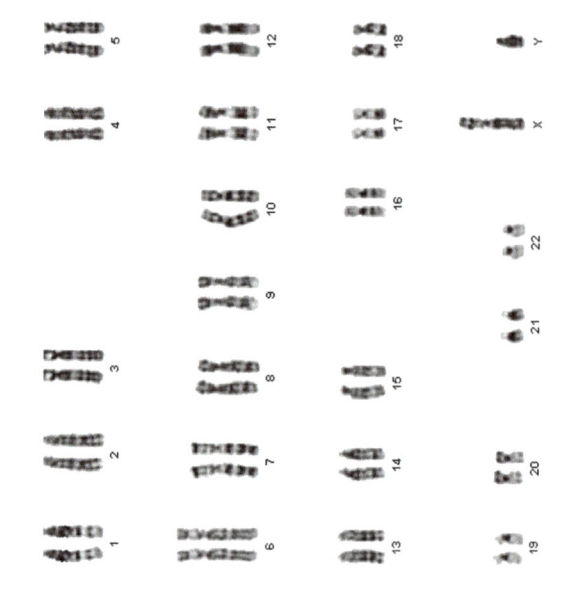

3 Karyogramm eines Menschen

1. Beschriften Sie Abbildung 2 mithilfe des Textes.
2. Schlagen Sie im Glossar die Bedeutung der fettgedruckten Begriffe nach und fragen Sie sich mit Ihrem Sitznachbarn gegenseitig ab.
3. Beschreiben Sie das Karyogramm im Überblick (Abb. 3).

Material 3b: Chromatin und Chromosomen

Die Erbinformation liegt als **Chromatin** im Zellkern vor. Chromatin ist eine ungeordnete, **fädige Struktur** aus Chromatin besteht aus Desoxyribonucleinsäure (DNA), die an viele Proteine gebunden und deshalb leicht anfärbbar ist. Diese Proteine binden so an die DNA, dass die langen DNA-Fäden, pro Zelle etwa zwei Meter, pro Chromosom ungefähr fünf Zentimeter, mehrmals um sich herum gewunden werden. Dadurch verkürzen sich die Fäden sehr stark. Diese „Perlenschnüre" bilden nochmals schleifenartige Überstrukturen, was zu einer weiteren Verkürzung führt. Diese Schleifen werden wieder komprimiert und gestapelt, sodass sich letztlich ein Chromosom ergibt. Die **Chromosomen** stellen die am stärksten verdichtete Form der DNA dar und sind dadurch viel besser zu transportieren als das Chromatin. Diese **Transportform** der Erbinformation liegt nur während der Zellteilung vor. Allerdings können an dieser superkomprimierten DNA keine Informationen abgelesen werden.

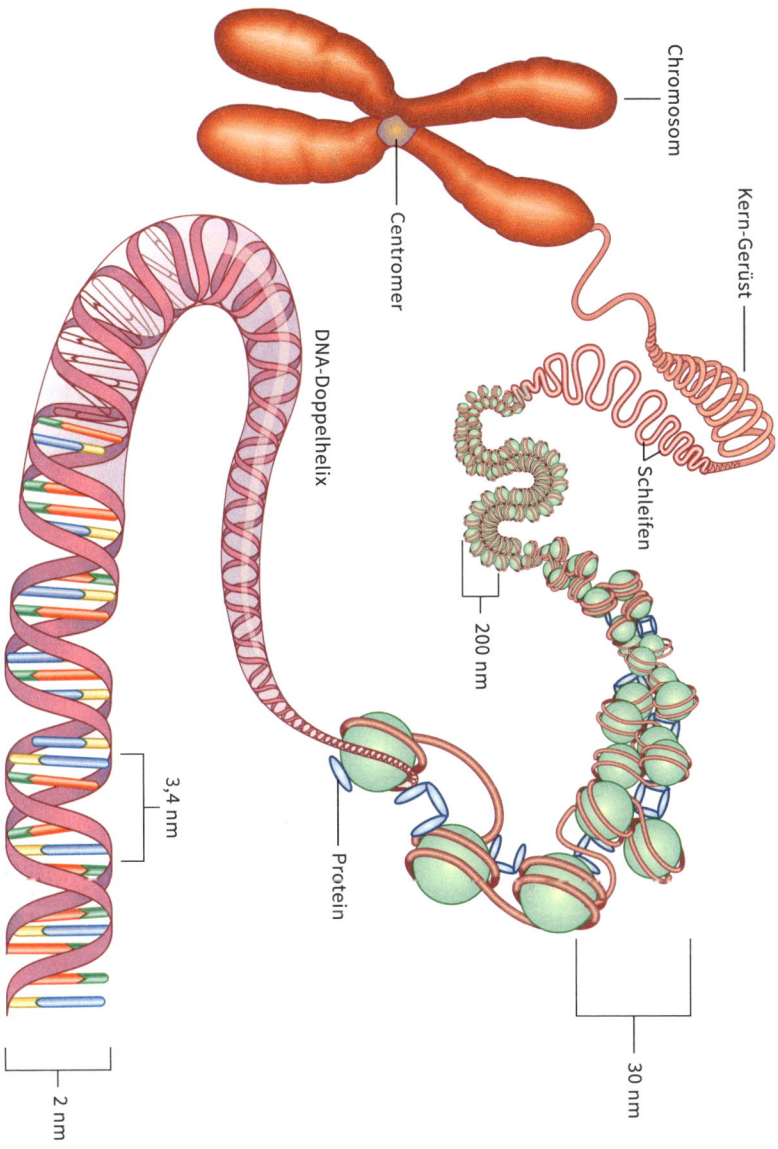

1 Chromatin und Chromosomen

Chromosomenmodelle basteln

Material: 10 Pfeifenputzer oder Drahtstücke, fünf Druckknöpfe, ein dünner Stab (z. B. Schaschlikspieß oder Kugelschreibermine)

Durchführung:
Jeder Pfeifenputzer wird so durch zwei benachbarte Löcher der einen Druckknopfhälfte gezogen, dass zwei ungleich lange Abschnitte entstehen. Die Druckknöpfe werden geschlossen. Die Abschnitte der Pfeifenputzer werden mithilfe des dünnen Stabs regelmäßig „spiralisiert" und die X-Form geformt.

1. Stellen Sie die Chromosomenmodelle nach Anleitung her.
2. Benennen Sie sich entsprechenden Teile am Modell und am Chromosom.

Molekulargenetik

Material 4: Erstellung eines Karyogramms

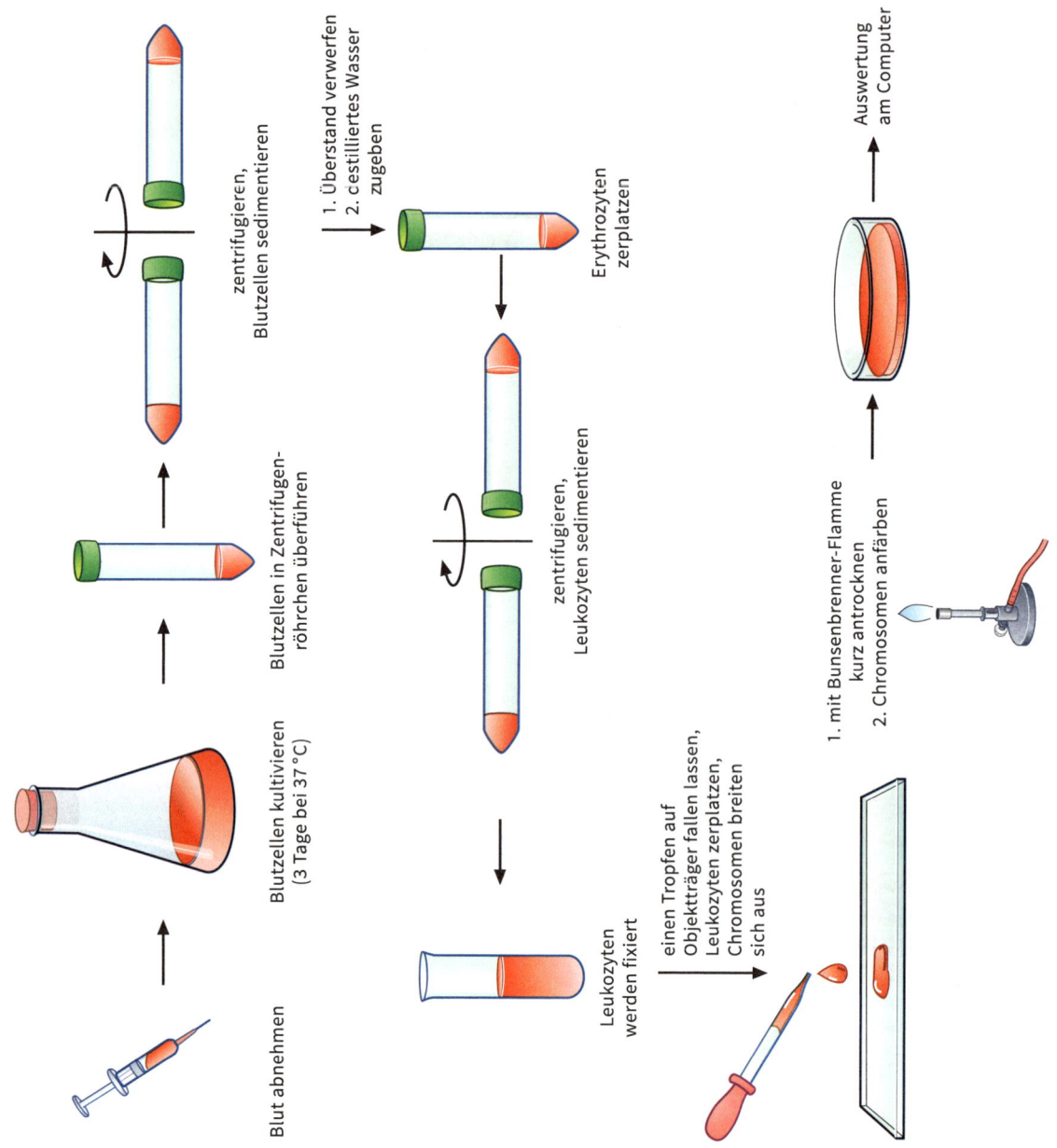

1 *Erstellung eines Karyogramms*

1. Verfassen Sie mithilfe der Abbildung einen biologischen Fachtext, der die Herstellung eines Karyogramms beschreibt.
2. Vergleichen Sie Ihren Text mit einem Partner.

Material 5a: Transformationsexperimente von Griffith und Avery (1)

FREDERICK GRIFFITH führte im Jahr 1928 Versuche mit Bakterienstämmen von *Streptococcus pneumoniae* (Pneumokokken) an Mäusen durch. Er wollte einen Impfstoff gegen Lungenentzündung entwickeln, die diese Bakterien bei Säugetieren hervorrufen. Von diesen Bakterien sind zwei Stämme bekannt, der „S-Stamm" (engl. *smooth*, glatt), und der „R-Stamm" (engl. *rough*, rau). Der Unterschied der beiden Stämme besteht darin, dass der S-Stamm im Gegensatz zum R-Stamm um die Doppelzelle eine Schleimkapsel aus Polysacchariden besitzt. GRIFFITH infizierte Mäuse mit beiden Bakterienstämmen in verschiedenen Versuchsreihen und untersuchte hinterher ihr Blut.

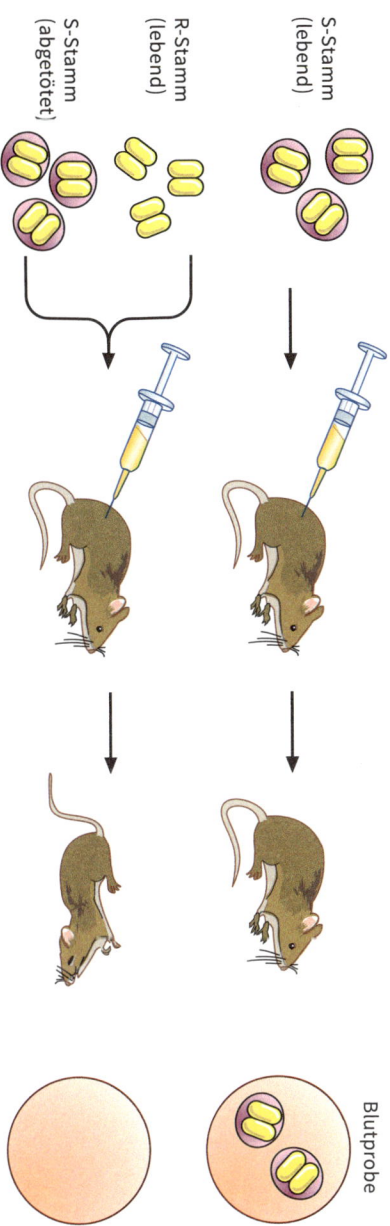

1 *Experimente von* GRIFFITH

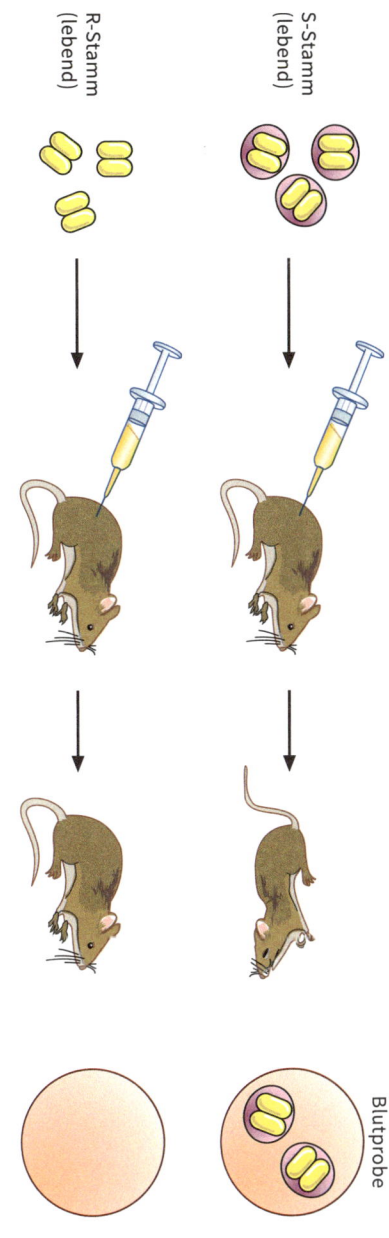

2 *Weitere Experimente von* GRIFFITH

1. Notieren Sie die Versuchsergebnisse.
2. GRIFFITH führte weitere Versuche mit den Bakterienstämmen durch. Beschreiben Sie die beiden Versuche mit eigenen Worten.
3. Formulieren Sie eine Hypothese, die GRIFFITH nach diesen Versuchen aufgestellt haben könnte.

Molekulargenetik

Material 5b: Transformationsexperimente von Griffith und Avery (2)

> Merkkasten: Griffith entdeckte, dass die Information zur Kapselbildung aus abgetöteten S-Stamm-Bakterien in die lebenden R-Stamm-Bakterien gelangt ist. Durch einen noch nicht bekannten Stoff sind die bisher nicht krankheitserregenden Streptokokken damit zu krankheitserregenden umgewandelt, transformiert, worden.

Im Jahr 1944 griff der Chemiker Oswald Avery die Versuchsergebnisse von Griffith wieder auf. Für das von Griffith formulierte *transformierende Prinzip* könnten Proteine oder die Erbsubstanz DNA verantwortlich sein. Außerdem gab es nun fast 20 Jahre später bessere Isolierungsmethoden für Makromoleküle. Er isolierte aus den S-Stamm-Bakterien Proteine und DNA und gab beide Makromoleküle jeweils getrennt zu lebenden R-Stamm-Bakterien. Die R-Stamm-Bakterien blieben nach Zugabe der S-Stamm-Proteine unverändert, während bei der S-Stamm-DNA-Zugabe eine Neubildung von S-Stamm-Bakterien zu beobachten war.

1. Entwerfen Sie eine Skizze, die die Durchführung dieser Versuche und deren Ergebnis zeigt.
2. Recherchieren Sie, über welchen Mechanismus Bakterien Informationen austauschen können.

Basiskonzept Information und Kommunikation

Ein Individuum alleine kann nicht kommunizieren, aber sobald Lebewesen miteinander in Kontakt treten, findet **Kommunikation** statt, denn sie „stehen dann in Verbindung". Das ist die sinngemäße Übersetzung des lateinischen Begriffs. Die **Verständigung** kann beispielsweise über Laute, Duftstoffe, Körperhaltungen, Sprache und auffällige Farben erfolgen. Man nennt diese Verständigungsmittel **Signale**. Es gibt immer einen **Signalsender** und einen **Empfänger**. Der Empfänger nimmt die Signale auf und entnimmt ihnen die Information. Nun kann er selbst zum Sender werden und Informationen mit Signalen zurücksenden. Das ist natürlich nur möglich, wenn beide die gleiche **Signalsprache** kennen.

Schon die Versuche von Avery und Griffith zeigen ganz deutlich, dass die DNA als Erbinformationsträger eine wichtige Rolle in der Übertragung von Informationen von Lebewesen zu Lebewesen spielt. Einfache Organismen wie Bakterien haben sonst kaum eine andere Möglichkeit Informationen auszutauschen. Das „transformierende Prinzip" entspricht einer Informationsübertragung und -auswertung auf zellulärer und molekularer Ebene.

Material 6: Extraktion von DNA aus Pflanzenzellen

Die DNA-Extraktion kann im Schülerversuch und in einer Schulstunde durchgeführt werden. Sie zeigt, dass alle lebenden Zellen Erbsubstanz, DNA, enthalten. Mit einfachen Haushaltsgeräten, ohne größeren Aufwand und ohne den Einsatz besonderer Chemikalien kann die DNA aus verschiedenen Pflanzenzellen isoliert werden.

Material:
Extraktion: Obst (Banane, Kiwi, Erdbeere, Nektarine), Spülmittel, Kochsalz, Mörser (eventuell auch Stabmixer), 50 ml Becherglas, eiskaltes (−20 °C) Isopropanol, Glasstab
Nachweis: Petrischalen, Pipetten, destilliertes Wasser, Methylenblaulösung

Durchführung:
Ein Teil des Obststücks (etwa die Menge eines gehäuften Esslöffels) wird ohne harte Schale zerkleinert und im Mörser zerstampft, bis es zu Mus geworden ist. Alternativ kann auch ein Stabmixer benutzt werden. Es wird ein Esslöffel Spülmittel und ein Teelöffel Kochsalz hinzugefügt und alles gut vermischt. Das Mus wird in das Becherglas überführt und ganz vorsichtig mit eiskaltem Isopropanol überschichtet. Das gelingt, wenn das Isopropanol langsam am Rand des Becherglases herunterläuft. Es entsteht eine Schicht Isopropanol über dem Mus. Nach etwa einer Minute bilden sich weiße Schlieren in dieser Schicht. Diese können auf einen Glasstab aufgewickelt werden.

Zum Nachweis der DNA:
Mehrere Schlieren von den Glasstäben werden in eine Petrischale überführt und zwei- bis dreimal mit destilliertem Wasser gespült. Das Wasser wird anschließend mit einer Pipette wieder abgesaugt. Als nächstes wird Methylenblaulösung darüber getropft und für 5 Minuten einwirken lassen. Danach wird mehrfach mit destilliertem Wasser gespült.

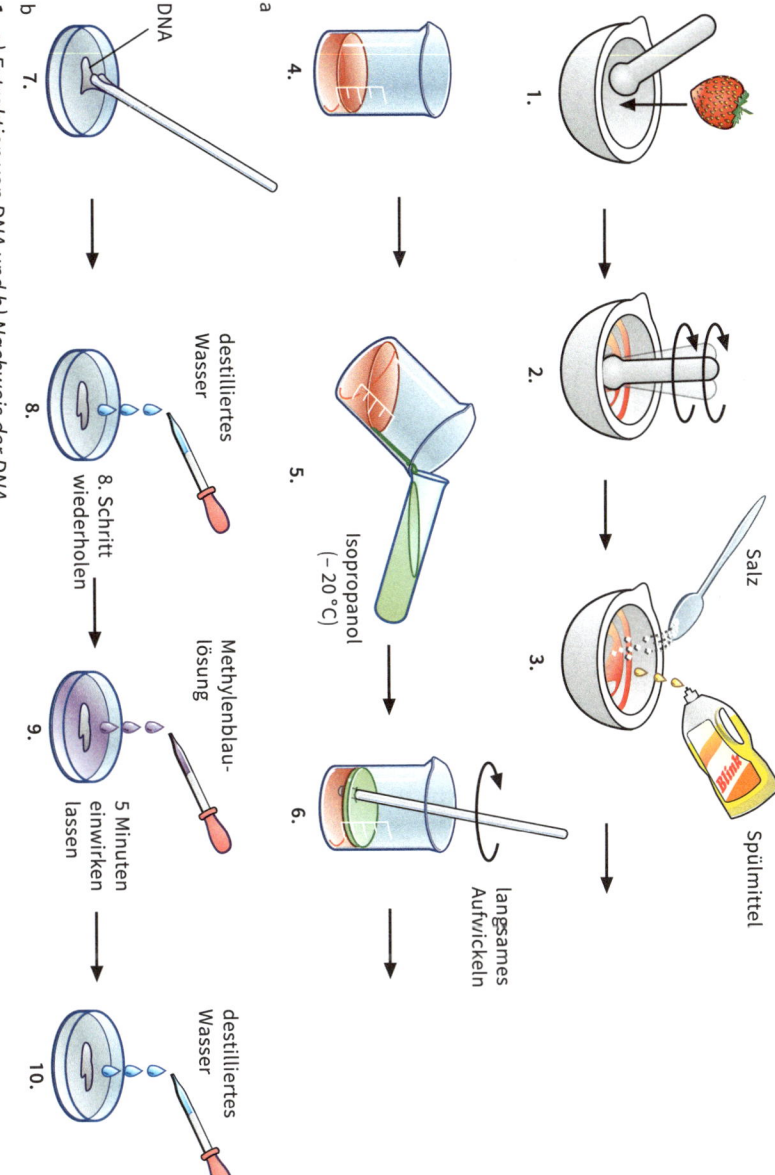

1. Stellen Sie dar, welche Wirkungen das Mörsern, die Zugabe von Kochsalz, Spülmittel und Isopropanol bei der Extraktion der DNA in den pflanzlichen Zellen erzielen.

1 a) *Extraktion von DNA* und b) *Nachweis der DNA*

Molekulargenetik

Material 7: Bau der DNA

In jeder Zelle unseres Körpers ist die gesamte Erbinformation, in Form von DNA im Zellkern, gespeichert. Sie liegt in 46 Portionen, den Chromosomen, vor. Die DNA besteht aus einem spiralig gewundenen Doppelstrang, der die Struktur einer gedrehten Strickleiter hat. Diese Struktur wird aufgrund ihres Aussehens als **Doppelhelix** bezeichnet. Die Doppelhelix besteht aus zwei DNA-Einzelsträngen, den **Nucleotiden**, aufgebaut sind. Ein Nucleotid besteht aus einem Zuckermolekül, der **Desoxyribose**, die aus einem Ring mit fünf Kohlenstoff-Atomen besteht, einer **Phosphatgruppe** und einer der vier Basen **Guanin**, **Cytosin**, **Adenin** und **Thymin**. Von diesen chemischen Bestandteilen leitet sich die Bezeichnung DNA ab. DNA steht für Desoxyribo-nuklein-acid, wobei das englische Wort „acid" Säure bedeutet. Damit ist DNA eine Säure, die im Kern („nuklein" von nucleus) vorkommt und den Zucker Desoxyribose enthält.

Die Grundstruktur, auch Rückgrat genannt, wird durch eine Kette aus aneinandergereihten Nucleotiden gebildet. Die Nucleotide sind abwechselnd über die Phosphatgruppen und die Desoxyribosen miteinander verknüpft. Innerhalb des Einzelstrangs bindet das Zuckermolekül sowohl am Kohlenstoffatom (C-Atom) mit der Nummer 3 als auch am C-Atom mit der Nummer 5 je eine Phosphatgruppe. Damit bleibt an einem Ende des Stranges eine Bindungsmöglichkeit am C-Atom mit der Nummer 3 und an dem anderen Ende die Bindungsmöglichkeit am C-Atom mit der Nummer 5 frei. Dementsprechend wird das eine Ende als 3´ und das andere Ende als 5´ bezeichnet. Im Doppelstrang verlaufen die Einzelstränge **antiparallel** zueinander, das heißt, der eine Strang verläuft in 3´-5´-Richtung, der andere entgegengesetzt in 5´-3´-Richtung. An einem anderen C-Atom des Zuckermoleküls ist eine der vier Basen gebunden. Die Verknüpfung der beiden Einzelstränge erfolgt über die polaren Gruppen der sich gegenüberliegenden Basen, die über **Wasserstoffbrückenbindungen** miteinander in Wechselwirkung treten. Dadurch bilden je zwei Basen eine Sprosse der Leiter. Die vier Basen verbinden sich aber nicht wahllos, sondern in einer ganz bestimmten Paarung: Es verbindet sich immer eine kurze **Pyrimidinbase** mit einer längeren **Purinbase**. Dadurch entsteht ein gleichmäßiger Abstand zwischen den Einzelsträngen. Aufgrund der chemischen Struktur der Basen verbinden sich immer Adenin und Thymin unter Ausbildung von zwei Wasserstoffbindungen und Cytosin und Guanin unter Ausbildung von drei Wasserstoffbindungen. Die jeweiligen Basen passen aufgrund ihrer chemischen Struktur genau zueinander. Hier greift das **Schlüssel-Schloss-Prinzip**. Da eine Basenpaarung immer zwischen Adenin und Thymin beziehungsweise Guanin und Cytosin erfolgt, werden diese beiden Paare auch als **komplementäre Basen** bezeichnet. Aus der komplementären Paarung der Basen lässt sich folgern, dass die Struktur des einen Stranges die des anderen automatisch bestimmt. Beide Stränge sind komplementär, sich gegenseitig ergänzend, zueinander. Für die Reihenfolge der Basenpaare in dem sehr großen Makromolekül DNA gibt es nahezu unendlich viele Möglichkeiten. Diese Reihenfolge wird auch Nucleotid- oder **Basensequenz** genannt und lässt sich vereinfacht als Buchstabenfolge (Anfangsbuchstaben der Basen) wiedergeben, zum Beispiel „ATGGCTTAC". Der Buchstabe in der Abfolge entspricht dem Anfangsbuchstaben der entsprechenden Base. In der Basensequenz liegt die Erbinformation verschlüsselt. Die Struktur der DNA wurde 1953 erstmalig von den Wissenschaftlern JAMES WATSON und FRANCIS CRICK in Form eines räumlichen Modells dargestellt. Sie stützten sich bei der Entwicklung des Modells auch auf Untersuchungen von ROSALIND FRANKLIN und MAURICE WILKINS. Die drei Männer wurden für ihre Leistung 1962 mit dem Nobelpreis ausgezeichnet, ROSALIND FRANKLIN war zu diesem Zeitpunkt schon verstorben.

a

b

1 a) Phosphatgruppe b) Desoxyribose

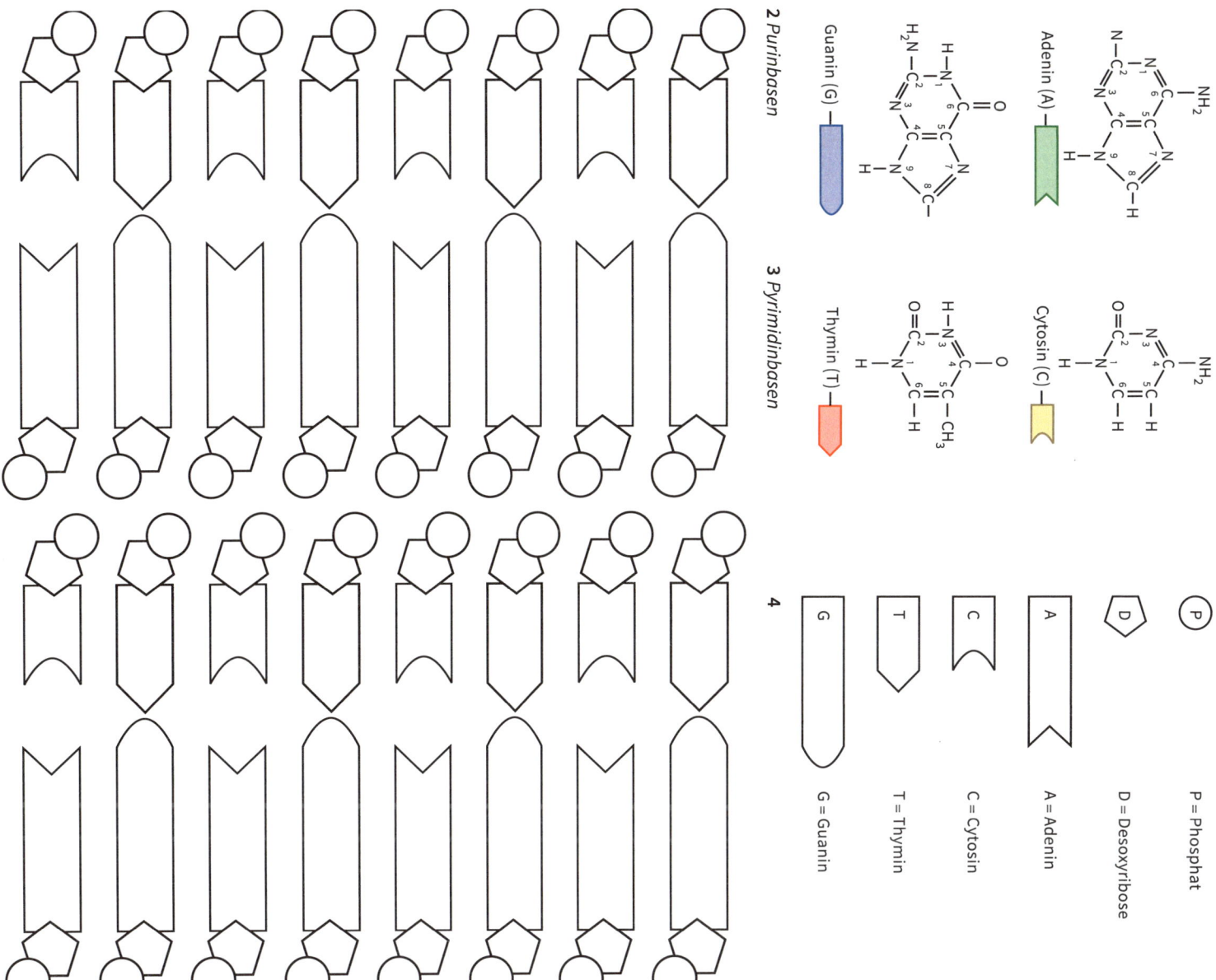

2 Purinbasen

3 Pyrimidinbasen

4
P = Phosphat
D = Desoxyribose
A = Adenin
C = Cytosin
T = Thymin
G = Guanin

5 Nucleotidmodelle zum Ausschneiden (Kopiervorlage)

1. Beschriften Sie die Nucleotidmodelle in Abbildung 5 so wie in Abbildung 4 gezeigt.
2. Kopieren Sie die vorliegende Seite und schneiden Sie die Nucleotidmodelle aus.
3. Kombinieren Sie verschiedene Nucleotidpaare und ermitteln Sie, welche gut aneinander passen. Nennen Sie die ermittelten Paare.
4. Legen Sie mit den Nucleotidmodellen folgenden Einzelstrang: CCGTATGC. Ergänzen Sie nun zum DNA-Doppelstrang und notieren Sie die Basensequenz des zweiten Strangs.

2 Die Funktion des Zellkerns

Molekulargenetik

Material 8: Zellzyklus

Der Zellzyklus beschreibt das Leben einer einzelnen Zelle von ihrer Entstehung aus einer Mutterzelle bis zu ihrer ersten eigenen Teilung. Vielzellige Lebewesen entstehen in der Regel aus einer Zelle, der befruchteten Eizelle, die **Zygote** genannt wird. Während der Entwicklung und des Wachstums eines Individuums laufen eine Vielzahl von Zellteilungen ab. Aber auch im ausgewachsenen Organismus teilen sich fortlaufend Zellen, zum Wachstum und zur Regeneration.

Die Teilungsaktivität von Zellen ist sehr unterschiedlich. Einzeller teilen sich sehr schnell. Sie verdoppeln ihre Anzahl innerhalb von ein bis zwei Stunden. Bei Säugetieren dauert die Zeitspanne von einer Zellteilung bis zur nächsten dagegen zwölf bis 24 Stunden. Darüber hinaus unterscheidet sich die Teilungsaktivität verschiedener Gewebearten auch innerhalb eines Organismus sehr stark. Beim Menschen teilen sich die Zellen des Darmepithels und des Knochenmarks ein- bis zweimal am Tag, während die Zellen des Herzmuskels sowie die der Augenlinse ihre Teilungsfähigkeit nahezu vollständig verloren haben.

Nach einer erfolgreichen Zellteilung entsprechen die entstandenen Zellen in ihrer genetischen Ausstattung der Ausgangszelle. Der Inhalt des Zellkerns sowie die Zellorganellen und das Cytoplasma müssen gleichmäßig auf die Tochterzellen verteilt werden. Man unterscheidet aus diesem Grund zwischen der Kernteilung, **Mitose**, und der Teilung der restlichen Zelle. Vor jeder Zellteilung finden zur Vorbereitung intensive Wachstums- und Stoffwechselvorgänge statt. Die regelmäßige Abfolge von Wachstums-, Stoffwechsel- und Teilungsprozessen wird **Zellzyklus** genannt. Jeder Zellzyklus gliedert sich in zwei Abschnitte: 1. die **Interphase**, in der die Wachstums- und Stoffwechselvorgänge ablaufen, und 2. die Zellteilung, in der die Kernteilung und die Teilung der restlichen Zelle stattfinden.

Alle Stoffwechsel- und Wachstumsprozesse sowie die Teilungsvorgänge laufen kontinuierlich ab. Aus Gründen der Übersichtlichkeit werden sie aber in unterschiedliche Phasen eingeteilt. Eine davon ist die bereits genannte Interphase. Sie ist eine Arbeitsphase, die in drei weitere Phasen unterteilt wird. In der mittleren Phase, der **S-Phase**, wird das Erbmaterial verdoppelt. Das „S" steht hierbei für Synthese. Die umgebenden Phasen werden G_1- und G_2-**Phase** bezeichnet. Das G steht hierbei für das englische „gap", das Lücke bedeutet. Während dieser Zeit geht die Zelle ihrem „Alltag" nach. Sie wächst und stellt Proteine her. In der G_1-Phase werden zusätzlich Organellen gebildet.

Die Zellteilung ist gegliedert in Mitose und Teilung der restlichen Zelle, wobei die Mitose noch in weitere vier Phasen unterteilt wird. Die Teilung des Zellkörpers läuft teilweise parallel zur Mitose ab: Sie startet in der späten Anaphase und endet nach der Telophase. Teilungsaktive Zellen befinden sich zeitlich zu mehr als 90 Prozent in der Interphase. Im vielzelligen Organismus liegt der Zeitanteil der Interphase bei den meisten Zellen noch höher.

Viele Zellen haben ihre Teilungsaktivität ganz eingestellt und verharren in der Arbeitsphase. Dieser Zustand wird als G_0-**Phase** bezeichnet. Die Zellen teilen sich dann nicht mehr, sondern kommen ausschließlich ihren jeweiligen Aufgaben nach: Darmzellen resorbieren Nährstoffe, Drüsenzellen produzieren Sekrete und Blutzellen transportieren Sauerstoff.

1 Zellzyklus

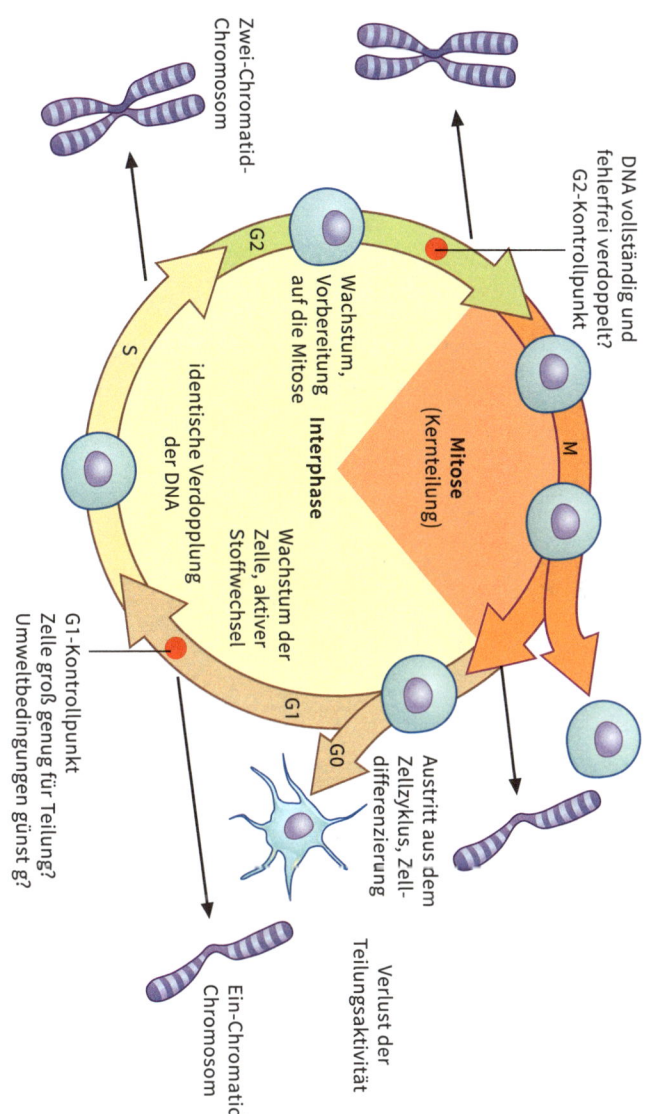

Ungefähre Dauer der Phasen des Zellzyklus in Stunden

Zelltyp	Gesamtzyklus	G₁	S	G₂	M
Knochenmark (Bildung der Blutzellen)	13	2	8	2	1
Dünndarm	17	6	8	2	1
Dickdarm	33	22	8	2	1
Haut	1000	989	8	2	1
Leber	10000	9989	8	2	1

2 Dauer der Phasen des Zellzyklus

1. Fassen Sie die Aussage von Abbildung 2 stichwortartig zusammen.
2. Nennen Sie die Unterschiede zwischen Mitose und Teilung der restlichen Zelle.
3. Stellen Sie dar, was die einzelnen Phasen des Zellzyklus charakterisiert.

Molekulargenetik

Material 9a: Mitosestadien

Zellteilung lässt sich am besten in teilungsaktiven Geweben beobachten. Hier sieht man Bilder aus dem Ablauf der Zellteilung. Fünf der Bilder sind lichtmikroskopische Fotos, die von dem Vorgang der Zellteilung in Zellen der Wurzelspitze einer Königslilie gemacht wurden. Die anderen fünf Abbildungen sind Schemazeichnungen, die genau nach den Fotos angefertigt wurden.

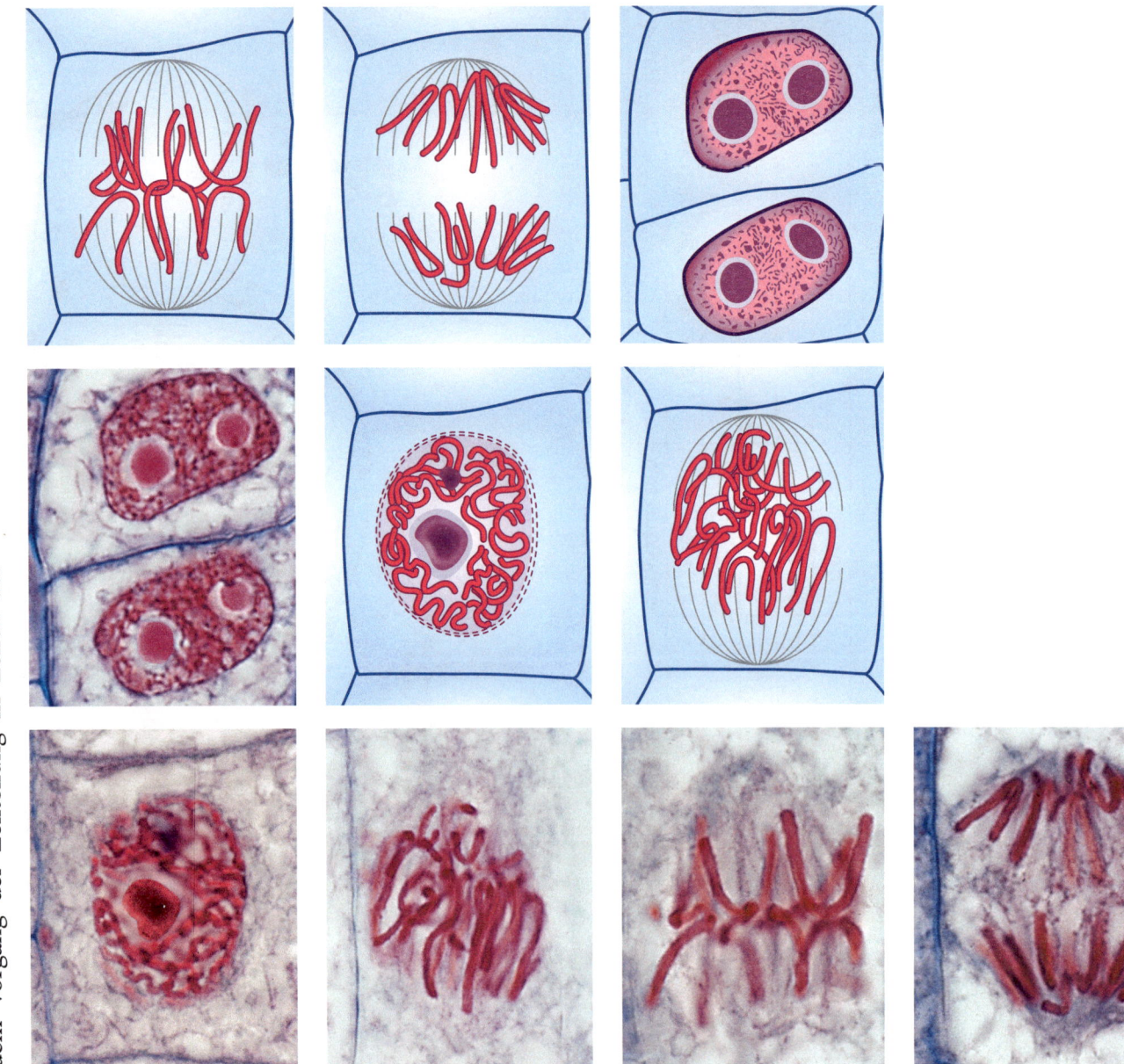

1 *Vorgang der Zellteilung als lichtmikroskopische Aufnahmen und schematische Abbildungen*

1. Kopieren Sie die vorliegende Seite. Schneiden Sie dann die Abbildungen aus und kleben Sie sie in einer sinnvollen Reihenfolge auf, sodass sich ein Zyklus ergibt. Ordnen Sie dabei jedem Foto eine Schemazeichnung zu.
2. Beschreiben Sie den Vorgang der Mitose mit eigenen Worten, beziehen Sie jedes Bildpaar mit ein.

Material 9b: Mitosestadien im Mikroskop

Vorbereitung durch die Lehrkraft oder mit der Schülergruppe zusammen: Je nach Gruppengröße sechs bis acht Mikroskope mit Mitosedauerpräparaten der Roten Küchenzwiebel auf vier Tischen bereitstellen.

Unter den Mikroskopen liegen Präparate der Wurzelspitze der Zwiebel. Es handelt sich damit um Gewebe, das sich in Teilung befand und fixiert worden ist. Man erkennt unterschiedliche Stadien der Zellteilung.

Über diese Stadien schrieb 1873 der deutsche Forscher Anton Schneider in seinen Untersuchungen an Zellkernen von Plattwürmern, dass sich der Zellkern einiger Zellen „in einen Haufen feinlockig gekrümmter,... sichtbar werdender Fäden verwandelt. An Stelle dieser dünnen Fäden traten endlich dicke Stränge auf, zuerst unregelmäßig, dann zu einer Rosette angeordnet, welche in einer durch den Mittelpunkt der Kugel gehenden Ebene (Äquatorialebene) liegt."

1. Zeichnen Sie vier sich deutlich unterscheidende Stadien. Halten Sie sich dabei an die Tipps aus Material 14a auf Seite 46.

Molekulargenetik

Material 9c: Ablauf der Mitose

Der Ablauf der Mitose lässt sich anhand lichtmikroskopischer Aufnahmen gut rekonstruieren. Um den kontinuierlich ablaufenden Prozess besser beschreiben zu können, wird er in die vier Abschnitte Prophase, Metaphase, Anaphase und Telophase unterteilt.

Prophase: Herstellung der Transportform
Während der Prophase verdichtet sich, kondensiert das Chromatin, sodass einzelne fadenartige Strukturen, die **Chromosomen**, sichtbar werden. Die Anzahl der Chromosomen ist typisch für die jeweilige Art. In dieser Phase besteht jedes Chromosom aus zwei identischen Hälften, den (Schwester-) **Chromatiden**. Es wird daher **Zwei-Chromatid-Chromosom** genannt. Die Verbindungsstelle, an der die beiden Chromatiden zusammenhängen, wird **Centromer** genannt. Da das Chromatin stets in der gleichen Weise spiralisiert und aufgewickelt wird, sind alle Chromosomen gleich dick. Sie unterscheiden sich aber in ihrer Länge, die dem DNA-Gehalt proportional ist. Durch die Kondensation des Chromatins entstehen so kompakte Transporteinheiten. Im Verlauf der Prophase lösen sich die Nukleoli und die Kernmembran auf und ein Spindelapparat aus Mikrotubuli bildet sich zwischen den Zellpolen.

Metaphase: Andocken der Spindelfasern
Mithilfe des Spindelapparats ordnen sich die Zwei-Chromatid-Chromosomen in der Äquatorialebene der Zelle an. Dabei liegen die Chromosomen in gleicher Ausrichtung so nebeneinander, dass das Centromer auf der Äquatoriallinie liegt und die beiden Chromatiden ober- beziehungsweise unterhalb. Die Zwei-Chromatid-Chromosomen sind jetzt maximal verkürzt und lassen sich gut voneinander unterscheiden. Streng genommen bezeichnet man das Erbmaterial nur in dieser Phase und in der Anaphase als Chromosomen, sonst als **Chromatin**.

Anaphase: Trennung der Chromatiden
Die (Schwester-) Chromatiden eines jeden Chromosoms werden am Centromer voneinander getrennt und bewegen sich mithilfe der Spindelfasern zum jeweiligen Pol. Am Ende der Anaphase befindet sich an jedem Zellpol je ein Chromatid eines jeden Chromosoms. Diese Einzelchromatiden werden als **Ein-Chromatid-Chromosomen** bezeichnet.

Telophase: Wiederherstellung des Zellkerns
Der Spindelapparat löst sich auf. Die Ein-Chromatid-Chromosomen entspiralisieren sich bis nur noch Chromatin zu erkennen ist. Die Kernmembranen bilden sich neu und die Nukleoli werden wieder sichtbar.

Im Anschluss an die Teilung des Zellkerns findet die Teilung der restlichen Zelle statt. Tierische Zellen schnüren sich ein, bis zwei Tochterzellen entstanden sind. Dieser Vorgang wird als Furchung bezeichnet. Pflanzliche Zellen bilden in der Mitte eine Zellplatte aus, die sich nach außen vergrößert und schließlich als neue Zellwand für die Trennung der Zellen sorgt. Nach der Zellteilung entscheidet sich das weitere Schicksal der Zelle: Entweder verliert sie ihre Teilungsfähigkeit, tritt damit in die G_0-Phase ein und differenziert sich zu einer Zelle des Dauergewebes oder sie tritt in eine weitere G_1-Phase ein und durchläuft den Zellzyklus bis zur nächsten Teilung.

---

1. Notieren Sie anhand des Textes wichtige Stichpunkte zum Ablauf der Mitose.
2. Beschriften Sie bei Ihren geklebten Bildpaaren aus Material 9a (S. 66) die Mitosephaser.
3. Stellen Sie den Vorgang der Mitose mithilfe Ihrer Chromosomen-Modelle nach.
4. Erläutern Sie das Ergebnis der Mitose und ihre biologische Bedeutung.

Material 10a: Verdopplung der DNA

Damit Zellteilungen möglich sind, muss die DNA vorher verdoppelt werden. In der Interphase des Zellzyklus werden aus Ein-Chromatid-Chromosomen Zwei-Chromatid-Chromosomen gebildet. Dieser Vorgang wird **Replikation** (lat. *replicare*, wiederholen) genannt. Die gegenüberliegende Seite zeigt Ihnen eine bislang unbeschriftete Abbildung des Vorgangs, die Textbausteine unten verraten schon einiges über den Ablauf der Replikation.

Textbausteine:

A: Da nur zueinander komplementäre Basenpaarungen möglich sind, also Adenin mit Thymin und Guanin mit Cytosin, entstehen zwei genetisch identische DNA-Doppelstränge, wobei jeweils die eine Hälfte (ein Einzelstrang) aus der „alten" (elterlichen) DNA besteht und die andere Hälfte neu synthetisiert worden ist.

B: Die Replikation beginnt mit einer Trennung des DNA-Doppelstrangs an bestimmten Stellen durch das Enzym Helicase in seine Einzelstränge.

C: Während und nach Abschluss der Replikation laufen Reparaturenzyme über die neu entstandenen DNA-Doppelstränge und lesen Korrektur. Dies wird in der Abbildung nicht gezeigt.

D: DNA-Polymerasen sind Enzyme, die an beiden elterlichen Einzelsträngen zum Einsatz kommen, in dem sie einen komplementären Einzelstrang neu herstellen. Sie verknüpfen einzelne Nucleotide in 5' → 3'-Richtung.

E: Einzelstrangbindende Proteine halten die Einzelstränge auseinander.

Richtige Reihenfolge:

1. Anhand von Abbildung 1 auf der nächsten Seite und der Textbausteine bekommen Sie eine erste Vorstellung von der Replikation. Sortieren Sie die Textbausteine in einer zeitlich sinnvollen Reihenfolge und beschriften Sie die Abbildung soweit möglich an den gekennzeichneten Stellen. Danach schlagen Sie eine Seite weiter.

Molekulargenetik

Material 10a: Verdopplung der DNA

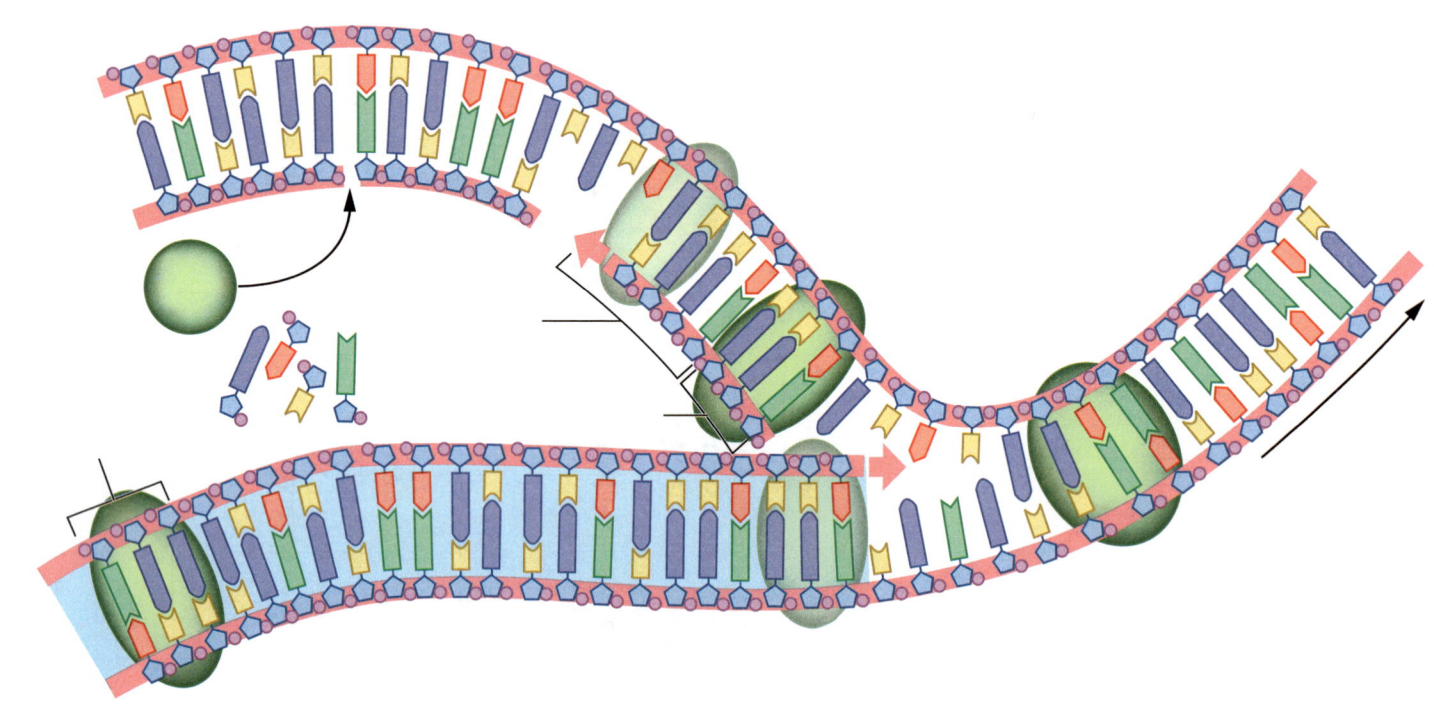

1 Ablauf der DNA-Replikation

Material 10b: Der molekulare Mechanismus der DNA-Replikation

Die Replikation beginnt mit einer Trennung des DNA-Doppelstrangs an bestimmten Stellen durch das Enzym **Helicase**. Diese Orte heißen Replikationsursprünge. Von diesen gibt es im menschlichen Genom etwa 20.000. Hier wird das DNA-Molekül entschraubt. Anschließend werden durch die Helicase die Wasserstoffbrücken gelöst und die DNA *in ihre Einzelstränge* aufgetrennt. **Einzelstrangbindende Proteine** halten die Einzelstränge auseinander. Durch diese ersten Vorgänge entsteht eine Replikationsgabel.

DNA-Polymerasen sind Enzyme, die an beiden elterlichen Einzelsträngen zum Einsatz kommen, *in dem sie einen komplementären Einzelstrang* mit einer Geschwindigkeit von 50-100 Nucleotiden pro Sekunde *neu herstellen. Sie verknüpfen einzelne* **Nucleotide** *in 5'→3' Richtung*, das heißt, Nucleinsäuremoleküle werden nur am 3'-Ende verlängert, nicht am 5'-Ende. Das bedeutet, dass aufgrund der Gegenläufigkeit beider Einzelstränge eines vollständigen DNA-Doppelstrangs, ein neuer Einzelstrang kontinuierlich in Laufrichtung der Helicase aufgebaut werden kann, der andere aber immer nur stückweise (Stücke aus 150 bis 200 Nucleotiden), entgegen der Wanderrichtung der Helicase (siehe Material 10a Abb. 1 S. 70). Die Basensequenz des elterlichen Einzelstrangs dient als Vorlage, die die Basensequenz des neu entstehenden Einzelstrangs genau vorgibt. *Da nur zueinander komplementäre Basenpaarungen möglich sind, also* **Adenin mit Thymin und Guanin mit Cytosin**, *entstehen zwei genetisch identische DNA-Doppelstränge, wobei jeweils die eine Hälfte, ein Einzelstrang, aus der elterlichen DNA besteht und die andere Hälfte neu synthetisiert worden ist. Deshalb nennt man diese Art der Replikation semikonservativ*, halb erhaltend. Die neu entstandenen Abschnitte werden schließlich miteinander verknüpft.

Während und nach Abschluss der Replikation laufen Reparaturenzyme *über die neu entstandenen DNA-Doppelstränge und lesen Korrektur* (in der Abbildung nicht gezeigt).

2. Lesen Sie sich den Text zur Replikation aufmerksam durch und kontrollieren Sie Ihre Reihenfolge der Textbausteine (kursiv/blau gedruckt).
3. Ergänzen Sie in der Abbildung auf der vorherigen Seite die Beschriftung (alle fett gedruckten Begriffe aus dem Text müssen verwendet und zum Teil eigene Striche gezogen werden).
4. Stellen Sie nun mit den Magnetmodellen den Vorgang an der Tafel nach, ein paar beteiligte Moleküle müssen noch ergänzt werden.

Material 10c: Replikation auf Chromosomenebene

Die Replikation findet in der Synthesephase, S-Phase, des Zellzyklus statt. Vor der Replikation liegt die Erbinformation im Zellkern als **Ein-Chromatid-Chromosom**, also als ein DNA-Doppelstrang, vor. Menschen besitzen 23 verschiedene Ein-Chromatid-Chromosomen, also verschieden lange DNA-Moleküle mit unterschiedlicher Basenabfolge. Jedes Chromosom ist doppelt vorhanden, einmal von der Mutter und einmal vom Vater. Somit haben wir einen einfachen Chromosomensatz **diploiden** (gr. *diploos*, doppelt) Chromosomensatz mit 2 mal 23 Chromosomen. Nach der Replikation liegt das Erbmaterial als **Zwei-Chromatid-Chromosomen** vor, also als zwei DNA-Doppelstränge. Bei einer folgenden Zellteilung werden die Schwesterchromatiden eines jeden Chromosoms getrennt. Beide Tochterzellen besitzen dann wiederum 46 **Ein-Chromatid-Chromosomen**. Der Chromosomensatz bleibt während der gesamten Zellteilung diploid, da sich die Zahl der Chromosomen nicht verändert. Sie beträgt zu jedem Zeitpunkt 46. Es findet lediglich ein Wechsel zwischen Ein-Chromatid-Chromosom und Zwei-Chromatid-Chromosom statt.

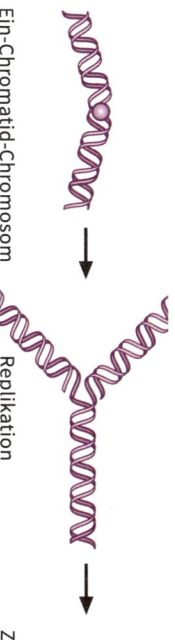

1 Replikation auf Chromosomenebene

Ein-Chromatid-Chromosom → Replikation → Zwei-Chromatid-Chromosom

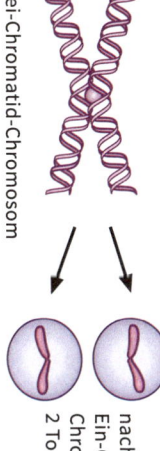

nach Mitose Ein-Chromatid-Chromosom in 2 Tochterzellen

Molekulargenetik

Material 11a: Basiskonzept Struktur und Funktion (Wiederholung)

Unter Struktur versteht man in der Biologie den Bau von Lebewesen und ihrer Teile: Organe, Gewebe, Zellen, Moleküle. Die Aufgaben dieser Teile im Organismus zeigen oft einen klar erkennbaren Zusammenhang zur Struktur: Die Struktur ist so ausgeprägt, dass sie eine bestimmte Funktion übernehmen kann. Daher handelt es sich bei dem Zusammenhang zwischen Struktur und Funktion um ein grundlegendes biologisches Prinzip. Es ermöglicht, aus der Beobachtung bestimmter Strukturen auf deren Funktion zu schließen, da gleiche oder ähnliche Strukturen in der Natur häufig gleiche Aufgaben erfüllen.

Neben dem **Abwandlungsprinzip** und dem Prinzip der **Oberflächenvergrößerung** ist im Zusammenhang mit dem Bau der DNA das **Schlüssel-Schloss-Prinzip** wichtig. Moleküle haben eine spezifische räumliche Struktur und treten mit räumlich passenden Molekülen, häufig handelt es sich dabei um Enzyme, in Wechselwirkung. Die Passgenauigkeit, wie ein Schlüssel im Schloss, geht auf den Aufbau, Form der Moleküle und die Verteilung von Ladungen in ihnen zurück. Die komplementären Basen der DNA haben an der Molekületoberfläche Strukturen, die genau ineinanderpassen. Das Schlüssel-Schloss-Prinzip dürfte aus der Sekundarstufe I von den Blutgruppen mit entsprechenden Antikörpern oder auch von den Verdauungsvorgängen bereits bekannt sein. Die Moleküle werden in den Abbildungen schematisch oder auch symbolhaft dargestellt. Symbole haben den Wiedererkennungscharakter und die Passung ist leicht nachzuvollziehen. Die reale räumliche Struktur von Molekülen ist oft kompliziert und nur schwer anschaulich darzustellen.

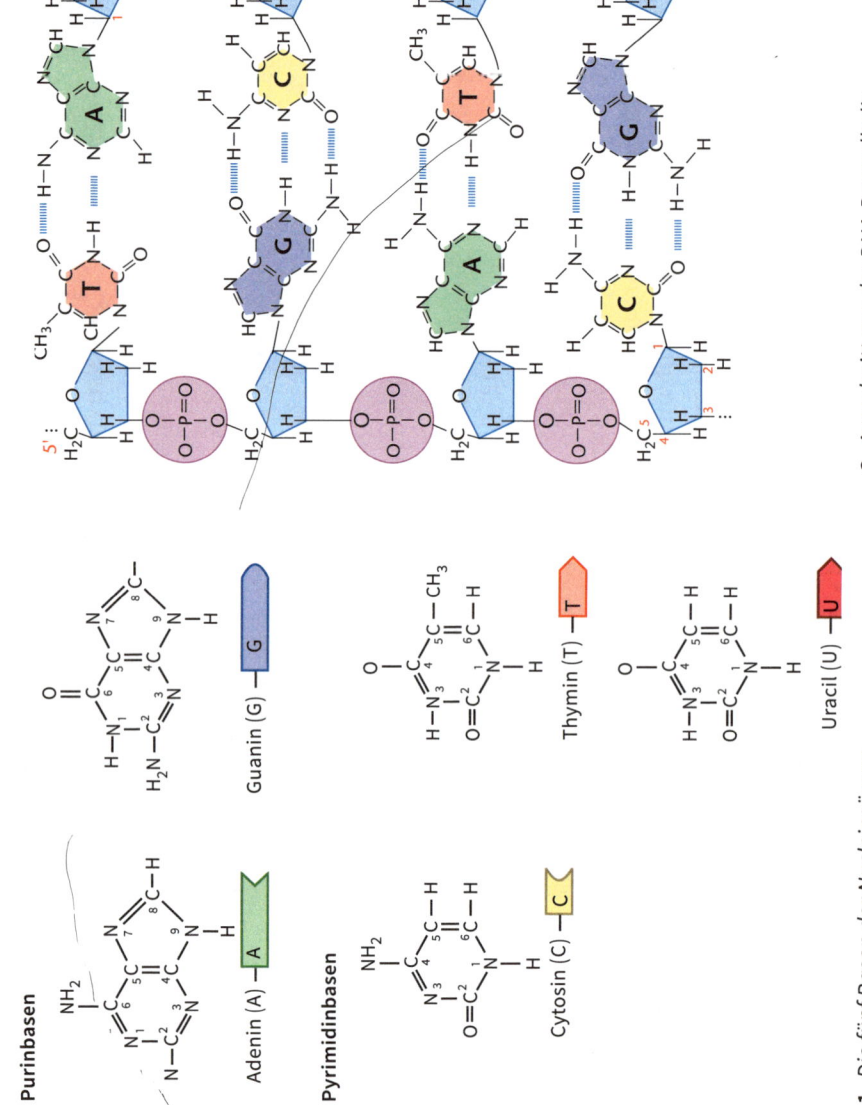

1 *Die fünf Basen der Nucleinsäuren*

2 *Ausschnitt aus der DNA-Doppelhelix*

1. Die Abbildung zeigt schematisch fünf verschiedene Basen, die in Nucleinsäuren vorkommen – vier haben Sie bereits beim DNA-Bau kennengelernt. Noch unbekannt ist Uracil. Ordnen Sie Uracil aufgrund der schematischen Abbildung einer Base zu, mit der eine komplementäre Paarung eingegangen werden kann und begründen Sie Ihre Zuordnung.

Material 11b: Basiskonzept Struktur und Funktion – Enzyme

Da Enzyme im Stoffwechsel eine zentrale Rolle spielen, sollen an dieser Stelle die Aufgabe und die Wirkungsweise von Enzymen wiederholt und vertieft werden.

In unserem Organismus finden Tausende von Stoffwechselprozessen statt. Das sind sehr unterschiedliche chemische Reaktionen. Viele von ihnen würden bei Zimmertemperatur nur sehr langsam oder gar nicht ablaufen. Man spricht in diesem Zusammenhang davon, dass diese Reaktionen bei niedrigen Temperaturen gehemmt sind. Mithilfe eines **Katalysators** kann man diese Reaktionen beschleunigen, er wird deshalb auch als Reaktionsbeschleuniger bezeichnet. Ein Katalysator senkt die für die Reaktion notwendige Aktivierungsenergie herab, wird aber durch die Reaktion nicht verändert. Genau diese Aufgabe haben im Stoffwechsel Enzyme. Sie beschleunigen die Stoffwechselvorgänge. Deshalb nennt man Enzyme auch **Bio-Katalysatoren**. Allgemeine Regeln zur Wirkungsweise von Enzymen lassen sich am Beispiel der **Verdauung** verdeutlichen. Es gibt viele verschiedene Verdauungsenzyme, zum Beispiel Amylase, Pepsin und Maltase. Amylase wird vor allem im Mundspeichel, Pepsin im Magen gebildet und **Maltase** in den Zwölffingerdarm abgegeben. Die Diagramme zeigen den Verdauungsprozess nach einer stärke-, zellulose- und proteinhaltigen Nahrungsaufnahme.

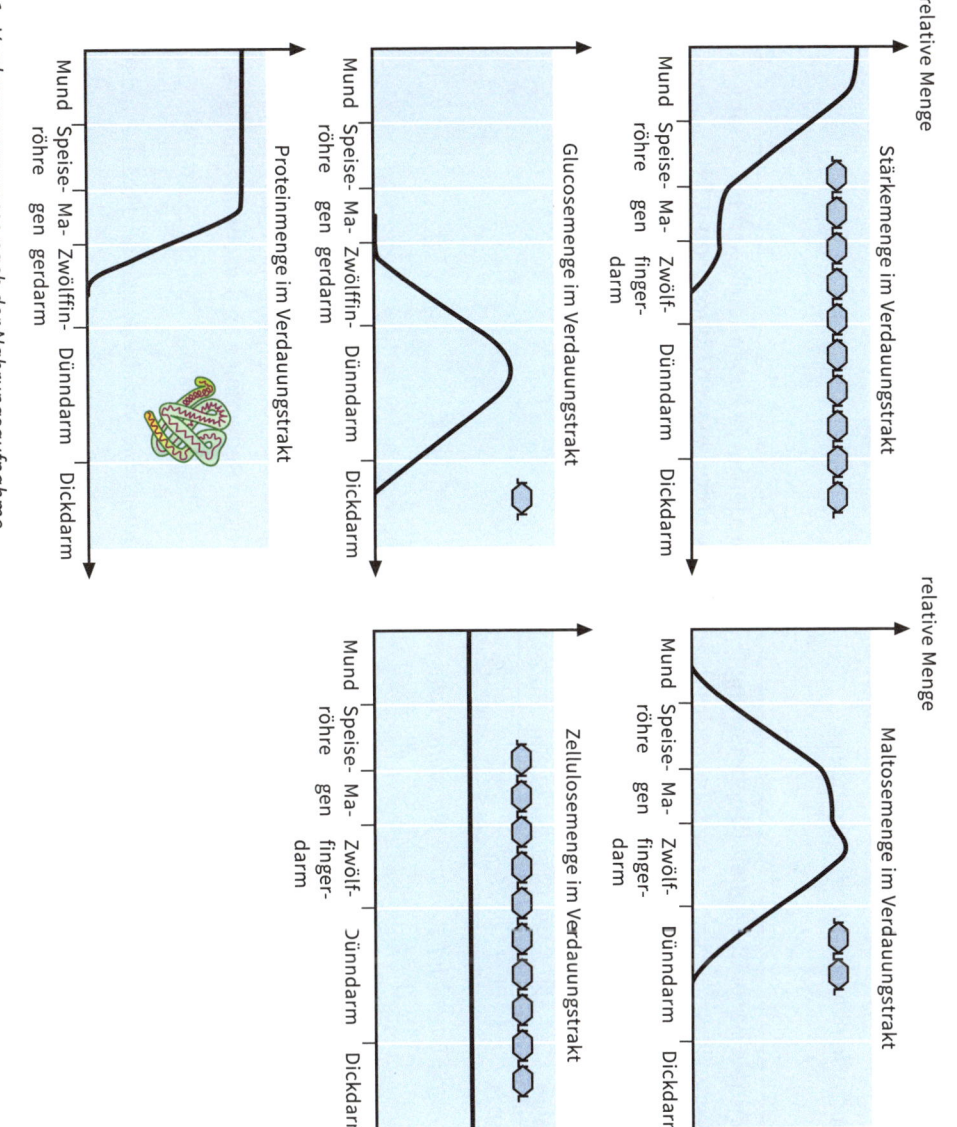

1 *Verdauungsprozesse nach der Nahrungsaufnahme*

1. Fassen Sie die Aufgabe von Enzymen in einem Merksatz zusammen.
2. Zeichnen Sie nach dem Schlüssel-Schloss-Prinzip passende Symbole für Maltose mit dem Enzym Maltase und für ein Protein mit dem Enzym Pepsin.
3. Deuten Sie die Angaben zum Ablauf der Verdauung und schließen Sie daraus auf Eigenschaften der Enzyme.

Molekulargenetik

Material 12a: Kompetent in … Funktionen des Zellkerns

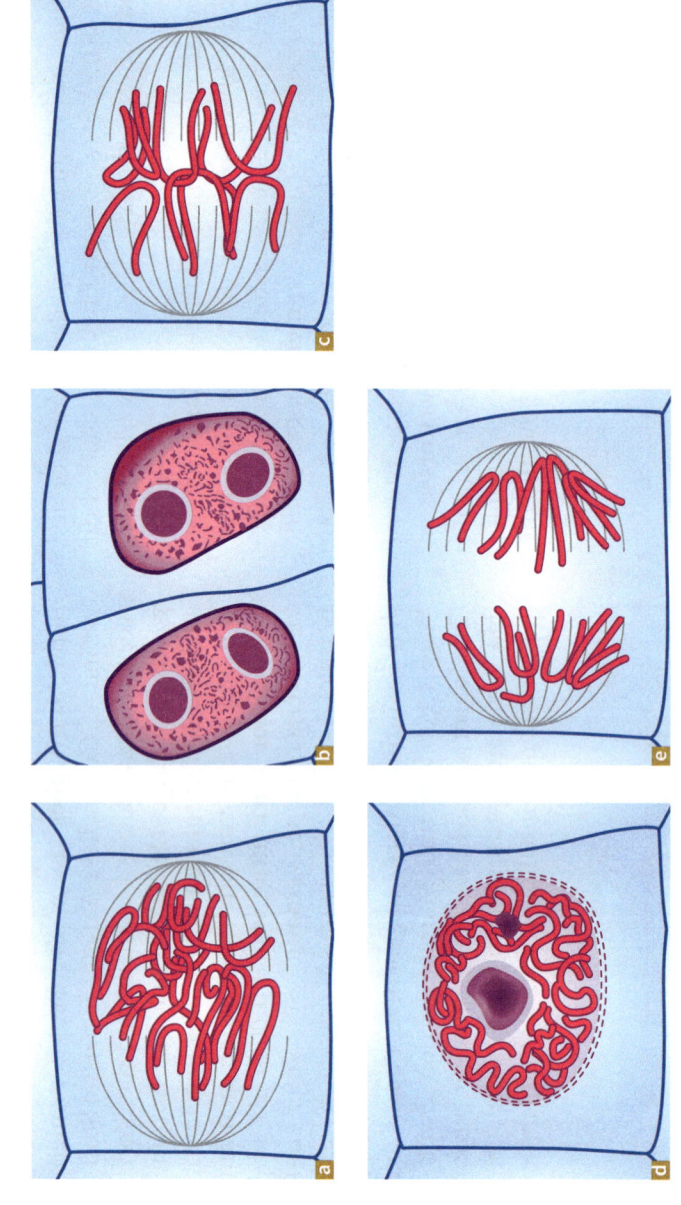

1 Schematische Abbildungen der Mitosestadien

prozentuale Basenhäufigkeit (Doppelstrang-DNA)	A	T	G	C
Mensch	29,9	29,8	19,5	20,1
Rind	28,7	27,2	22,2	19,1
Grünalge	20,2	18,8	30,8	30,2
Weizen	26,9	26,5	23,2	17,6

prozentuale Basenhäufigkeit bei einem Bakteriophagen (Einzelstrang-DNA)			
A	T	G	C
24,6	18,5	32,8	24,1

2 Prozentuale Basenhäufigkeit in verschiedenen Lebewesen

1. Skizzieren Sie ein Experiment mit *Acetabularia*, das eindeutig die Funktion des Zellkerns zeigt.
2. Zeichnen Sie ein Chromosom und beschriften Sie es.
3. Definieren Sie die Begriffe Chromatid, Gonosom, homologes Chromosomenpaar, Karyogramm.
4. Ordnen Sie die Mitosestadien in Abbildung 1 in der richtigen Reihenfolge an. Beschreiben Sie die Abläufe der einzelnen Phasen stichwortartig.
5. Erläutern Sie die biologische Bedeutung der Mitose.
6. Die Mitose ist nur ein sehr kleiner Teil im Zellzyklus. Erläutern Sie, welche Vorgänge die Zelle in der restlichen Zeit bewerkstelligt.
7. Um 1900 wurde entdeckt, dass die Bestandteile Zucker, Phosphat und die vier organischen Basen Adenin, Guanin, Cytosin, Thymin insgesamt in gleichen Mengenanteilen in Nucleinsäuren vorhanden sind. 1951 stellte ERWIN CHARGAFF zudem fest, dass in der DNA verschiedener Lebewesen die Menge an Adenin immer der von Thymin und die Menge an Cytosin immer der an Guanin entspricht (CHARGAFF-Regel).
    a) Fassen Sie die in den Tabellen von Abbildung 2 dargestellten Befunde zusammen.
    b) Erläutern Sie anhand dieser Befunde den Aufbau der DNA.
    c) Zeichnen Sie ein Modell für einen DNA-Einzelstrang mit der Basenfolge: GATGTGCT.
    d) Ergänzen Sie zu einem Doppelstrang. Nennen Sie die Basenfolge im zweiten Strang.

Material 12b: Kompetent in ... Funktionen des Zellkerns
Basiskonzept Reproduktion – semikonservative Replikation der DNA

Als **Reproduktion** bezeichnet man allgemein einen Vorgang, bei dem etwas vervielfältigt wird, zum Beispiel nennt man die Kopie eines Gemäldes auch Reproduktion.

In der Biologie wird Reproduktion als Synonym für „**Fortpflanzung**" verwendet. Lebewesen besitzen die Fähigkeit, sich selbst zu vervielfältigen und erzeugen auf diese Weise Nachkommen. Dabei unterscheidet man geschlechtliche von ungeschlechtlicher Fortpflanzung (siehe Wiederholung dieses Basiskonzepts).

Reproduktion ist folglich eine Grundeigenschaft aller Lebewesen. Durch die Weitergabe von Erbinformationen an die Nachkommen werden diese über die Lebensdauer des Individuums hinaus gesichert. Die Erbinformation ist in Form von DNA gespeichert. **Die Fähigkeit zur Verdopplung der DNA schafft die Grundlage für die Reproduktion von Lebewesen.** Um den Ablauf der Replikation der DNA zu erforschen, führten MATTHEW MESELSON und FRANK STAHL Experimente mit markierter DNA des Bakteriums *E. coli* durch.

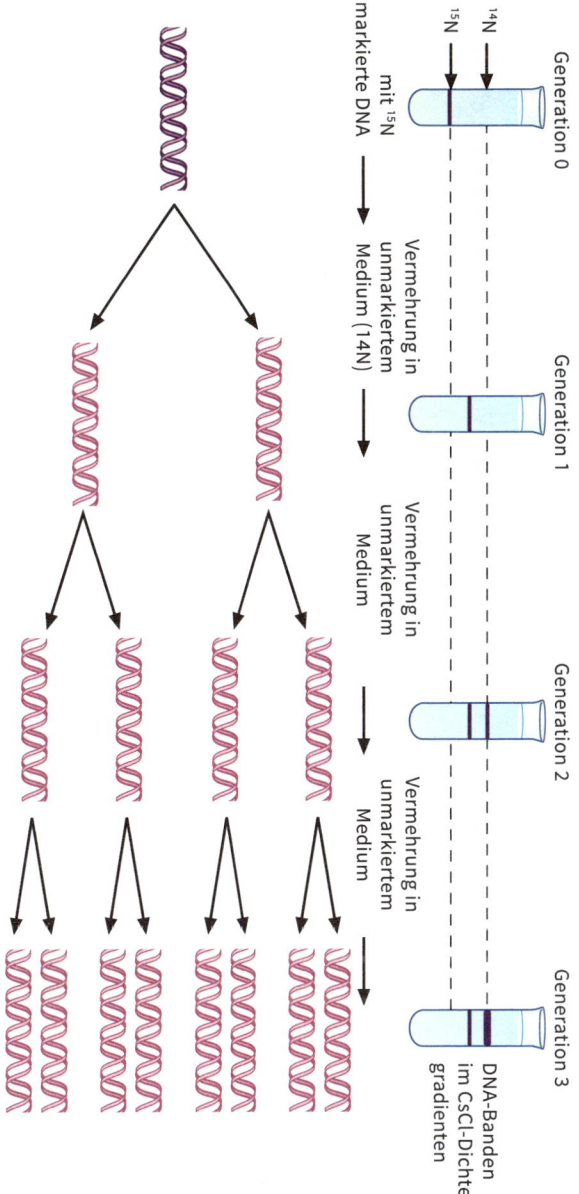

1 *Experimente mit markierter DNA*

Hilfe: *E. coli*-Bakterien können in einem Nährmedium gezüchtet werden, das nur ^{15}N enthält (Stickstoff wird in die Basen A, C, G, und T eingebaut). Das Nährmedium kann dann gegen eines ausgetauscht werden, das nur ^{14}N enthält. (Isotope ^{14}N bzw. ^{15}N: Atome desselben Elements können verschiedene Anzahlen von Neutronen besitzen; die verschiedenen möglichen Varianten eines Elements heißen **Isotope** und haben unterschiedliche Massezahlen – somit sind sie auch unterschiedlich schwer. Isotope können markiert werden, um zum Beispiel Reaktionswege oder auch Zwischenprodukte zu erforschen.) DNA wird für Untersuchungszwecke extrahiert und gereinigt, dann in einem Zentrifugationsverfahren nach Dichte getrennt – schwerere DNA positioniert sich weiter unten im Röhrchen, leichtere weiter oben. Die Dichtegradienten-Zentrifugation wird in mit Caesiumchloridlösung (CsCl) gefüllten Reagenzgläsern durchgeführt und dauert mehrere Stunden. Danach hat sich ein Dichtegradient ausgebildet, in dem mit entsprechender Markierung (hier: ^{15}N) die DNA als Bande sichtbar wird.

1. Beschreiben Sie das Experiment.
2. Markieren Sie bei den DNA-Strängen die ^{15}N-Stränge dunkel.
3. Erläutern Sie anhand der Ergebnisse den Ablauf der semikonservativen Replikation.

Molekulargenetik

Material 13: Wichtige Daten in der Molekularbiologie

1665 ROBERT HOOKE (1635 – 1703) veröffentlicht sein Werk Micrographia, in dem er zeigt, dass Gewebe aus Zellen aufgebaut sind.

1842 CARL WILHELM VON NÄGELI (1817 – 1891) beschreibt anhand mikroskopischer Präparate Zellen mit ungewöhnlichen Zellkernstrukturen, die später als Mitosestadien identifiziert werden. Die Strukturen im Zellkern nennt er „transitorische Zytoblasten". Sie werden später Chromosomen genannt.

1855 RUDOLPH VIRCHOW (1821 – 1902) veröffentlicht in seinem Aufsatz „Cellular – Pathologie", dass jede Zelle aus einer anderen Zelle hervorgeht.

1869 FRIEDRICH MIESCHER (1844 –1895) isolierte eine Substanz aus den Kernen weißer Blutkörperchen, die einen sehr hohen Gehalt an Phosphat aufwies. Er nannte sie Nuklein. 1889 wurde sie aufgrund ihrer chemischen Eigenschaft von RICHARD ALTMANN (1852 – 1900) in Nucleinsäure umbenannt.

1873 ANTON SCHNEIDER (1831 – 1891) beschreibt an Zellen von Plattwürmern bislang unbekannte Vorgänge mit den fädigen Strukturen aus dem Zellkern. Dieser Vorgang wird später als Zellteilung erkannt.

1875 EDUARD STRASSBURGER (1844 – 1972) beschreibt mit anderen Forschern die Mitose als einen Vorgang, bei dem sich ein Zellkern in zwei Tochterkerne teilt.

1880 WALTHER FLEMMING (1843 – 1905) prägt den Begriff Chromatin für die anfärbbare Substanz im Zellkern.

1884 ALBRECHT KOSSEL (1853 – 1927) beschreibt, dass Nuklein neben Phosphat aus fünf verschiedenen organischen Basen und Zuckermolekülen besteht und dass Histone im Kern enthalten sind. Er erhält dafür 1910 den Nobelpreis.

1888 HEINRICH WILHELM WALDEYER (1836 – 1921) nennt die fädigen Strukturen im Zellkern Chromosomen.

1910 THOMAS HUNT MORGAN (1866 – 1945) schließt aus Kreuzungsexperimenten mit Fruchtfliegen, dass die Chromosomen die Träger der Erbinformationen sind.

1945 ERWIN CHARGAFF (1905 – 2002) identifizierte die Basen Adenin, Thymin, Cytosin und Guanin als Bestandteile der DNA. Er postulierte, dass Adenin und Thymin, sowie Cytosin und Guanin in der DNA immer als Basenpaare auftreten würden.

1953 JAMES WATSON (geb. 1928) und FRANCIS CRICK (1916 – 2004) veröffentlichen ein theoretisches Modell zum Aufbau der DNA. Sie stützten sich dabei auf die experimentellen Vorarbeiten von MAURICE WILKENS (1916 – 2004) und ROSALIND FRANKLIN (1920 – 1959). WATSON, CRICK und FRANKLIN erhielten dafür 1962 den Nobelpreis für Medizin.

Material 14: Wichtige Wissenschaftler in der Biologie

RICHARD WETTSTEIN, Ritter von Westersheim (* 30. Juni 1863 in Wien; † 10. August 1931 in Trins, Tirol) war ein österreichischer Botaniker. Er ist der Vater von Otto Wettstein und Fritz (von) Wettstein. Sein offizielles botanisches Autorenkürzel lautet „WETTST.". RICHARD WETTSTEIN studierte von 1881 bis 1884 Naturwissenschaften und Medizin an der Universität Wien. Er war Schüler, Assistent und Schwiegersohn von Anton Kerner von Marilaun. 1884 wurde er zum Dr. phil. promoviert. 1888 wurde er Adjunkt am Botanischen Garten in Wien. 1892 wurde WETTSTEIN zum ordentlichen Professor für Botanik und Direktor des Botanischen Gartens der Universität Prag berufen. Ab 1899 arbeitete er als Professor für Systematische Botanik und Direktor des Botanischen Gartens der Universität Wien. 1913/14 war er Rektor der Universität Wien. WETTSTEIN arbeitete vor allem als Pflanzensystematiker; er begründete die Systematik der Pflanzen nach Wettstein. Er bearbeitete für das Werk *Die natürlichen Pflanzenfamilien* von ADOLF ENGLER in Band 4 Nummer 3b die Pflanzenfamilien „Nolanaceae, Solanaceae, Scrophulariaceae, Globulariaceae, Myoporaceae" (1891–1895). Im Jahr 1901 nahm er an der botanischen Expedition der Wiener Akademie der Wissenschaften nach Brasilien teil. WETTSTEIN wurde 1917 zum Mitglied des Herrenhauses ernannt. Er war Vorsitzender der österreichisch-deutschen Arbeitsgemeinschaft, mit dem Ziel des Anschlusses an Deutschland. Die Pflanzengattungen *Wettsteinia Petrak* und *Wettsteiniola Suesseng* sind nach ihm benannt worden. Sein Konterfei ist auf der 50-Schilling-Banknote von 1962 zu sehen. Im Jahr 1942 wurde in Wien Floridsdorf (21. Bezirk) die *Wettsteingasse* nach ihm benannt.

FRIEDRICH (Fritz) (von) WETTSTEIN, Ritter von Westersheim (* 24. Juni 1895 in Prag; † 12. Februar 1945 in Trins, Tirol) war ein österreichischer Botaniker. Sein offizielles botanisches Autorenkürzel lautet „F. WETTST.". Er war der Sohn von Richard Wettstein. WETTSTEIN arbeitete seit 1923 als Privatdozent an der Universität Berlin. Er war ab 1925 Professor in Göttingen, ab 1931 in München und ab 1934 Direktor im Kaiser-Wilhelm-Institut für Biologie in Berlin-Dahlem. Er forschte besonders über plasmatische Vererbung bei Laubmoosen und dem Weidenröschen.

JOACHIM HÄMMERLING (* 9. März 1901 in Berlin; † 5. August 1980 in Wilhelmshaven) war ein deutscher Botaniker und Hochschulprofessor. HÄMMERLING studierte von 1920 bis 1924 Naturwissenschaften an der Universität Berlin, kurzzeitig auch an der Universität Marburg. 1924 wurde er zum Dr. phil. promoviert. Von 1924 bis 1940 arbeitete HÄMMERLING (bei Max Hartmann) am Kaiser-Wilhelm-Institut für Biologie in Berlin-Dahlem, zunächst als wissenschaftlicher Assistent, ab 1931 als Privatdozent. 1940 wurde er Direktor des Deutsch-Italienischen Instituts für Meeresbiologie zu Rovigno d'Istria, von 1942 bis 1945 war er außerplanmäßiger Professor für Meeresbiologie an der Universität Berlin. 1946 wurde er Abteilungsleiter des Kaiser-Wilhelm-Instituts für Biologie in Langenargen am Bodensee. Von 1949 bis 1968 war HÄMMERLING Direktor des Max-Planck-Instituts für Meeresbiologie in Wilhelmshaven. Bis 1970 leitet er dann das Max-Planck-Institut für Zellbiologie. HÄMMERLING arbeitete unter anderem mit der Schirmalge *Acetabularia*.

Molekulargenetik

Material 15: Zusammensetzung der Nucleinsäuren

Im Jahre 1869 beschrieb der schweizerische Chemiker FRIEDRICH MIESCHER (1844 – 1895), dass sich aus Zellkernen tierischer Zellen eine sehr zähflüssige, sauer reagierende Verbindung isolieren lässt, die bei der Zerlegung einen hohen Anteil an Phosphorsäure ergibt. Er nannte die Verbindung Nuklein, da sie aus dem Zellkern, Nucleus, stammt. 1889 konnte diese Verbindung auch in Pflanzenzellen nachgewiesen werden. Seitdem wird sie aufgrund ihrer sauren Eigenschaften als Nucleinsäure bezeichnet. Da Nucleinsäuren sehr zähflüssig sind, ging man damals schon davon aus, dass es sich dabei um eine Verbindung handeln müsse, die sehr groß und komplex zusammengesetzt ist. Die Identifizierung ihrer Bausteine erwies sich aber als schwierig und langwierig. In der Zeit von 1879 bis 1900 gelang es dem deutschen Chemiker ALBRECHT KOSSEL (1853 – 1927, Nobelpreis 1910) nachzuweisen, dass Nucleinsäuren fünf verschiedene organische Basen enthalten. Diese Basen sind zyklische Kohlenwasserstoffverbindungen, die im Ring Stickstoffatome enthalten. Man unterscheidet bei diesen Basen zwischen denen, die vom Purin abstammen: Adenin (A) und Guanin (G) und denen, die vom Pyrimidin aus gebildet werden können: Cytosin (C), Thymin (T) und Uracil (U). In der Nucleinsäure des Chromatins kommt Uracil allerdings nicht vor.

Die weiteren Untersuchungen der Nucleinsäuren ergaben, dass neben Phosphorsäure noch zwei weitere Komponenten am Aufbau von Nucleinsäuren beteiligt sind. Es handelt sich hierbei um zwei Zuckerarten, die jeweils fünf Kohlenstoffatome enthalten. Sie werden daher als Pentosen bezeichnet. Nucleinsäuren des Chromatins enthalten den Zucker Desoxyribose. Aus diesen chemischen Ergebnissen leitet sich der Name Desoxyribonucleinsäure ab. Für Säure benutzt man das englische „acid", daher lautet die Kurzform DNA. Nucleinsäuren, die als Zucker Ribose enthalten, werden als Ribonucleinsäuren, RNA, bezeichnet.

1 *Bestandteile der Nucleinsäuren und ihre Symbole*

1. Benennen Sie alle Bestandteile der Nucleinsäuren, aus denen das Chromatin besteht. Ordnen Sie jedem Bestandteil das entsprechende Symbol zu.

Material 16: Zellalltag

Das tägliche Leben einer eukaryotischen Zelle besteht hauptsächlich aus der **Herstellung von Proteinen**, dabei dient die DNA als Vorlage und Informationsspeicher für die **Bauanleitung der Proteine**. In jeder Zelle erfüllen Proteine ganz bestimmte Aufgaben: als **Baumaterial**, zum Beispiel für das Cytoskelett oder für Bestandteile von Biomembranen und als molekulare Werkzeuge in Form von Enzymen, zum Um-, Ab- und Aufbau von Stoffen. Die Proteine sind somit an der **Ausbildung von Merkmalen** beteiligt, das heißt, sie bestimmen maßgeblich das Aussehen und die Eigenschaften eines Organismus. Das Erscheinungsbild aller Merkmale nennt man Phänotyp. Dabei unterscheidet man je nach Funktion im Organismus folgende Proteingruppen:

Strukturproteine
Enzyme
Transportproteine
Bewegliche Proteine
Abwehrproteine
Rezeptorproteine.

1 *Verschiedene Proteine des Menschen*

Hämoglobin (roter Blutfarbstoff)

Insulin (Hormon)

Trypsin (Enzym)

Antikörper (Immunabwehr)

Rezeptorprotein in einer Zellmembran

Transportprotein in einer Zellmembran

Alkohol-Dehydrogenase (Enzym)

Kollagen (Bindegewebe)

DNA, zum Größenvergleich

Myosin (Muskelprotein)

Aktin (Muskelprotein)

10 nm

1. Recherchieren Sie weitere als die genannten sechs Beispiele für die Proteintypen und nennen Sie dazu deren Funktion.

Molekulargenetik

Material 17a: Muskeldystrophie – wenn Muskeln nicht funktionieren

Als Alex geboren wird, sind seine Eltern überglücklich. Dass er eine schwere Krankheit hat, ahnen sie nicht. Aber innerhalb der ersten beiden Lebensjahre stellt seine Mutter besorgt fest, dass Alex sich anders entwickelt als die anderen Kinder: Er lernt erst sehr spät laufen und bewegt sich unsicher. Er fällt oft hin und hat keine Ausdauer. Nie tobt er ausgelassen herum wie die anderen Kinder. Das Treppensteigen kostet ihn sehr viel Kraft und beim Aufstehen muss er sich an Gegenständen hochziehen. Bei einer Blutuntersuchung stellt der Kinderarzt fest, dass im Blut von Alex eine hohe Konzentration des Enzyms Kreatinkinase vorliegt. Diese Tatsache deutet im Zusammenhang mit den anderen Symptomen darauf hin, dass Alex an einer Muskelerkrankung leidet. Die Untersuchung bei einem Spezialisten ergibt, dass die Muskeln von Alex zu wenig Dystrophin enthalten. Dystrophin ist ein Protein, das am Aufbau der Zellmembranen der gestreiften Muskulatur beteiligt ist. Es sorgt unter anderem für die Stabilität der Membran und bestimmt deren Durchlässigkeit mit. Das Fachwort für die Krankheit von Alex ist Duchenne-Muskeldystrophie, kurz DMD, benannt nach dem Physiologen GUILLAUME-BENJAMIN DUCHENNE. Bei Laien wird sie auch häufig als Muskelschwund bezeichnet. Bei Menschen mit Muskeldystrophie ist der das Dystrophin codierende Abschnitt der DNA verändert, sodass das Protein nicht oder nicht in einem funktionsfähigen Zustand produziert wird.

Der Arzt erklärt Alex und seiner Mutter, dass das Muskelgewebe von Alex aufgrund des fehlenden Dystrophins nach und nach abgebaut und durch Bindegewebe ersetzt werde. Daher werde sich Alex immer weniger bewegen können. Die meisten an DMD erkrankten Jungen sind im Alter von 10 Jahren schon auf den Rollstuhl angewiesen. Voraussichtlich werde Alex früh sterben, da schließlich auch die Atem- und Herzmuskulatur angegriffen werde. Der Krankheitsverlauf ließe sich durch Krankengymnastik und Medikamente allerdings deutlich verlangsamen. Eine Chance auf Heilung bestünde eventuell, sobald eine entsprechende Gentherapie eingesetzt werden könne.

Heute ist Alex 15 Jahre alt und kann immer noch laufen. Allerdings hat er ein starkes Hohlkreuz und extrem ausgeprägte Waden. Aufgrund der Medikamente ist er zudem nur 1,32 Meter groß. Die Duchenne-Muskeldystrophie gilt immer noch als unheilbar, da eine erfolgreiche Gentherapie für diese Krankheit noch nicht entwickelt werden konnte.

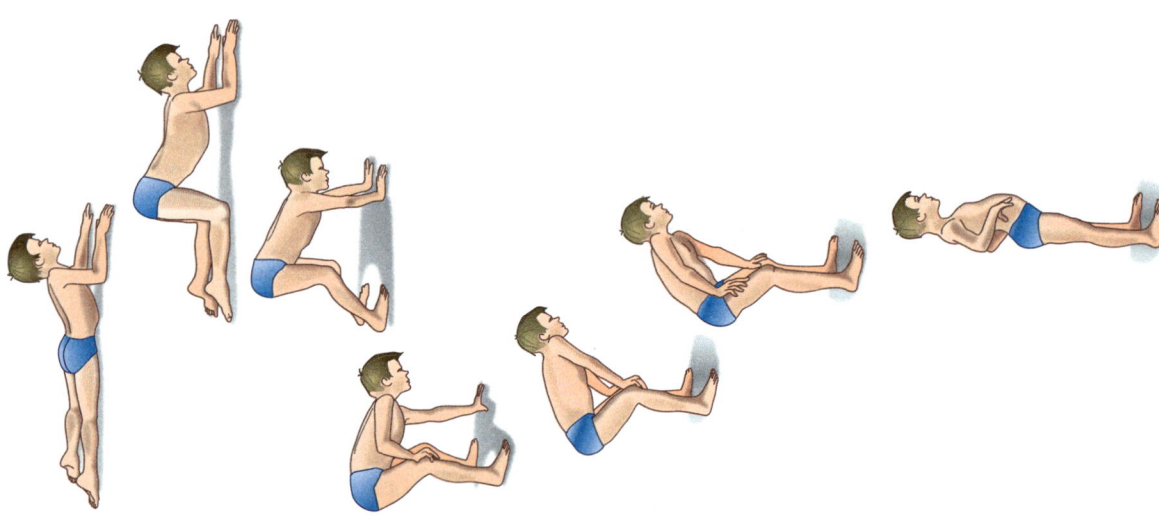

1 Gowers Manöver: Aufrichten aus Bauchlage in den Stand bei Rumpfmuskelschwäche

1. Nennen Sie die Symptome der Duchenne-Muskeldystrophie.
2. Beschreiben Sie die Ursachen, die zu diesem Krankheitsbild führen, trennen Sie dabei in stoffliche und genetische Ebene.

Material 17b: Die Proteinbiosynthese – von der DNA zum Protein

Die genetischen Informationen, die sich in der Basenabfolge der DNA verbergen, stellen keine direkten oder konkreten Merkmale dar, sondern sind Informationen zur **Herstellung von Proteinen**. Den Produktionsvorgang selbst nennt man deswegen **Proteinbiosynthese** (lat. *synthesis*, Zusammensetzung). Die Struktur und Funktion von Proteinen werden durch die **Abfolge** ihrer Bausteine, der Aminosäuren, bestimmt. Den Chromosomen-, beziehungsweise den DNA-Abschnitt, der die Information für eine merkmalsrelevante RNA trägt, inklusive aller diese Sequenz betreffenden regulatorischen Elemente, bezeichnet man als **Gen** (gr. *gen*, erzeugend). Mithilfe dieser RNA wird ein Protein hergestellt. Die Chromosomen des Menschen enthalten etwa 25.000 Gene, wobei sie nur circa 30 Prozent des Erbguts ausmachen. Der Rest weist nach dem derzeitigen Wissensstand keine relevanten Informationen auf. Die Gesamtheit des Erbgutes wird als **Genom** bezeichnet. Im Zusammenwirken mit Umwelteinflüssen bilden die Proteine sichtbare Merkmale und Eigenschaften heraus, die gemeinsam den **Phänotyp** eines Organismus ausmachen. Im Beispiel der Duchenne-Muskeldystrophie ist ein fehlerhaftes Gen für die genannten Symptome verantwortlich, und zwar, weil durch diesen Fehler das Strukturprotein **Dystrophin** nicht normal synthetisiert werden kann. Der Zusammenhang, der zwischen der Information auf der DNA und der Ausbildung von Proteinen besteht, wird im Folgenden genauer beleuchtet.

Es gibt mehrere Möglichkeiten, wie von der gespeicherten Information der DNA ein Merkmal ausgeprägt wird, aber bei jeder werden Proteine durch die Proteinbiosynthese, abgekürzt PBS, hergestellt. Eine Möglichkeit ist, dass die DNA die Information für ein unmittelbar sichtbares Merkmal liefert, indem es die Synthesevorschrift für ein **Strukturprotein** enthält.

Die Proteinbiosynthese unterteilt sich in zwei Teilschritte:

Schritt 1: Die **Transkription** im Zellkern: Die DNA verlässt den Zellkern nicht, deshalb wird eine Kopie der Bauanleitung aus RNA direkt an der DNA angefertigt, die dann den Zellkern verlässt und ins Zellplasma wandert (Abb. 1).

Schritt 2: Die **Translation** im Zellplasma: Nach Vorlage dieser Genkopie wird an den Ribosomen aus Aminosäuren ein Protein hergestellt (Abb. 2). Für das Dystrophin stellt sich der Vorgang bis jetzt folgendermaßen dar:

Gen (DNA-Abschnitt) → Transkription → Kopie in RNA → Translation → Dystrophin

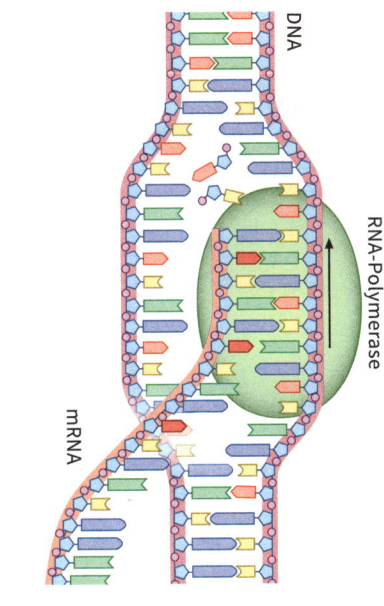

1 Schritt 1: Transkription

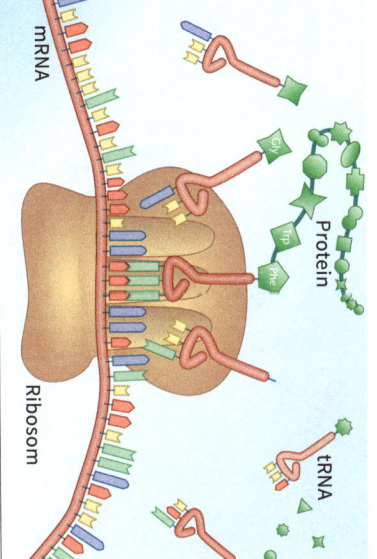

2 Schritt 2: Translation

Lernzirkel:
Die genauen Abläufe der beiden Teilschritte erarbeiten Sie in einem Lernzirkel: Als Vorbereitung lesen Sie die nächste Seite „Was ist eigentlich RNA?", da an der Proteinbiosynthese für Sie bislang unbekannte Moleküle beteiligt sind (Material 17c, S. 82).

Molekulargenetik

Material 17c: Was ist eigentlich RNA?

Bei den Nucleinsäuren unterscheidet man zwischen DNA und RNA. Die DNA haben Sie bereits kennengelernt. Sie dient der Speicherung und Weitergabe der genetischen Information. Die DNA enthält als Zucker Desoxyribose, der sich in dem ersten Teil des Namens Desoxyribonucleinsäure (*-acid* engl.) wiederspiegelt.

Die RNA ist eine Ribonucleinsäure und enthält als Zucker anstelle von Desoxyribose **Ribose**. Ein weiterer Unterschied liegt in der Base **Uracil**, die anstelle von Thymin eingebaut wird und ebenso komplementär zu Adenin bindet. Außerdem ist die RNA viel kürzer als die DNA, da sie nur Informationen von einzelnen Abschnitten der DNA enthält. Meistens liegt die RNA **einsträngig** vor und gleicht bis auf die genannten Unterschiede im Aufbau einem DNA-Einzelstrang. Man unterscheidet **mRNA, tRNA** und **rRNA**.

Bei der Transkription entsteht **mRNA** (engl. *messenger*, Bote), die die Information der DNA zu den Ribosomen ins Cytoplasma transportiert. RNA-Nucleotide befinden sich im Kernplasma und werden zur einsträngigen mRNA verknüpft.

Beim Vorgang der Translation ist die sogenannte **tRNA** (lat. *transferre*, übertragen) als Vermittler zwischen Basensequenz und der späteren Aminosäuresequenz wichtig. In dem Lernzirkel werden der genauere Aufbau und die Funktion der tRNA in einer eigenen Station erarbeitet.

Die *ribosomale* RNA (**rRNA**) ist am Aufbau von Ribosomen beteiligt. Ribosomen sind die Orte der Proteinbiosynthese (siehe Material 4d, S. 13).

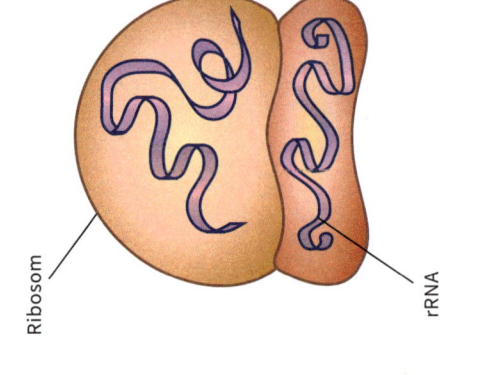

1 *Basen Thymin und Uracil*

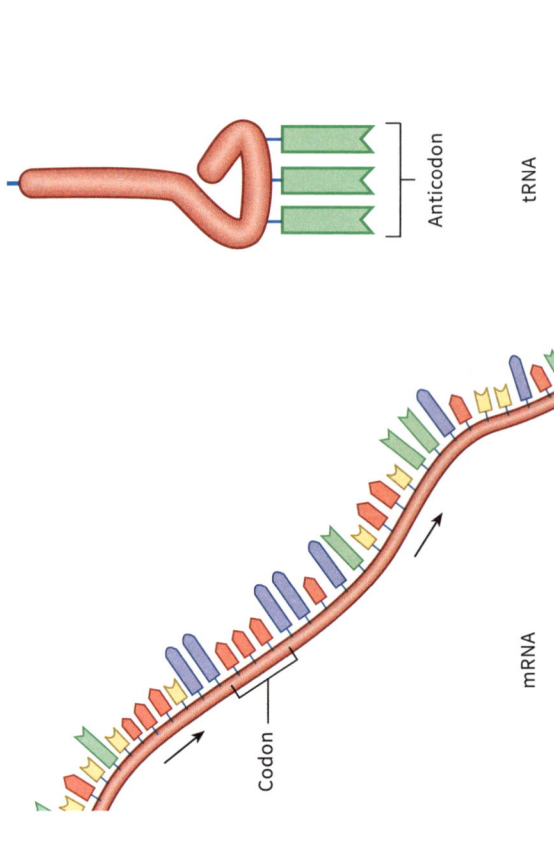

2 *Die drei RNA-Typen mRNA, tRNA und rRNA*

1. Nennen Sie zu jedem der drei RNA-Typen wichtige Stichpunkte.

Material 17d: Transkription

Die Transkription (lat. *transcribere*, umschreiben) ist der erste Teilschritt der Proteinbiosynthese, bei dem im Zellkern eine **Kopie** eines DNA-Abschnitts, vereinfacht eines Gens, hergestellt wird. Wie auch bei der Replikation der DNA wird diese an einer Stelle durch ein Enzym, die RNA-Polymerase, entschraubt. Die RNA-Polymerase gleitet die entschraubte DNA entlang und stellt eine einsträngige Kopie des Gens aus **RNA-Nucleotiden** her. Dabei dient nur einer der Einzelstränge des DNA-Doppelstrangs als Vorlage. Diese Vorlage wird als **codogener Strang** bezeichnet. Neben diesem Begriff gibt es in der Fachliteratur noch einige andere Bezeichnungen wie *Matrizenstrang, Sinnstrang, codierender Strang*. An diesem codogenen Strang wird nach und nach durch komplementäre Basenpaarung die Kopie erstellt.

Die RNA-Polymerase erkennt eine Startstelle für den Beginn der Transkription. Das ist der **Promotor**, der auf der DNA vor dem Gen liegt. Die Synthetisierungsrichtung ist auch bei diesem Enzym in 5'-3'-Richtung, wie schon bei der DNA-Replikation. Während der Synthese lagern sich RNA-Nucleotide komplementär an den DNA-Strang an und werden durch die Polymerase verknüpft. Irgendwann kommt eine **Stoppsequenz**, die zum Abschluss der Transkription führt. Letztendlich ist die Transkription das Umschreiben der DNA-Information in die komplementäre Basensequenz in Form eines RNA-Stranges. Die entstandene **mRNA** verlässt durch eine der Kernporen den Zellkern und gelangt so ins Cytoplasma.

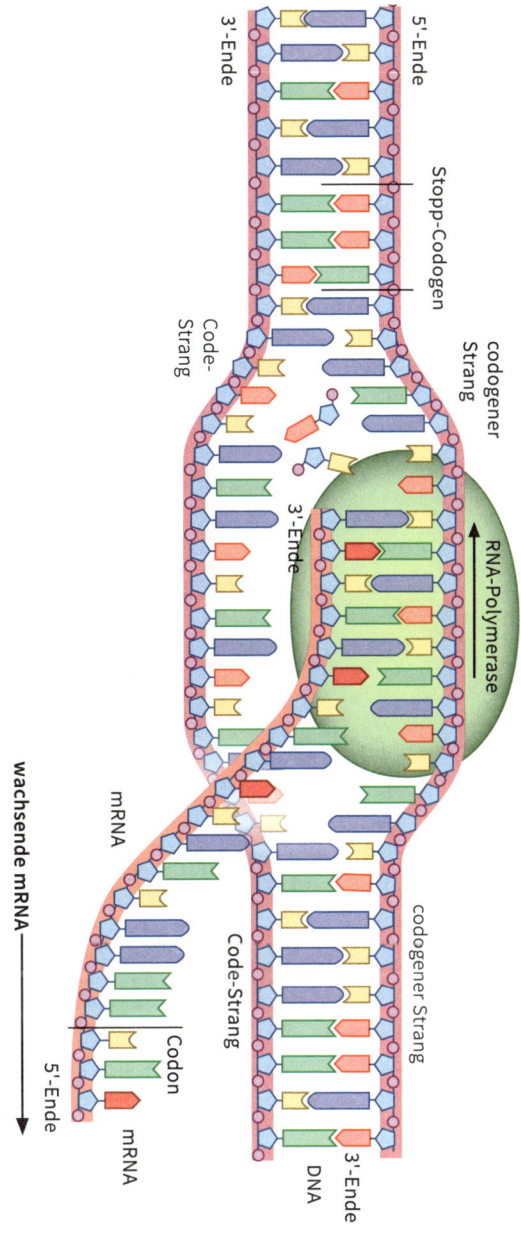

1 *Ablauf der Transkription*

1. Daumenkino Transkription
    a Lesen Sie den obigen Informationstext zur Transkription.
    b Entwickeln Sie Bilder, die den Vorgang der Transkription als Daumenkino darstellen können. Legen Sie Wert auf Vereinfachung, Anschaulichkeit und Deutlichkeit Ihrer Bilder, zum Beispiel durch Farben.
    c Übertragen Sie diese Bilder sorgfältig auf gleich große Papierstreifen. Achten Sie dabei darauf, dass Sie links Platz zum Heften lassen.
    d Nun werden die einzelnen Streifen laminiert.
    e Als letztes lochen Sie die Streifen und heften sie mit einer Musterbeutelklammer zusammen. Und fertig ist das Daumenkino!

Molekulargenetik

Material 17e: Informationstext: Genetischer Code – das Alphabet unseres Genoms

In der Basensequenz der DNA sind die Informationen zum Bau der Proteine gespeichert. In der Proteinbiosynthese wird diese gespeicherte Information in eine **Aminosäuresequenz** übersetzt, wodurch ein funktionsfähiges Protein entsteht. Wie bei anderen Codes auch liefert der genetische Code die Übersetzungsvorschrift für die Aminosäuresequenz: Die Basenabfolge der mRNA, eine Kopie von einem DNA-Abschnitt, verschlüsselt die Reihenfolge der Aminosäuren für das Protein. Der genetische Code wurde Mitte der 60er Jahre von den beiden Wissenschaftlern NIRENBERG und LEDER entdeckt.

Es gibt in den Nucleinsäuren jeweils nur **vier verschiedene Basen**. Da aber 20 verschiedene Aminosäuren bekannt sind, muss der Code aus mehreren Basen gebildet werden. Da die Kombination aus zwei Basen nur $4^2 = 16$ Möglichkeiten bietet, muss jede Aminosäure durch eine 3er Gruppe aus Basen verschlüsselt werden ($4^3 = 64$ Möglichkeiten). Drei aufeinanderfolgende Basen eines Strangs, ein **Basentriplett**, codieren also für genau eine Aminosäure. Das Basentriplett wird auch **Codon** genannt und stellt die **Grundeinheit** des genetischen Codes dar. Da aber mehr Tripletts möglich sind als es Aminosäuren gibt, sind fast alle Aminosäuren mehrfach codiert (Abb. 1). Die Codesonne bietet eine übersichtliche Darstellung aller möglichen Basentripletts. Gelesen wird sie strahlenförmig von innen nach außen, zum Beispiel steht das Basentriplett UGG für Trp = Tryptophan. 61 der 64 Basentripletts codieren für eine Aminosäure. Darin enthalten ist ein **Startcodon AUG**, das den Beginn eines Gens signalisiert und für die Aminosäure Methionin steht. Die restlichen drei Codons **UAA, UAG** und **UGA** codieren nicht für Aminosäuren, sondern kennzeichnen das Ende eines Gens und führen zum Abbruch der Übersetzung des Codes. Man nennt sie daher **Stoppcodons**.

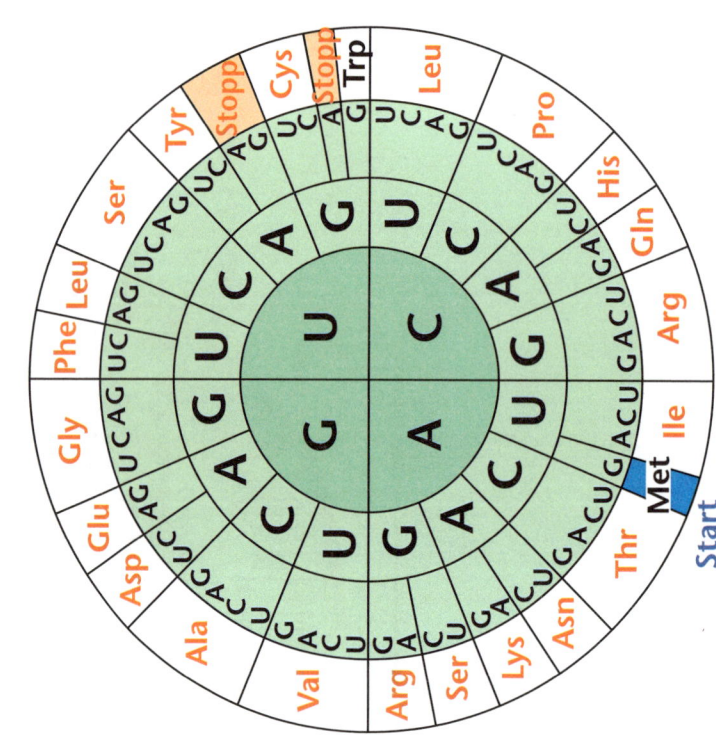

1 *Code-Sonne für mRNA-Basentripletts; Basen: A = Adenin, C = Cytosin, G = Guanin, U = Uracil*

Kurzbezeichnung der Aminosäuren

Gly = Glycin
Val = Valin
Ile = Isoleucin
Phe = Phenylalanin
Cys = Cystein
Ser = Serin
Asn = Asparagin
Tyr = Tyrosin
Asp = Asparaginsäure
Glu = Glutaminsäure
His = Histidin
Ala = Alanin
Leu = Leucin
Pro = Prolin
Met = Methionin
Thr = Threonin
Gln = Glutamin
Trp = Tryptophan
Arg = Arginin

Material 17f: tRNA

Bitte zuerst basteln, dann nach der Bearbeitung der Aufgaben den Text lesen!

Bastelanleitung tRNA-Puzzles:

1. Kopieren Sie die nächste Seite mit den beiden tRNA-Abbildungen. Schneiden Sie beide tRNA-Abbildungen aus und laminieren Sie sie.
2. Zeichnen Sie jetzt auf beide Abbildungen mit einem wasserlöslichen Folienstift Puzzleteile auf. Sie können die Puzzleteile unterschiedlich gestalten. Nicht zu schwer und nicht zu leicht!
3. Schneiden Sie dann die Teile aus und puzzeln Sie beide Puzzles.
4. Versuchen Sie, anhand der entstandenen Abbildungen, mit eigenen Worten den tRNA-Aufbau zu beschreiben. Erst danach lesen Sie den Text.
5. Ergänzen Sie jetzt nach dem Lesen des Textes Ihre Aufzeichnungen.

Die tRNA ist ein Ribonucleinsäurestrang aus 73-95 Nucleotiden, der durch Faltung und Schleifen eine **Kleeblattstruktur** bildet. Dabei entstehen teilweise auch doppelsträngige Abschnitte. Zwei Abschnitte der tRNA sind besonders wichtig: Die Bindungsstelle für eine Aminosäure und das Anticodon. Das ist eine Sequenz aus drei Basen, auch Basentriplett genannt, die komplementär zu einem Basentriplett der mRNA ist. Das **Anticodon** und die **Aminosäurebindungsstelle** liegen einander gegenüber.

Im Zellplasma befinden sich 20 verschiedene Aminosäuren, die vom Organismus zum Teil über die Nahrung aufgenommen oder über Stoffwechselwege aufgebaut worden sind. Jede tRNA besitzt genau eine Bindungsstelle für eine Aminosäure.

Das Beladen der tRNA wird durch ein Enzym übernommen, das entsprechend des Basentripletts des Anticodons der tRNA die richtige Aminosäure an die Bindungsstelle knüpft (siehe auch Material 17e, S. 84). So wird gewährleistet, dass jede tRNA die seinem Anticodon entsprechende Aminosäure trägt. Allerdings codieren mehrere Basentripletts für eine Aminosäure, daher existieren auch mehrere tRNA-Moleküle mit unterschiedlichen Anticodons für eine Aminosäure.

Molekulargenetik

17f: tRNA

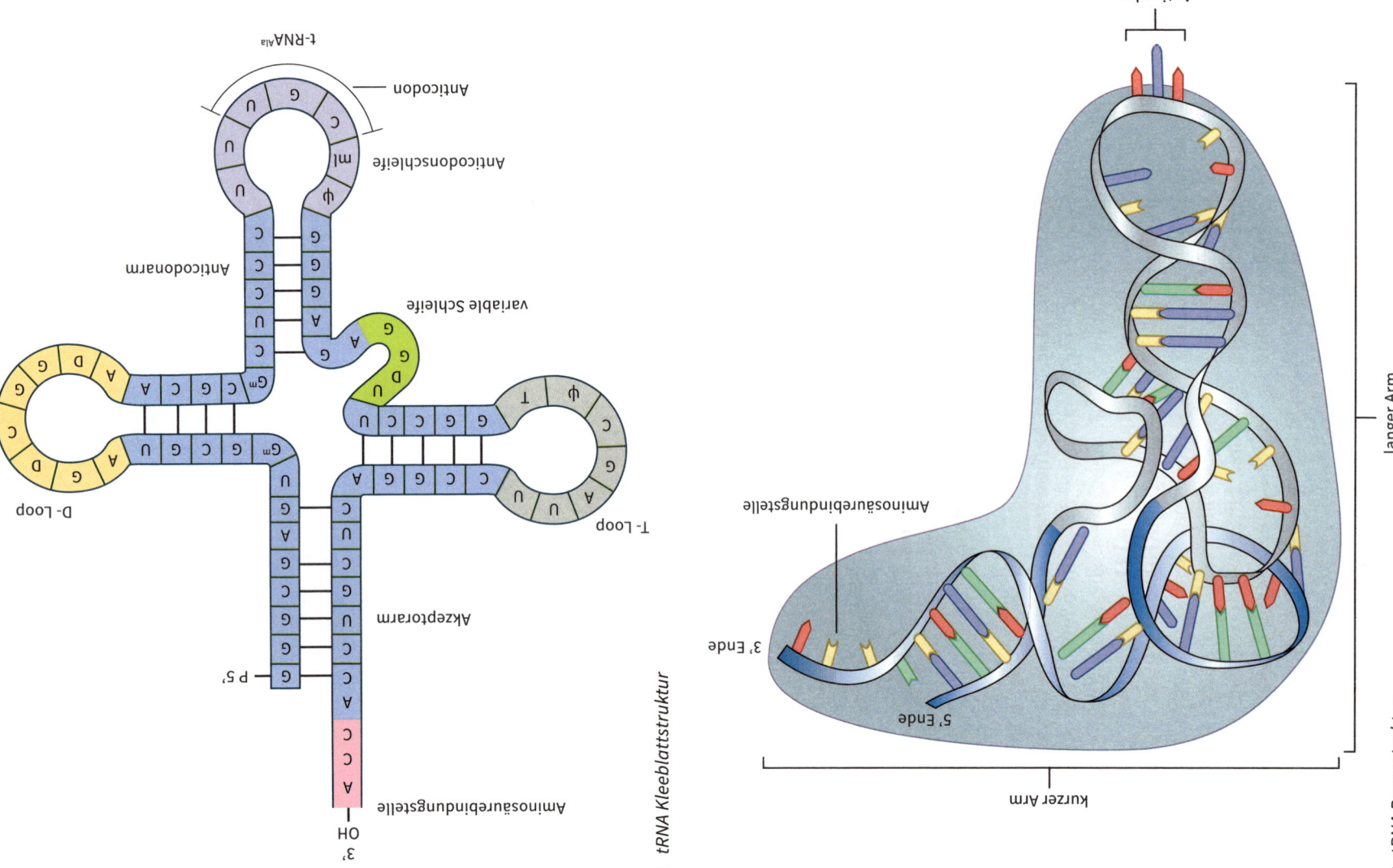

1 *tRNA Kleeblattstruktur*

2 *tRNA Raumstruktur*

Material 17g: Translation

Die Translation (eng. *translate*, übersetzen) ist der zweite Teilschritt der Proteinbiosynthese, bei dem nach der **Reihenfolge der Basentripletts** der mRNA einzelne Aminosäuren zu einem **Protein** verknüpft werden. Die Translation findet an den **Ribosomen** im Cytoplasma statt. Die Ribosomen bestehen aus zwei unterschiedlich großen **Untereinheiten**, die sich am **Startcodon**, dem Basentriplett **AUG**, der mRNA zusammenschließen. Jedes Ribosom hat drei vorübergehende Bindungsstellen für tRNAs – eine **Anbindungsstelle**, eine **Mittelstelle** und eine **Abgangsstelle**.

An das Startcodon der mRNA lagert sich nach dem Prinzip der komplementären Basenpaarung die tRNA mit dem Anticodon UAC an, die die Aminosäure Methionin, Met, gebunden hat. An die nächsten beiden Bindungsstellen lagern sich nun die beladenen tRNAs an, deren Anticodone zu den nächsten Basentripletts der mRNA passen. Die ersten beiden Aminosäuren werden über eine Peptidbindung miteinander verbunden und das Ribosom rückt an der mRNA immer genau ein Triplett vom 5'- zum 3'-Ende weiter. Die erste tRNA löst sich von der Abgangsstelle des Ribosoms und kann im Cytoplasma neu beladen werden. Das Ribosom rutscht um ein Triplett an der mRNA weiter und die nächsten passenden tRNAs mit gebundenen Aminosäuren lagern sich an den Bindungsstellen des Ribosoms an. Die weiteren Aminosäuren werden an die ersten gebunden. So geht es immer weiter. Die Aminosäuren werden über Peptidbindungen zu einer langen Kette zusammengefügt, die unter Umständen mehrere Tausend Aminosäuren lang sein kann, bis auf der mRNA ein **Stoppcodon**, UGA, UAA oder UAG, erscheint und die Translation beendet wird. Danach nimmt das Protein seine endgültige Raumstruktur ein oder wird mit mehreren Untereinheiten zu einem größeren Proteinkomplex zusammengebaut.

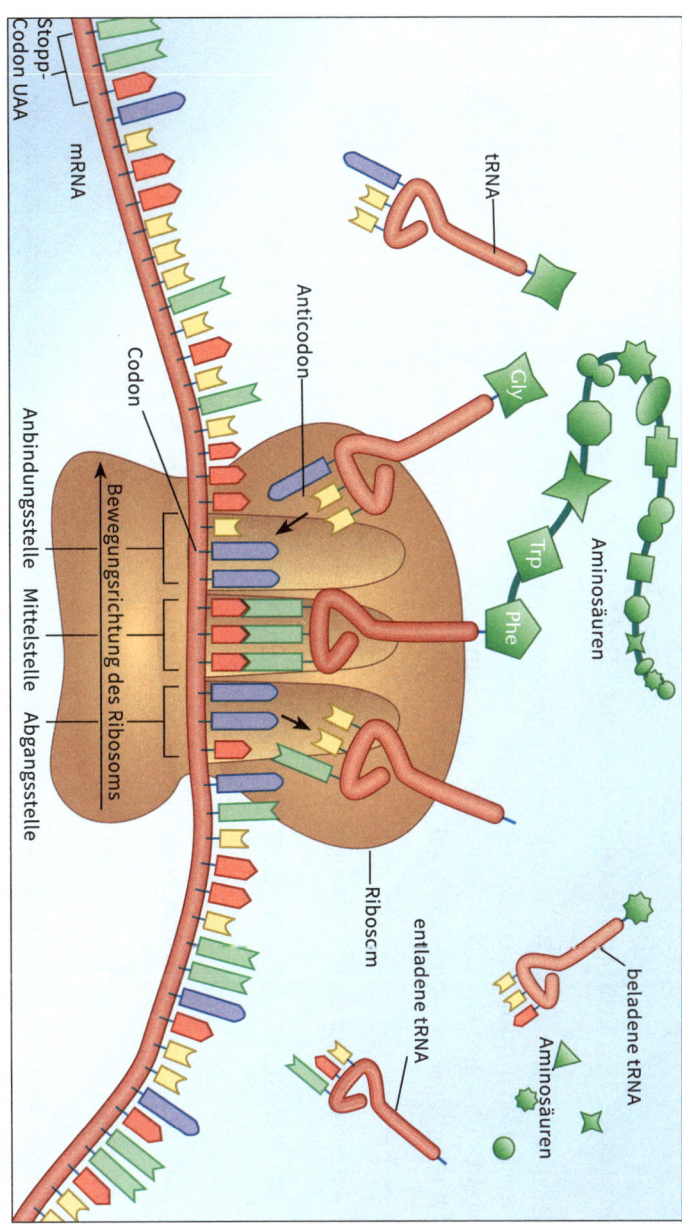

1 *Translation im Ribosom*

1. Bastelanleitung Knetmodell Translation
   a Sie sollen den Vorgang der Translation mithilfe von Knetmodellen nachstellen. Dazu müssen Sie die im Text genannten und in der Abbildung gezeigten Strukturen kneten.
   b Nehmen Sie Ihr fertiges Modell in Augenschein und üben Sie Modellkritik. Welche Anteile lassen sich gut darstellen, welche weniger gut?

Molekulargenetik

Material 17h: Beladung der tRNAs

Ein entscheidender Schlüsselprozess bei der Translation ist die Beladung der tRNAs mit den passenden Aminosäuren. Diese Aufgabe bewerkstelligen die Enzyme **Aminoacyl-tRNA-Synthetasen**. Es gibt für jede der 20 Aminosäuren der Zelle ein eigenes Enzym, das diese Aminosäuren mit der passenden tRNA zusammenbringt. Eine solche Aminoacyl-tRNA-Synthetase hat zwei Bindungsstellen. Eine kleine für die Aminosäure und eine große für das tRNA-Molekül.

Bei den Aminosäuren sind die Enzyme hochspezifisch: Genau eine der 20 Aminosäuren passt in die Bindungsstelle hinein. Bei den tRNA-Molekülen sind die Enzyme nicht ganz so genau. Bei einigen Aminoacyl-tRNA-Synthetasen können sich zwei, drei oder vier verschiedene tRNA-Moleküle in die Bindungsstelle setzen. Dies ist der Grund dafür, dass es für manche Aminosäuren mehrere verschiedene tRNAs mit unterschiedlichen Anticodons gibt. Meistens unterscheiden sich diese Anticodons aber nur in der letzten der drei Basen. Hierin begründet sich die **Redundanz** des genetischen Codes: Für eine bestimmte Aminosäure gibt es zwei, drei, vier, manchmal sogar sechs verschiedene tRNAs mit unterschiedlichen, aber ähnlichen Anticodons. Daher gibt es auch bis zu sechs Codons für eine Aminosäure. Außerdem besitzt die Aminoacyl-tRNA-Synthetase auch die Fähigkeit zum Korrekturlesen und kann die Bindung zwischen einer falsch beladenen Aminosäure mit der tRNA wieder auflösen.

1. Erläutern Sie an diesem Beispiel die Wirkungs- und Substratspezifität von Enzymen.
2. Entwickeln Sie anhand der Informationen aus dem Text ein zweidimensionales Modell für eine Aminoacyl-tRNA-Synthetase.

Material 17i: Vom Dystrophin-Gen zum Dystrophin-Protein

Zurück zu Alex, der an der Krankheit Duchenne-Muskeldystrophie erkrankt ist. Nachfolgend steht zunächst ein DNA-Ausschnitt aus dem Dystrophin-Gen von Gesunden. Danach folgt ein DNA-Ausschnitt, der in Alex' Zellen zu finden sein könnte. Da das Gen über 2 Millionen Basenpaarungen besitzt, kann hier jeweils nur ein Teilstück betrachtet werden:

Ausschnitt aus dem Dystrophin-Gen beim Gesunden:

3'---TAGGCACAGTACTCCCTTGTCGAG.....ACCATAGAATTCCTTGAGGTCTCT---5'

Ausschnitt aus dem Dystrophin-Gen bei Alex mit Duchenne-Muskeldystrophie:

3'---TAGGCACAGTACTCCCTTGTCGAG.....ACCATCGAATTCCTTGAGGTCTCT---5'

(Die gestrichelten Linien beziehungsweise Punkte weisen auf weitere Basentripletts hin, die ausgespart wurden).

1. Führen Sie mithilfe Ihres im Lernzirkel erworbenen Wissens an beiden DNA-Abschnitten die Proteinbiosynthese durch. Das heißt, schreiben Sie die DNA-Sequenz in eine mRNA-Sequenz um.
2. Übersetzen Sie beide mRNAs zunächst in eine RNA-Sequenz, dann in eine Aminosäuresequenz.
3. Erläutern Sie die Folgen der veränderten DNA von Alex auf der Ebene der Proteinbiosynthese und stellen Sie sie in einen Zusammenhang mit den bei Alex auftretenden Symptomen.

Material 18a: Die Genwirkkette

Eine zweite Möglichkeit, wie von der gespeicherten Information der DNA ein Merkmal ausgeprägt werden kann, ist etwas komplizierter, aber die häufigste. In allen Zellen laufen Stoffwechselprozesse ab, zu denen Enzyme nötig sind (siehe auch Basiskonzept Struktur und Funktion). Viele Stoffe, die zur Ausprägung eines Merkmals führen, stehen am Ende eines längeren Stoffwechselweges mit Zwischenprodukten. Blütenfarbstoffe zum Beispiel werden aus Vorstufen gebildet. Für jeden Teilschritt ist ein anderes Enzym erforderlich und somit auch ein anderes Gen. Deshalb wird die Abfolge voneinander abhängiger, gengesteuerter Stoffwechselreaktionen Genwirkkette genannt. Auch in den DNA-Abschnitten, die für Enzyme codieren, treten Mutationen auf, sodass manche Stoffwechselwege durch defekte Enzyme unterbrochen sind und dadurch zu Krankheitsbildern führen. Heute kennt man über 300 genetisch bedingte Stoffwechselkrankheiten, die meist mit körperlichen und geistigen Behinderungen einhergehen.

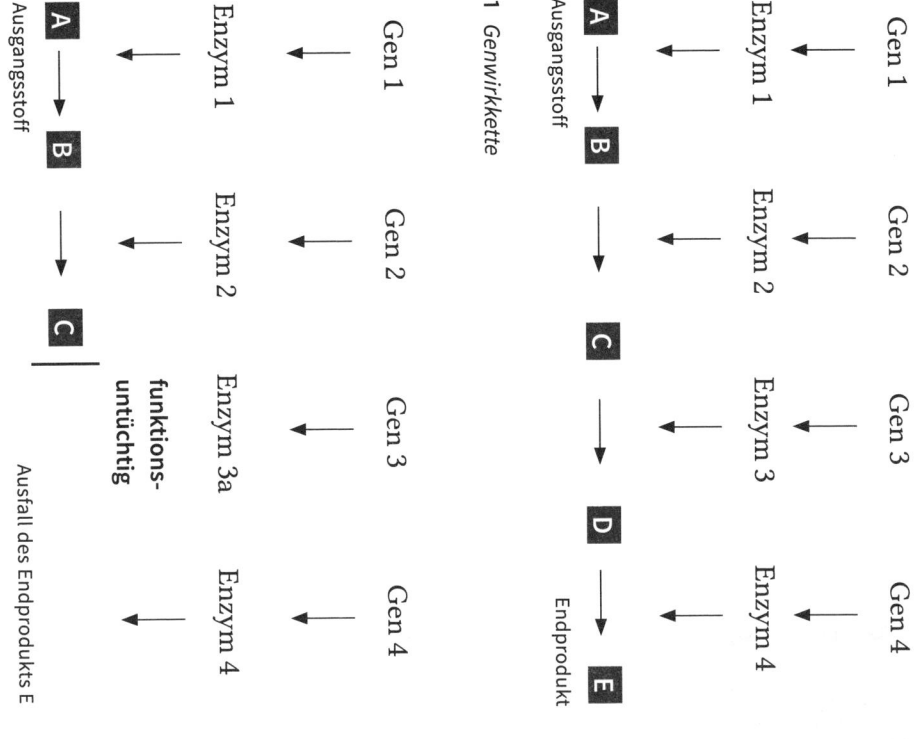

Ausgangsstoff

1 Genwirkkette

Gen 1 → Gen 2 → Gen 3 → Gen 4

↓ ↓ ↓ ↓

Enzym 1 → Enzym 2 → Enzym 3 → Enzym 4

A → B → C → D → E

Ausgangsstoff   Endprodukt

Gen 1 → Gen 2 → Gen 3 → Gen 4

↓ ↓ ↓ ↓

Enzym 1   Enzym 2   Enzym 3a   Enzym 4

funktionsuntüchtig

A → B → C

Ausgangsstoff   Ausfall des Endprodukts E

1 Auswirkung eines Defektes in der Genwirkkette

Basiskonzept Stoff- und Energieumwandlung

Ein Kennzeichen von Lebewesen ist der Stoffwechsel: Stoffe werden aufgenommen und umgebaut. Bei allen Stoffwechselprozessen wird auch Energie umgesetzt.

Die Merkmale eines Lebewesens, wie zum Beispiel die Hautfarbe, beruhen auf Stoffwechselvorgängen, deren Ablauf durch die Codierung der beteiligten Enzyme in der DNA-Basensequenz festgeschrieben ist. Im Verlauf dieses Prozesses werden Stoffe durch Enzyme umgebaut, diese können aber durch genetische Defekte nicht oder nur bedingt funktionsfähig sein. Dann treten die Merkmale in veränderter Form auf oder es bildet sich ein Krankheitsbild aus.

Molekulargenetik

Material 18b: Die Genwirkkette – Nobelpreis für BEADLE und TATUM

1940 machten GEORGE W. BEADLE und EDWARD L. TATUM interessante Experimente mit *Neurospora crassa* (*N.c.*), einem Schimmelpilz und erhielten für die damit verbundenen Entdeckungen einen Nobelpreis. Röntgenstrahlung oder UV-Licht sollte Mutationen in dem Schimmelpilz erzeugen. Die unveränderten Schimmelpilzsporen des Wildtyps besitzen die Fähigkeit, alle Aminosäuren selbst herzustellen. Sie können auf sogenannten Minimalmedien, das heißt in einem Reagenzglas mit Agar und Minimal-Nährlösung, wachsen. Die bestrahlten Mutanten konnten auf diesen Minimalnährböden nicht wachsen. Allerdings konnten verschieden mutierte Stämme wieder wachsen, wenn dem Nährboden ein bestimmter Stoff, Ornithin, Citrullin oder Arginin, zugesetzt wurde. Da die verschiedenen Mutantenstämme 1, 2 und 3 durch den Zusatz unterschiedlicher Stoffe zum Minimalmedium wieder wachsen konnten, konnte mithilfe der Ergebnisse die entsprechende Genwirkkette entschlüsselt werden.

	Minimal-nährboden	Minimal-nährboden + Ornithin	Minimal-nährboden + Citrullin	Minimal-nährboden + Arginin
Wildtyp				
Mutanten-stamm 1	kein Wachstum	kein Wachstum	kein Wachstum	
Mutanten-stamm 2	kein Wachstum			
Mutanten-stamm 3	kein Wachstum	kein Wachstum		

1 Experimente mit Neurospora crassa

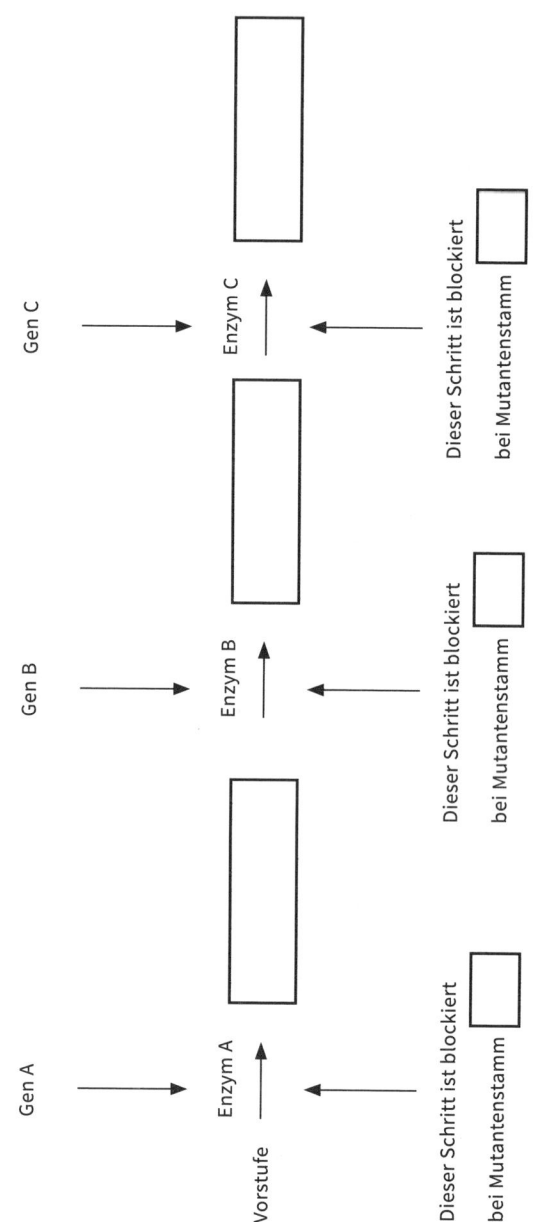

2 Entschlüsselung der Genwirkkette

1. Beschreiben Sie die in Abbildung 1 dargestellten Ergebnisse. Berücksichtigen Sie die Fähigkeit der Mutantenstämme auf den unterschiedlichen Nährböden zu wachsen.
2. Vervollständigen Sie die Genwirkkette in Abbildung 2. Skizzieren Sie, in welcher Reihenfolge die Zusatzstoffe Arginin, Ornithin und Citrullin unter normalen Bedingungen beim Wildtyp aus einer Vorstufe gebildet werden.
3. Deuten Sie mithilfe der in Aufgabe 2 erstellten Genwirkkette die unter Aufgabe 1 dargestellten Ergebnisse. Berücksichtigen Sie in Ihrer Darstellung auch die eventuell beteiligten Gen- und Enzymdefekte.

Material 18c: Alles Banane? – Alterungsprozesse in Obst und Gemüse

Im Durchschnitt verspeist jeder Deutsche mehr als 15 Kilogramm Bananen pro Jahr. Aufgrund ihres sehr hohen Kohlenhydratanteils ist die Banane ein idealer Energiespender. Zudem ist sie Vitamin-B-Lieferant und hilft bei der Wundheilung. Bananen wie auch Kartoffeln und Äpfel, weitere wichtige Energie- beziehungsweise Vitaminlieferanten, sind durch ihre Schale gut gegen äußere Einflüsse geschützt. Allerdings zeigen sie deutliche Verfärbungen, wenn ihre Schale verletzt wird.

Alterungsprozesse in Obst und Gemüse ✂

a) Kartoffel

Material: geschälte Kartoffel, etwas Zitronensaft, 100ml Wasser, Reibe, 2 Bechergläser (150 ml), Filterpapier, Trichter, 2 Schnappdeckelgläser

Durchführung:
Eine geschälte Kartoffel wird mithilfe einer Reibe zu einem Brei zerkleinert. Zu dem Brei werden 100 ml Wasser gegeben und umgerührt. Nun wird ein Teil davon in zwei Schnappdeckelgläser filtriert. Eine Lösung wird mit Zitronensaft versetzt.

b) Apfel

Material: Apfel, Zitronensaft, Wasser, 2 Gläser

Durchführung:
Zwei Gläser werden bis zur Hälfte mit Wasser gefüllt. Nun wird in eins der beiden Wassergläser Zitronensaft dazu gegeben. Anschließend wird ein Apfel in kleine Stücke geschnitten und in jedes der zwei Gläser ein Apfelstückchen gelegt.

c) Banane

Material: Bananenschale, Messer, feuerfeste Unterlage, Teelicht, Feuerzeug

Durchführung:
Das Experiment wird mit einem circa acht mal drei Zentimeter großen Stück Bananenschale auf einer feuerfesten Unterlage durchgeführt. Die Außenseite der Schale wird waagerecht im Abstand von einem Zentimeter über ein brennendes Teelicht gehalten. Die Schale wird 30 Sekunden erhitzt, bis deutliche Veränderungen eintreten. Zur Kontrolle wird ein gleichgroßes Stück Bananenschale neben das Teelicht gelegt.

1. Führen Sie die Versuche gemäß der Anleitung durch und notieren Sie Ihre Beobachtungen.
2. Beschreiben Sie Aufbau und Struktur eines Enzyms. Stellen Sie den Ablauf einer Enzymreaktion mithilfe beschrifteter Skizzen schematisch dar.
3. Erläutern Sie die Beobachtungen aus den Versuchen a–c mithilfe Ihrer Kenntnisse über die Enzymreaktionen.
4. Alle drei Versuche basieren auf der gleichen Reaktion. Recherchieren Sie nach der chemischen Reaktion, die den Veränderungen in allen drei Versuchen zu Grunde liegt.

Molekulargenetik

Material 19: Mutationen – Veränderungen im Erbgut

Mutationen sind dauerhafte Veränderungen in der Nucleotidsequenz der DNA. Sie werden weitervererbt, wenn die Mutationen Zellen der Keimbahn betreffen. Treten Mutationen in Körperzellen auf, sind nur bestimmte Bereiche des Organismus betroffen, zum Beispiel könnte Krebs in einzelnen Organen entstehen. Diese Mutationen in somatischen Zellen werden nicht weitervererbt.

Mutationen treten spontan und zufällig auf oder werden durch mutagene Faktoren wie UV-Strahlen, Radioaktivität oder Chemikalien verursacht. Viele Schädigungen der DNA stellen noch kein Problem dar, denn die meisten Mutationen im Erbmaterial werden erkannt und von speziellen Reparaturenzymen behoben. Dieses Reparatursystem ist ständig aktiv, insbesondere nach Replikationsphasen.

Mutationen im Überblick:

Genmutation: Man spricht von einer Genmutation, wenn eine Mutation nur ein einzelnes Gen betrifft. Je nach Art der Mutation lässt sich zwischen einer Vertauschung, dem Wegfall oder Hinzukommen von Basen unterscheiden, die jeweils ganz unterschiedliche Folgen für das Genprodukt haben können.

Chromosomenmutation: Ist durch eine Mutation die Struktur eines Chromosoms betroffen, nennt man sie Chromosomenmutation.

Genommutation: Betrifft die Mutation die numerische Anzahl von Chromosomen, wird sie als Genommutation bezeichnet.

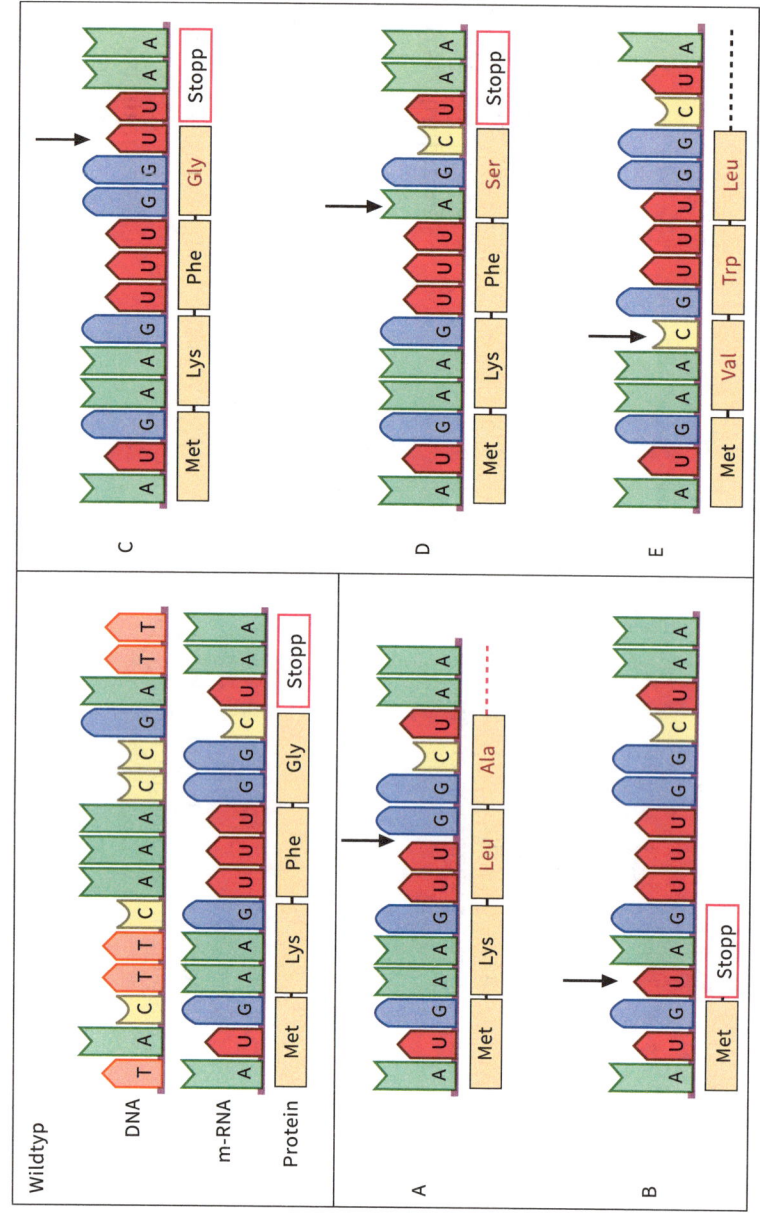

1 *Verschiedene Genmutationen*

1. Beschriften Sie die Abbildungen 1 A - E mit den passenden Fachbegriffen.
2. Bei Genmutationen unterscheidet man zwischen Punktmutationen und Leserasterverschiebungen. Ordnen Sie die Beispiele A-E diesen beiden Varianten zu und begründen Sie Ihre Entscheidung.
3. Entwickeln und skizzieren Sie Ideen, wie man sich Chromosomen- und Genommutationen vorstellen könnte. Begründen Sie Ihre Entscheidung.

Material 20: Verschiedene Ursachen – ähnliches Krankheitsbild: Muskeldystrophien und ihre Ursachen

Die Duchenne-Muskeldystrophie (DMD) ist eine der häufigsten Muskeldystrophien: Etwa einer von 3500 neugeborenen Jungen ist betroffen. DMD hat zudem die schwersten Symptome und den drastischsten Verlauf. Daneben gibt es noch über 30 weitere Typen von Muskeldystrophie, die sich jeweils im Verlauf der Krankheit unterscheiden, zum Beispiel in Bezug auf die betroffenen Körperregionen, den Vererbungsmodus und das Lebensalter, in dem die ersten Symptome auftreten.

Die BECKER-KIENER-Muskeldystrophie, BMD, verläuft ähnlich wie die DMD, aber wesentlich milder: Die Symptome treten später auf und schreiten langsamer fort. Außerdem ist diese Form deutlich seltener, die Häufigkeit liegt etwa bei 1:35.000 neugeborener Jungen.

Dem abweichenden Verlauf von Muskeldystrophien liegen unterschiedliche genetische Ursachen zugrunde. Die Mutationen, die Muskeldystrophie verursachen, betreffen in der Regel ein Gen und gehören daher zu der Gruppe der Genmutationen. Von der Krankheit sind überwiegend Jungen betroffen, da diese Mutationen auf einem Gonosom, dem X-Chromosom, liegen.

Es gibt verschiedene Typen von Genmutationen, die unterschiedliche Auswirkungen haben. Darüber hinaus kann, wie im Beispiel von DMD und BMD, ein bestimmter Krankheitsverlauf durchaus auch von verschiedenen Genmutationen bewirkt werden. Das Gen, das das Protein Dystrophin codiert, wurde 1987 auf dem kurzen Arm des X-Chromosoms identifiziert. Mit über 2 Millionen Basenpaaren handelt es sich hierbei um eins der größten menschlichen Gene. Entsprechend groß ist auch die Chance für eine Mutation. 60 Prozent der bekannten Mutationen dieses Gens sind Deletionen, das bedeutet, dem entsprechenden DNA-Abschnitt mehrere Basen fehlen. Bei weiteren sechs Prozent liegen Duplikationen vor, also ein bestimmter Abschnitt auf der DNA liegt mehrfach vor. Führt die Deletion beziehungsweise die Duplikation dazu, dass sich das Leseraster bei der Proteinbiosynthese verschiebt, so wird ein falsches und damit nutzloses Protein produziert, oder es entsteht ein Stopp-Codon und es wird nur ein stark verkürztes Protein gebildet. In beiden Fällen dieser Rastermutationen entsteht kein funktionsfähiges Dystrophin und die betroffenen Personen leiden an DMD. Führt die Deletion oder Duplikation zu keiner Rasterverschiebung, entsteht ein Protein, das zwar strukturell verändert, aber dennoch zumindest teilweise funktionsfähig ist. Personen mit derartigen Mutationen leiden an BMD.

Darüber hinaus treten noch Punktmutationen auf. Bei Punktmutationen ist nur eine Base innerhalb eines Gens ausgetauscht. Dies kann unterschiedliche Auswirkungen haben:
a) Codiert das neu entstandene Basentriplett die gleiche Aminosäure, so spricht man von einer **stummen Mutation**, da sich keine Konsequenzen ergeben.
b) Codiert das neu entstandene Basentriplett für eine andere Aminosäure, so kann das entstehende Protein in seiner Funktion eingeschränkt sein (BMD-Typ).
c) Entsteht durch die Punktmutation ein Stopp-Codon, so entsteht ein verkürztes und somit eventuell funktionsloses Protein (DMD-Typ). Stumme Mutationen treten vorwiegend dann auf, wenn die dritte Base eines Tripletts betroffen ist. Da durch die Codierung der Aminosäuren durch Basentripletts wesentlich mehr Tripletts (64) als Aminosäuren (20) vorliegen, codieren oft mehrere Tripletts, die sich an der dritten Stelle unterscheiden, für eine Aminosäure (Material 17e, S. 84). Im Fall von Alex liegt eine Punktmutation der Variante c vor.

1. Bringen Sie die dargestellten Mutationstypen in eine sinnvolle Ordnung. Weisen Sie den verschiedenen Muskeldystrophien die sie verursachenden Mutationstypen zu. Verwenden Sie dazu am besten eine Tabelle.

2. Erläutern Sie die jeweiligen Auswirkungen der unterschiedlichen Mutationen. Die Stichworte zu den Erläuterungen können in der Tabelle ergänzt werden.

Molekulargenetik

Material 21a: Progerie – wenn Kinder im Zeitraffer altern
Methoden PCR und Gelelektrophorese

Die Betroffenen haben eine erschreckend kurze Lebenszeit – es sind fröhliche Kinder mit ganz normalen kindlichen Bedürfnissen und Wünschen. Sie altern wie im Zeitraffer, werden zu kindlichen Greisen, die meisten noch nicht einmal 15 Jahre alt. Die Krankheit heißt **Progerie** (auch *Progeria*, hergeleitet aus altgriech. und lat.: vorzeitige Vergreisung) oder auch **Hutchinson-Gilford-Syndrom**, abgekürzt HGS. Weltweit gibt es etwa 50 Erkrankte, davon etwa sechs in Deutschland. Die Kinder werden ohne Auffälligkeiten geboren und entwickeln im ersten Lebensjahr **Alterungssymptome** wie Haarausfall, Wachstumsstörungen, Hautalterung, Knochenschwund, Arteriosklerose. Hinzukommende Herzkrankheiten oder Schlaganfälle führen zum frühen Tod im Jugendalter, da die betroffenen Kinder fünf- bis zehnmal schneller altern.

Im Jahr 2003 fanden Forscher heraus, dass Progerie offenbar auf einer einzigen Mutation im **Laminin-Gen** auf Chromosom 1 beruht. Laminine sind Proteine, die beim Aufbau der Zellkernhülle von entscheidender Bedeutung sind. Die Forscher entdeckten, dass 18 von 20 Kindern mit Progerie alle die gleiche Mutation im **Lamin-A-Gen** besitzen: An einer Stelle ist die Base Cytosin mit der Base Thymin vertauscht. Das veränderte, daraus entstehende Protein heißt **Progerin**. Beim Einbau des fehlerhaften Proteins in die Kernhülle kann sich das Gewebe nicht mehr regenerieren und die Zellen des Gewebes altern.

Wenn Forscher einen Fehler in der Erbinformation nachweisen wollen, bedienen sie sich zweier molekularbiologischer Arbeitstechniken: Der **PCR** (engl.: *polymerase chain reaction*) und der **Gelelektrophorese**.

Das Prinzip der PCR-Technik ist im Überblick in Abbildung 1 und im Detail in Abbildung 2 dargestellt. Man kann mit dieser Technik bestimmte DNA-Abschnitte soweit vervielfältigen, dass man sie in der Gelelektrophorese sichtbar werden lassen kann.

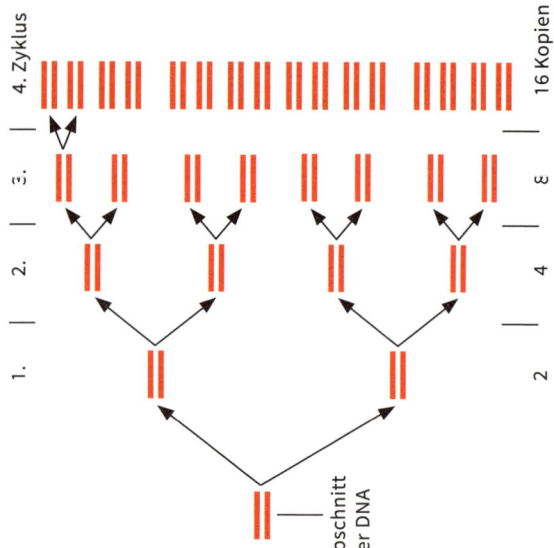

1 Das Prinzip der PCR-Technik im Überblick: Nach vier Zyklen sind bereits 16 Kopien vorhanden, nach 20-30 Zyklen ist der DNA-Abschnitt millionenfach kopiert. Der gesamte Vorgang dauert nur wenige Stunden.

1. Fassen Sie vier wichtige Stichpunkte zum Erscheinungsbild der Progerie zusammen. Entwerfen Sie eine mögliche Basenabfolge mit der genannten Mutation und recherchieren Sie im Internet die reale Basenabfolge aus der Genomdatenbank.
2. Entwickeln Sie zum Ablauf der PCR ein Fließschema.
3. Ein einzelner PCR-Zyklus dauert nur fünf Minuten. Skizzieren Sie ein Temperatur-Zeit-Diagramm für einen Zyklus. Wählen Sie dabei die Dauer der einzelnen Schritte selber und begründen Sie.

2 Das Prinzip der PCR-Technik im Detail

Die Gelelektrophorese ist eine molekularbiologische Arbeitstechnik, die es ermöglicht, ein Gemisch aus verschiedenen Nucleinsäure-Strängen (RNA und DNA) nach ihrer Größe voneinander zu trennen. Die Nucleinsäuren verfangen sich in der Agarose, aus dem das Gel für die Elektrophorese besteht. Die kettenförmigen Agarosemoleküle sind über Wasserstoffbrücken quervernetzt und bilden unterschiedlich große Schlupflöcher im Gel. Die zu untersuchenden Proben werden in kleine Taschen im Gel gegeben. Das Gel wird in einer Kammer in eine Salzlösung gelegt, an die Strom angelegt wird, sodass ein elektrisches Feld durch Ladungsunterschiede entsteht. Die durch die Phosphatgruppen negativ geladenen Nucleinsäuren wandern durch das Gel zum Pluspol, dabei bleiben größere längere RNA- und DNA-Stücke eher hängen als kurze kleine (Abb. 3b). Stücke gleicher Größe sammeln sich an gleicher Stelle im Gel an, was dann das typische Bild der nach Länge sortierten Banden ergibt (Abb. 3a). Als Maßstab läuft eine sogenannte DNA-Leiter mit, das ist ein Gemisch aus DNA-Stücken bekannter Größen. Hinterher kann das Gel angefärbt werden oder das Gel enthält schon gleich einen DNA-bindenden Farbstoff. Die Methode wird zum Beispiel zur Aufreinigung von PCR-Produkten verwendet.

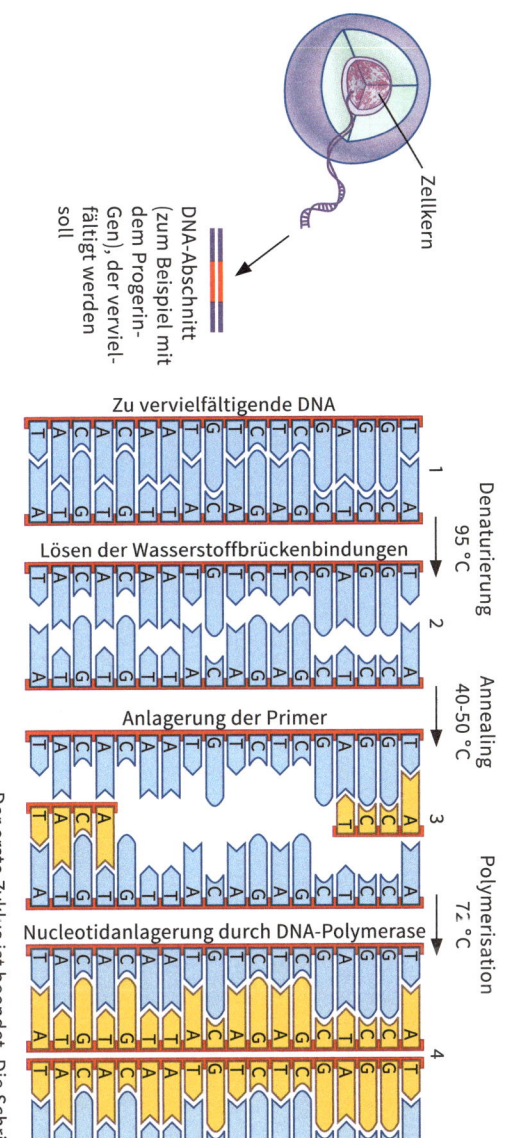

3 Gelelektrophorese a) Gel, b) Gelelektrophoresekammer

2 Die Funktion des Zellkerns

Molekulargenetik

Material 22: Kompetent in ... Galaktosämie – wenn molekulare Werkzeuge versagen

Galaktosämie ist eine seltene, angeborene Stoffwechselstörung beim Menschen, die sich durch eine zu große Konzentration an Galactose im Blut auszeichnet. Die Folgen sind schwere Leberschäden, Gerinnungsstörungen, Trübung der Augenlinsen und Hirnschädigungen. Wird Galaktosämie nicht behandelt, versterben die Neugeborenen schon nach kurzer Zeit an Leberversagen. Milchzucker (Lactose) stellt für den Säugling die wichtigste Energiequelle dar. Lactose ist eine Verbindung aus den beiden Einfachzuckern Glucose und Galactose. Zur Energiegewinnung wird Lactose zunächst in seine Bestandteile gespalten. Glucose kann dann direkt zur Energiegewinnung genutzt werden. Galactose wird erst noch in der Leber, der Niere und den Erythrozyten in eine energiereiche Verbindung, Uridyldiphosphat-Glucose, umgewandelt, um in die Energiegewinnung einfließen zu können. An der gesamten Umwandlung sind verschiedene Enzyme beteiligt.

Es gibt meherere Formen der Galaktosämie. Bei der oben beschriebenen klassischen Galaktosämie (Häufigkeit 1:40.000) fehlt das Enzym 2, **Galactose-1-phosphoturidyltransferase** (GALT), während bei der Galaktosämie II (Häufigkeit 1: 150.000), die deutlich schwächere Symptome aufweist, das Enzym 1, **Galaktokinase** (GALK), fehlt. Im Rahmen eines Screenings werden alle Neugeborenen in Deutschland innerhalb der ersten 36 Lebensstunden auf Galaktosämie untersucht. Im Falle einer Erkrankung muss eine streng Lactose- und Galactose- freie Diät eingehalten werden.

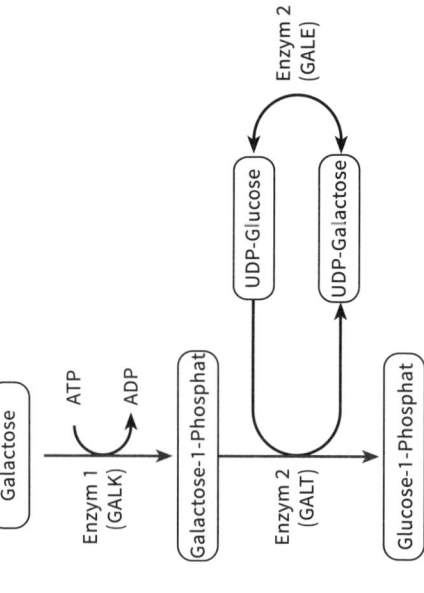

1 *Galactosestoffwechsel*

Basensequenz des Wildtyps:
5' TAC GAT AGC......GCT CGG TTG CCT CTC CAG TTA GGG GTC ATG CTA TCG ...3'

Basensequenz der Mutation:
5' TAC GAT AGC......GCG GTT GCC TCT CCA GTT AGG GGT CAT GCT ATC G...3'

2 *Eine Variante für eine Mutation im Gen für Enzym 2, die zu einer klassischen Galaktosämie führt.*

Basensequenz des Wildtyps :
5' TAC CGA CGA ......TGT CGG GTC GCG AGC GAC CTC GGA CCC TGA GGA GCC... 3'

Basensequenz der Mutation:
5'TAC CGA CGA...... TGT GCG GGT CGC GAG CGA CCT CGG ACC CTG AGG AGC C... 3'

3 *Eine Mutationsvariante, die zu einer Galaktosämie II führt.*

1. Beschreiben Sie den Galactose-Stoffwechsel in Abbildung 1 kurz mit eigenen Worten.

2. Erläutern Sie den Zusammenhang zwischen dem Fehlen des Enzyms GALT oder GALK und den auftretenden Symptomen.

3. Galaktosämien können unterschiedliche Mutationen zur Ursache haben (Abb. 2, 3).
a) Erläutern Sie die Vorgänge auf molekularer Ebene, die für die Umsetzung dieser Basensequenzen in eine Aminosäuresequenz nötig sind.
b) Ermitteln Sie den Mutationstyp. Beschreiben Sie den Effekt der beschriebenen Mutation und erläutern Sie, weshalb diese Mutation so große Auswirkungen hat.

Material 23: Basiskonzept Kompartimentierung (Wiederholung)

Kompartimente (frz. *compartiment*, Abteil, Fach) sind durch Membranen abgegrenzte Reaktionsräume innerhalb einer Zelle, wobei auch die Zelle selbst ein Kompartiment ist. Jedes Kompartiment ist gegen seine Umgebung durch Strukturen abgegrenzt, die den Stoffaustausch beeinflussen und Energieverluste minimieren. Das Prinzip der Unterteilung eines Systems in Teilräume ist jedoch nicht auf Zellen beschränkt, man findet auch viele andere Beispiele für Kompartimentierung.

In Kapitel „Die Erforschung der Zelle" lag der Schwerpunkt auf den einzelnen Organellen der Zelle. Dort wurde durch die unterschiedlichen Aufgaben die Notwendigkeit der räumlichen Trennung verdeutlicht. Dieses Prinzip findet sich bei den Teilschritten der Proteinbiosynthese wieder. Die DNA verlässt den Zellkern nicht, aber im Zellkern wäre kein Platz für die Herstellung der Proteine. Also muss die Kopie der Gene im Zellkern selbst angefertigt werden, und die Synthese der Genprodukte findet dann im Cytoplasma statt.

Kompartimentierung lässt sich in noch kleineren Einheiten finden, zum Beispiel ist das Genom ebenfalls kompartimentiert. Die Erbinformation ist in abgegrenzte Informationspakete unterteilt, die als Chromosomen bezeichnet werden. Diese Aufteilung ermöglicht ein schnelleres Auffinden von bestimmten Informationen, wenn sie abgelesen werden müssen. Nachfolgend wird durch eine kleine Geschichte eine Analogie zur Proteinbiosynthese hergestellt. In dem zugehörigen Arbeitsauftrag verknüpfen Sie Elemente der Geschichte mit Teilen der Proteinbiosynthese und der Kompartimentierung.

Joe arbeitet in einer Bäckerei. Jeden Tag, wenn er zur Arbeit kommt, findet er eine Kopie eines Rezepts für einen ganz besonderen Kuchen auf seinem Schreibtisch. Joe mischt Mehl, Milch, Eier und andere Zutaten so, wie es im Rezept vorgegeben ist, und stellt den Kuchen in der Backstube fertig. Ein Kochbuch mit den Originalrezepten der ganzen Kuchen findet sich im Büro der Bäckerei und jeden Tag kopiert Joes Chef eins der Rezepte.

1 *Joes Arbeitstag*

1. Protein   a. Büro
2. Chromosom (DNA)   b. Joe
3. m-RNA   c. Mehl
4. RNA-Polymerase   d. Kochbuch
5. Ribosom   e. Kopierer
6. Aminosäure   f. Kopie des Rezepts
7. Zelle   g. Rezept im Kochbuch
8. Gen   h. Kuchen
9. Nucleus   i. Backstube
10. Cytoplasma   j. Bäckerei

1. Ordnen Sie die genannten Strukturen aus der Geschichte in Abbildung 1 den Zellstrukturen zu.
2. Listen Sie die Kompartimente, die bei der Proteinbiosynthese wichtig sind, auf und stellen Sie ihnen die analogen Teilräume aus der Geschichte gegenüber.
3. Recherchieren Sie, welche analoge Rolle Joes Chef in der Zelle übernimmt.

Molekulargenetik

Material 24: Checkliste zur Klausurvorbereitung

Sie haben sich in den vergangenen Wochen intensiv mit der Aufgabe des Zellkerns, dem Zellzyklus und dem Zellalltag beschäftigt. Dabei spielen die Chromosomen als Träger der Erbinformation eine große Rolle. Wie die Erbinformation bei Zellteilung erhalten bleibt und in der Proteinbiosynthese umgesetzt wird, ist ein zweiter wichtiger Bereich. Die Folgen von Fehlern in der Erbinformation haben Sie ebenfalls kennengelernt. Folgende Aspekte sollten Sie beherrschen:

Sie sollten:

	:)	:|	:(
– den Aufbau der Schirmalge *Acetabularia* und ihre Eignung für Experimente darstellen können.			
– Pfropfungsexperimente mit *Acetabularia* auswerten können.			
– ein Experiment mit *Acetabularia* entwickeln können, das eindeutig die Funktion des Zellkerns zeigt.			
– ein Chromosom zeichnen und beschriften können.			
– die Fachbegriffe *Chromosom, Chromatiden, Centromer, Genom, homolog, Karyogramm, Gonosom, Autosom, S-Phase, G1-Phase, G2-Phase, Zygote, Mitose, Zellzyklus, Nucleotid, antiparallel, diploid* definieren können.			
– die Herstellung eines Karyogramms beschreiben können.			
– die Phasen des Zellzyklus und die Mitosephasen nennen und erläutern können.			
– Abbildungen und Schemazeichnungen von Mitosephasen in der richtigen Reihenfolge der jeweiligen Phase an- und zuordnen können.			
– die Bedeutung der Zellverdopplung für das Wachstum von Organismen erläutern können.			
– die molekularen Bestandteile der DNA nennen können und den Aufbau der DNA beschreiben können.			
– den schematischen DNA-Aufbau beschriften können.			
– die Replikation der DNA im Überblick beschreiben können.			
– modellhafte Symbole verschiedener Strukturen und Prozesse verwenden können.			
– Modellvorstellungen auf molekulare Abläufe anwenden können.			
– das Schlüssel-Schloss-Prinzip aus dem Basiskonzept Struktur und Funktion anhand des Beispiels der komplementären Basenpaarung erläutern können.			
– das Schlüssel-Schloss-Prinzip eigenständig anwenden können.			
– den Zellalltag einer Zelle beschreiben und verschiedene Genprodukte nennen können.			
– Gene als DNA-Abschnitte, die Informationen für die Herstellung von Genprodukten enthalten, definieren können.			
– die Symptome und die Ursache von Duchenne-Muskeldystrophie benennen können.			
– die Teilschritte der Proteinbiosynthese angeben und die entsprechenden Abläufe im Überblick (ergebnisorientiert) beschreiben können.			
– die an der Proteinbiosynthese beteiligten Moleküle und deren Funktion nennen können.			
– die genaueren molekularen Vorgänge bei der Proteinbiosynthese mit entsprechenden Fachbegriffen erläutern können.			
– mithilfe des genetischen Codes eine beliebige DNA-Sequenz erst in eine RNA-Sequenz und dann in eine Aminosäurenabfolge übersetzen können.			
– den Begriff Mutation definieren können.			

2 Die Funktion des Zellkerns

	☺	😐	☹
– verschiedene Mutationstypen und deren Auswirkungen an Beispielen erläutern können.			
– eine weitere Möglichkeit zur Merkmalsausprägung – „Genwirkkette" – an einem Beispiel erläutern können.			
– erläutern können, inwieweit Stoffwechselprozesse bei der Ausprägung von Merkmalen eine Rolle spielen.			
– den Zusammenhang zwischen genetischer und phänotypischer Ebene bei der Ausprägung von Merkmalen herstellen können.			
– das Basiskonzept Kompartimentierung auf das Beispiel der Proteinbiosynthese übertragen können.			

Molekulargenetik

Material 25: Keimzellen und deren Befruchtung

Eltern und ihre Nachkommen ähneln sich mehr oder weniger stark. Diese Ähnlichkeiten kommen dadurch zustande, dass genetische Informationen von der **Elterngeneration** an die **Folgegeneration** weitergegeben werden. Diese Weitergabe an genetischen Informationen erfolgt durch **Fortpflanzung**. Neben der **ungeschlechtlichen** Fortpflanzung, die zu genetisch identischen Nachkommen führt, spielt die **geschlechtliche**, sexuelle, Fortpflanzung eine große Rolle, bei der genetisch ähnliche, aber nicht identische Nachkommen entstehen.

Für die geschlechtliche Fortpflanzung sind immer zwei Individuen, weiblich und männlich, notwendig. In beiden werden spezielle Zellen produziert, die sogenannten **Keimzellen**. Diese können nur nach einer Befruchtung zu einem vollständigen Organismus heranwachsen. Die Keimzellen werden in besonderen Organen gebildet: beim Menschen die **Eizellen** der Frau in den **Eierstöcken**, die **Spermien** des Mannes in den **Hoden**. Bei der Befruchtung verschmelzen Eizelle und Spermium, wodurch eine befruchtete Eizelle, die sogenannte **Zygote**, entsteht. Durch diesen Verschmelzungsvorgang vereinigen sich dann Erbinformationen beider elterlicher Keimzellen, wodurch Nachkommen entstehen, die eine genetische **Variabilität** aufweisen, das heißt, die weder untereinander noch mit den Eltern genetisch identisch sind. Die Bildung von Keimzellen und Befruchtungsvorgänge sind somit charakteristische Kennzeichen für eine geschlechtliche Fortpflanzung.

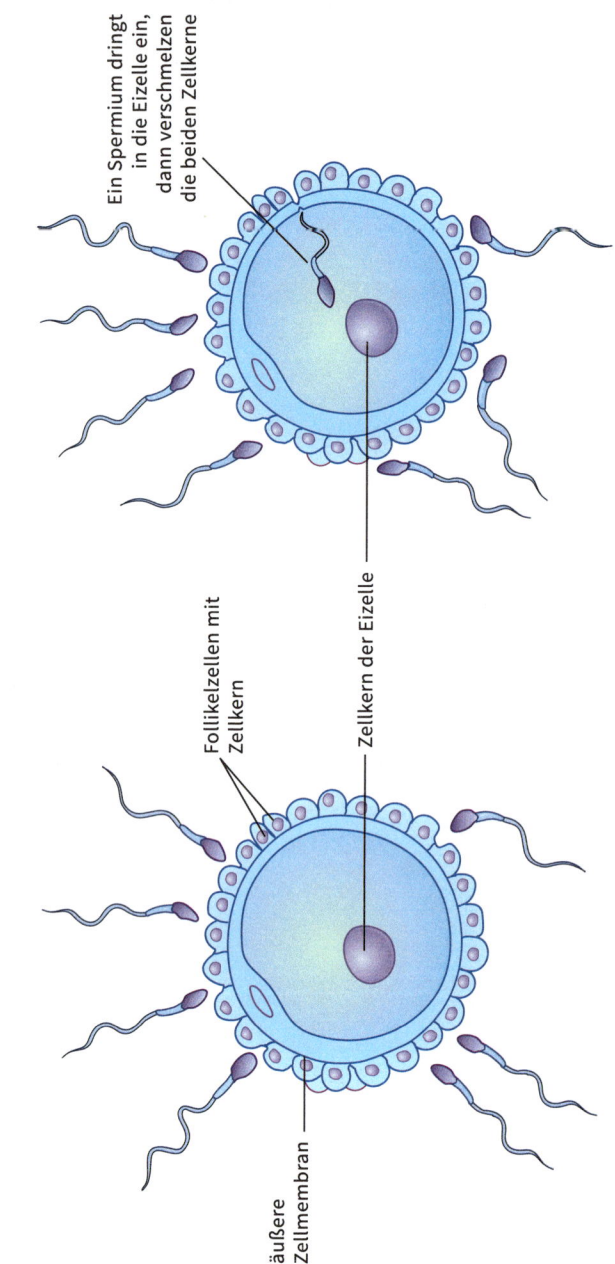

1 Befruchtung

1. Notieren Sie die Problemfrage.

Material 26: Meiose – Keimzellen entstehen

Die Meiose ist eine spezielle Zellteilung, die nur bei der Bildung von Keimzellen auftritt. Während der Meiose entstehen aus einer diploiden Zelle mit doppeltem Chromosomensatz in zwei Teilungsschritten vier haploide Keimzellen mit einfachem Chromosomensatz. Die folgende Abbildung zeigt den schematischen Ablauf der Meiose. In kurzen Textbausteinen werden die Abläufe noch einmal beschrieben.

1. Reifeteilung (Reduktionsteilung)	Prophase I		Die Kernmembran löst sich auf, Der Spindelapparat bildet sich.
	Metaphase I		Die Schwesterchromatiden werden getrennt.
	Anaphase I		Die Kernmembran bildet sich. Die Zellen teilen sich. Entstanden sind 4 haploide Zellen mit Ein-Chromatid-Chromosomen.
	Telophase I		Die Chromosomen ordnen sich an der Äquatorialebene an.
2. Reifeteilung	Prophase II		Die homologen Chromosomenpaare ordnen sich an der Äquatorialebene an.
	Metaphase II		Die Kernmembran bildet sich vorübergehend. Die Zellen teilen sich.
	Anaphase II		Das Chromatin spiralisiert zu Chromosomen. Die Kernmembran löst sich auf. Der Spindelapparat bildet sich.
	Telophase II		Die homologen Chromosomenpaare werden getrennt.

1. Die Textbausteine liegen nicht in der richtigen Reihenfolge vor. Ordnen Sie den richtigen Textbaustein der entsprechenden Abbildung zu, indem Sie die Textbausteine in der richtigen Reihenfolge durchnummerieren und sie mit der entsprechenden Abbildung verbinden.
2. Stellen Sie die Meiose mithilfe der Chromosomenmodelle so genau wie möglich nach. Ermitteln Sie die Anzahl der möglichen Chromosomen-Kombinationen, die sich bei der Bildung der Keimzellen ergeben können.
3. Erläutern Sie, weshalb die vier entstehenden Tochterzellen nicht genetisch identisch sind.

Molekulargenetik

Material 27: Die Meiose bei Mann und Frau

Bei Menschen gibt es bei der Meiose der weiblichen Keimzellen einige Besonderheiten. Die Spermienbildung beim Mann verläuft nach dem Schema der Meiose wie sie in Material 26 auf Seite 101 dargestellt ist: Aus einer Urspermienzelle entstehen vier haploide, schwimmfähige Spermien. Im Gegensatz dazu bildet sich bei den Frauen durch die Meiose nur ein befruchtungsfähiges Ei. Bei Frauen teilen sich die Zellen während der Meiose ungleichmäßig und bleiben nach den Teilungen miteinander verbunden. Zunächst teilt sich die Ureizelle in eine große und eine deutlich kleinere Tochterzelle. Im zweiten Teilungsschritt teilt sich die große Zelle wiederum in eine größere und eine kleinere Zelle, während die kleinere Zelle sich in zwei gleich große Zellen teilt. Dadurch liegt nach Abschluss der Meiose dann eine Eizelle vor, die Polkörperchen, selten auch Richtungskörperchen, genannt werden. Auch in der Menge der gebildeten Keimzellen gibt es enorme Unterschiede: Während bis zu 400 Millionen Spermien pro Tag gebildet werden können, entsteht in der Regel nur eine Eizelle pro Monat.

Ein weiterer Unterschied besteht darin, dass die einzelnen Teilungsschritte der Meiose der Frau zu unterschiedlichen Zeiten ihrer Entwicklung stattfinden:
Schritt 1, Prophase I, findet schon im ungeborenen Kind, Fetus, im Bauch der Mutter statt. Die Schritte 2-6, Metaphase I – Metaphase II, laufen kurz vor dem Eisprung ab. Die Schritte 7-8, Anaphase II – Telophase II, finden unmittelbar vor der Befruchtung, nach dem Eindringen des Spermiums, statt.

1. Vervollständigen Sie den linken Teil der Tabelle auf der rechten Seite, indem Sie die schematischen Abbildungen für die Meiose beim Mann zeichnen und die einzelnen Teilungsschritte stichwortartig in eigenen Worten beschreiben. Benutzen Sie dazu die neu gelernten Fachausdrücke.
2. Entwickeln Sie nun die entsprechenden Abbildungen für die Meiose bei der Frau und tragen Sie sie in den rechten Teil der Tabelle ein. Beschreiben Sie nur die Teilungsschritte, in denen Unterschiede zur Meiose beim Mann deutlich werden.
3. Formulieren Sie Hypothesen zur biologischen Bedeutung der Unterschiede. Halten Sie Ihre Überlegungen schriftlich fest.

									Meiose beim Mann
									Meiose bei der Frau

Molekulargenetik

Material 28: Vergleich Mitose – Meiose

	Mitose	Meiose
Ort und Dauer		
Zahl der Zellteilungen		
Chromosomensatz zu Beginn der Teilungsvorgänge		
Endergebnis (Zahl der Tochterzellen, Chromosomensatz, identisch oder nicht identisch…)		
Bedeutung für den Organismus (Funktion)		

1 *Vergleich von Mitose und Meiose*

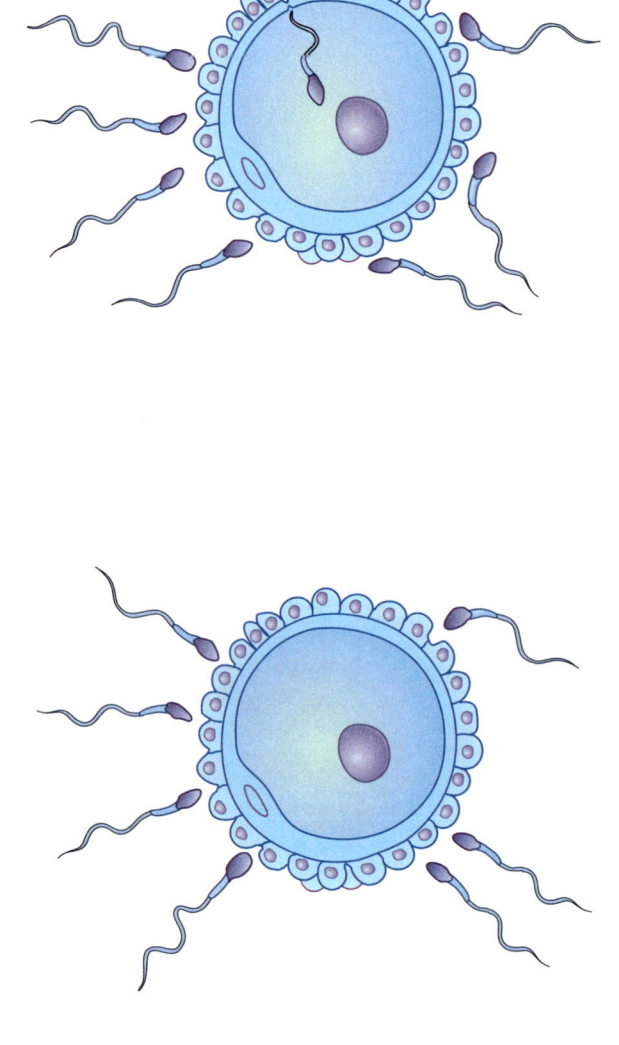

2 *Vererbung des Geschlechts beim Menschen: Befruchtung*

1. Vergleichen Sie Mitose und Meiose. Nutzen Sie dafür die Tabelle in Abbildung 1.
2. Schreiben Sie an den Zellkern der Eizelle und an die Spermien, welche und wie viele Chromosomen sie jeweils enthalten.
3. Erläutern Sie, wie das Geschlecht beim Menschen vererbt wird.

Material 29: Fehler in der Meiose – die Entstehung von Monosomien und Trisomien

Die Meiose ist ein hoch komplexer Vorgang, bei dem es zu Fehlern kommen kann. Immer wenn Chromosomen in den Anaphasen I und II der Meiose nicht getrennt werden, kommt es zu einer **Fehlverteilung** von Chromosomen auf die Keimzellen. Im ersten Fall entstehen zwei Keimzellen mit doppeltem Chromosom und zwei, denen eines fehlt. Tritt die Nichttrennung, **Non-Disjunction**, in der 2. Reifeteilung der Meiose auf, ist die Hälfte der Keimzellen normal, 25 Prozent enthalten ein Chromosom doppelt und 25 Prozent eines zu wenig. Kommt eine Keimzelle mit doppeltem Chromosom zur Befruchtung, ergibt sich eine Zygote mit drei homologen Chromosomen. Dieser Befund wird als **Trisomie** bezeichnet.

Bei einer Befruchtung mit einer Keimzelle, bei der ein Chromosom fehlt, liegt das entsprechende Chromosom in der befruchteten Eizelle nur einfach vor. In diesem Fall spricht man von **Monosomie**. Trisomien und Monosomien sind Beispiele für Veränderungen im Genom. Sie zählen daher zu der Gruppe der Genommutationen.

Bei den meisten Trisomien und Monosomien ist die befruchtete Eizelle nicht lebensfähig und stirbt frühzeitig ab. Allerdings gibt es auch einige Fälle von Trisomien, bei denen Kinder geboren werden, die mehr oder weniger starke Behinderungen aufweisen. Die bekannteste Trisomie ist die **Trisomie 21**, die auch als **Down-Syndrom** bezeichnet wird. Bei der Trisomie 21 ist das Chromosom 21 dreifach vorhanden. Die zweithäufigste Trisomie nach der Trisomie 21 ist die **Trisomie 18**, die auch **Edwards-Syndrom** genannt wird. Besondere Formen der Trisomie sind **Trisomie X**, bei der das X-Chromosom dreifach vorliegt, und das **Klinefelter-Syndrom**, bei dem in den Zellen der Betroffenen zwei X- und ein Y-Chromosom vorhanden sind. Die einzig lebensfähige Monosomie beim Menschen ist die **Monosomie X**, die auch **Ullrich-Turner-Syndrom** genannt wird.

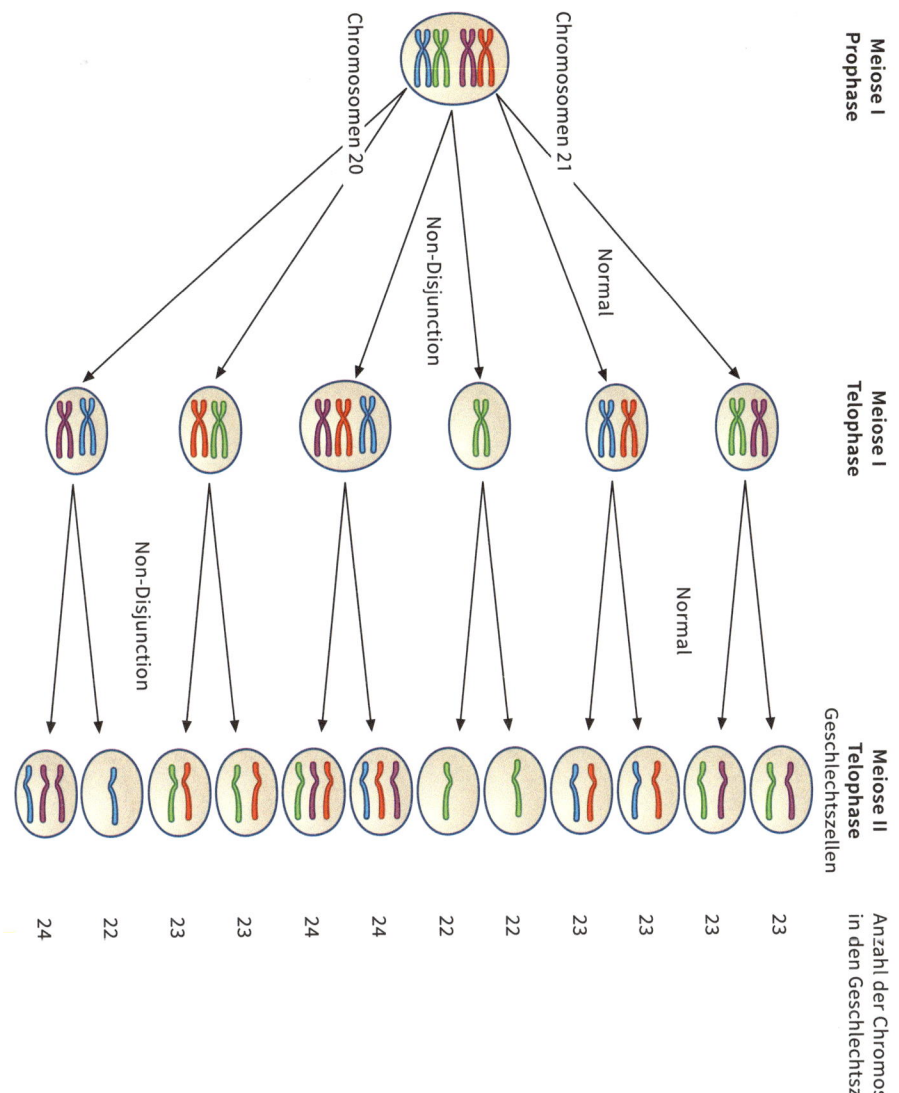

1 *Fehler in der Meiose*

1. Informieren Sie sich zu einer Genommutation Ihrer Wahl und stellen Sie sie der Lerngruppe vor.

Molekulargenetik

Material 30a: Pränataldiagnostik (PND)

Etwa 1 bis 2 Prozent der neugeborenen Kinder weisen eine genetisch bedingte Erkrankung oder Behinderung auf. Das Risiko, ein Baby mit einer genetischen Erkrankung zu bekommen, steigt mit dem Alter der Mutter stark an. Daher haben immer mehr werdende Eltern den Wunsch, über das Risiko einer genetischen Erkrankung bei ihrem Baby aufgeklärt zu werden.

Als **pränatale Diagnostik** fasst man alle Untersuchungsmethoden während der Schwangerschaft zusammen, die Rückschlüsse auf mögliche Erkrankungen des ungeborenen Kindes zulassen. Dabei unterscheidet man **die nicht-invasiven** Untersuchungsmethoden, die nicht direkt in den Bereich des ungeborenen Kindes eingreifen, von den invasiven.

Zu den wichtigsten nicht-invasiven Untersuchungen zählt die **Ultraschalluntersuchung**. Mithilfe dieser Untersuchung ist es möglich, die körperliche Entwicklung des Kindes und die Anlage der verschiedenen Organe sehr genau festzustellen. Auf diese Weise erhält man nicht nur Hinweise auf mögliche genetisch bedingte Erkrankungen, sondern auch auf Fehlbildungen und Erkrankungen, die auf andere Einflüsse wie Strahlung, Medikamente und anderes mehr zurückzuführen sind. Auch die Untersuchung des **mütterlichen Blutserums** kann Hinweise auf eine mögliche Erkrankung des Fetus geben. Dabei spielt die Konzentration eines speziellen Proteins mit Namen **Alpha-1-Fetoprotein** eine besondere Rolle. Eine erhöhte Konzentration dieses Proteins kann ein Hinweis auf einen Defekt sein, bei dem sich die frühe Form der Wirbelsäule nicht schließt und so das Rückenmark offen liegt. Dieser Defekt wird als Neuralrohrdefekt, **Spina bifida**, bezeichnet. Eine Erniedrigung des Alpha-1-Fetoproteins kann in Zusammenhang mit **Trisomie 21** auftreten. Die Bestimmung des Alpha-1-Fetoproteins ist allerdings fehleranfällig und lässt keine gesicherten Rückschlüsse zu. Im Falle eines Hinweises auf eine mögliche Erkrankung des Kindes wird daher in der Regel dazu geraten, diese mithilfe invasiver Untersuchungsmethoden zu überprüfen. Zu den invasiven Untersuchungen zählen die Untersuchung des Mutterkuchens, **Chorionzottenbiopsie**, des Fruchtwassers, **Amniozentese**, und des Nabelschnurbluts, **Nabelschnurpunktion**. In allen drei Fällen geht es darum, Zellen des ungeborenen Kindes zu gewinnen, um hieraus Hinweise über einen möglichen genetischen Defekt zu erhalten.

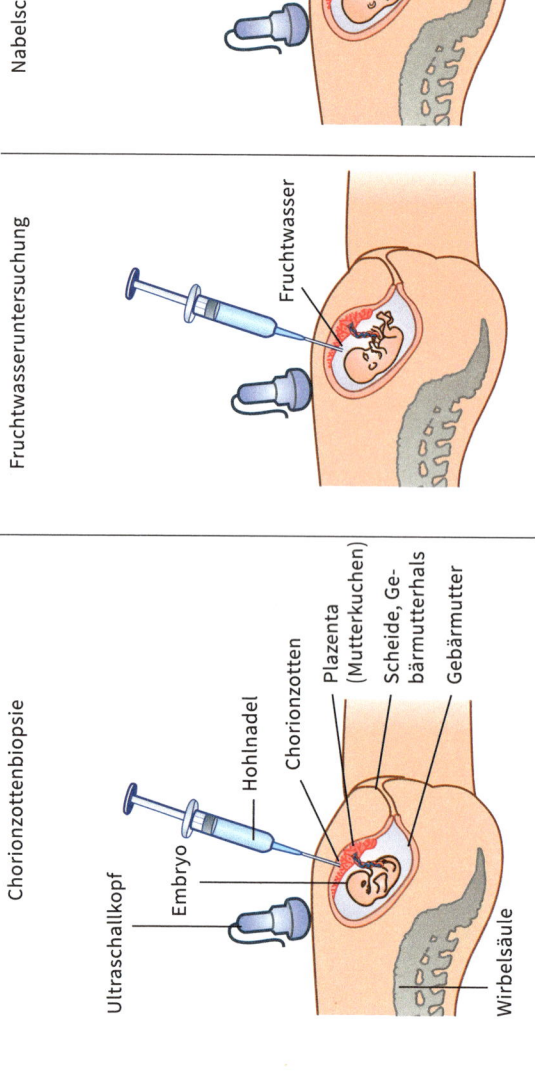

1 *Methoden der pränatalen Diagnostik*

1. Definieren Sie den Begriff Pränataldiagnostik.
2. Stellen Sie die beiden grundsätzlichen Arten von Untersuchungsmethoden der pränatalen Diagnostik zusammenfassend dar.
3. Nennen Sie Gemeinsamkeiten und Unterschiede der in Abbildung 1 dargestellten Methoden.
4. Nennen Sie mögliche Gründe für die Durchführung dieser Methoden.

Material 30b: Fruchtwasseruntersuchung

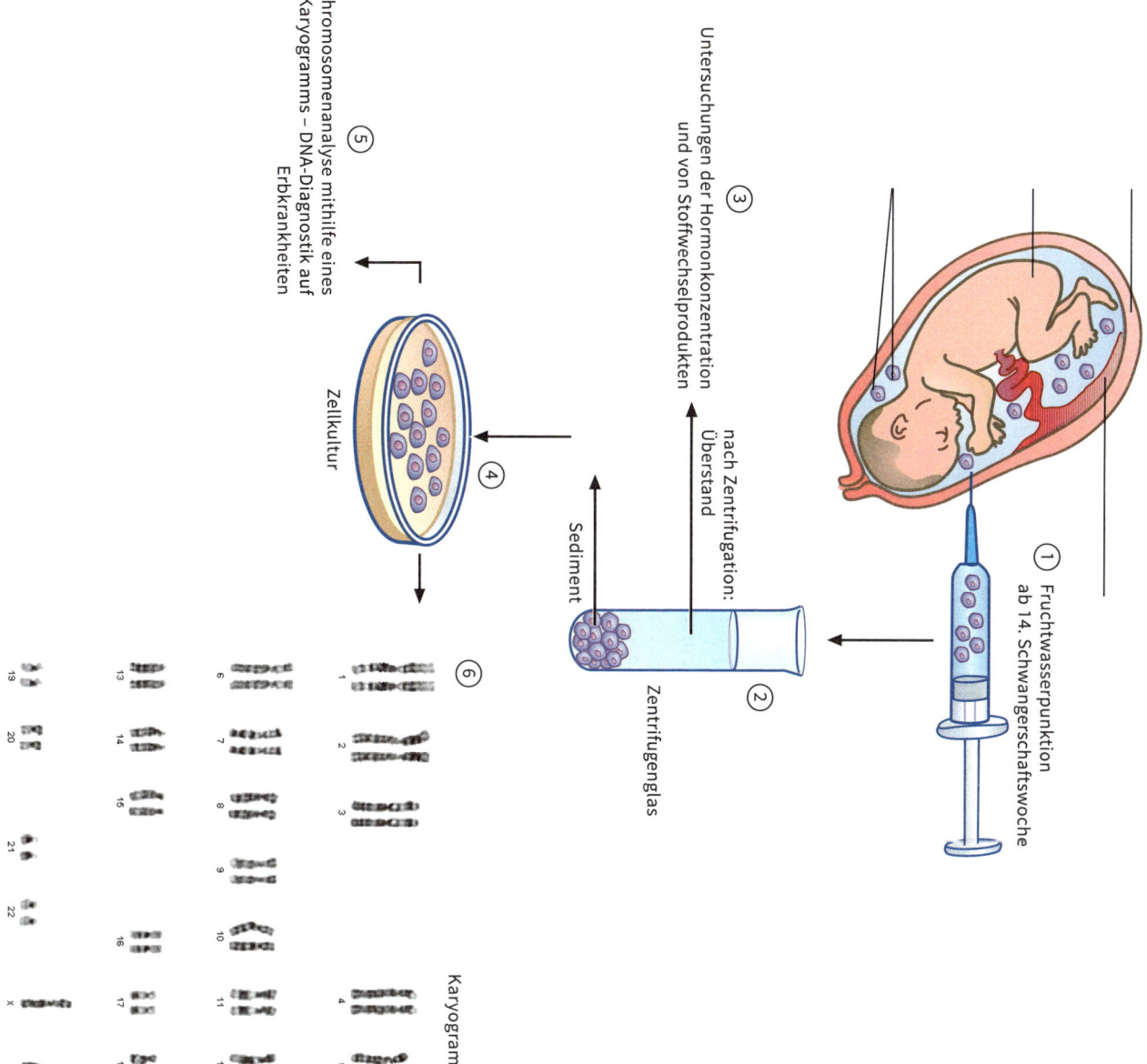

1 *Fruchtwasseruntersuchung*

1. Beschriften Sie die Abbildung zum Schritt 1 der Fruchtwasseruntersuchung.
2. Schreiben Sie anhand der sechs Schritte in der Abbildung einen Informationstext über den Ablauf einer Fruchtwasseruntersuchung.
3. Der Schritt 6 in der Abbildung ist sehr verkürzt dargestellt. Erläutern Sie, wie man ausgehend von der Zellkultur aus der Fruchtwasseruntersuchung vorgehen muss, um ein Karyogramm zu erhalten, das die Bestimmung des Geschlechts des ungeborenen Kindes letztendlich ermöglicht. Ziehen Sie als Hilfe Material 4 auf Seite 58 hinzu.
4. Bei der Untersuchung wurde das oben abgebildete Karyogramm erstellt.
   a) Bestimmen Sie das Geschlecht des Kindes.
   b) Fassen Sie weitere Aussagen anhand des Karyogramms zusammen.

Molekulargenetik

Material 30c: Hintergrundinformationen zur Pränataldiagnostik (PND)

Zur Pränataldiagnostik gehören spezielle Untersuchungen, die über die regulären, im Mutterpass vorgesehenen Vorsorgeuntersuchungen hinausgehen. Mit ihnen wird gezielt nach Hinweisen auf mögliche Fehlbildungen, Chromosomenabweichungen und erblich bedingte Erkrankungen beim ungeborenen Kind gesucht.

Methoden der Pränataldiagnostik

Man unterscheidet in der vorgeburtlichen Diagnostik zwischen **invasiven** und **nicht invasiven** Verfahren. Die invasiven Verfahren sind mit einem erhöhten Risiko verbunden, das Kind durch eine Fehlgeburt zu verlieren. Statistisch gesehen kommt es nach einer Plazenta-Punktion bei einer bis vier von 200 Frauen als Folge des Eingriffs zu einer Fehlgeburt. Nach einer Fruchtwasseruntersuchung verliert eine von 200 Frauen ihr Kind, bei einer Nabelschnurpunktion eine bis drei von 100 Frauen. Für alle Untersuchungen gilt:
- Nur ein Teil möglicher Beeinträchtigungen kann überhaupt während der Schwangerschaft festgestellt werden.
- Die Testergebnisse sind häufig nicht eindeutig, sodass sie unter Umständen weitere Untersuchungen nach sich ziehen.
- Viele Behinderungen und Entwicklungsstörungen des Kindes können zwar mit pränataldiagnostischen Verfahren erkannt werden, eine Behandlung in der Schwangerschaft ist jedoch nur bei wenigen Krankheiten möglich.
- Die Testergebnisse sagen meist wenig darüber aus, wie schwer eine Krankheit oder Behinderung verlaufen wird und welche Einschränkungen sie genau mit sich bringen wird.
- Die Tests können auch Erkrankungen oder Behinderungen übersehen.
- Die Tests können auch fehlerhaft sein und zum Beispiel eine Erkrankung oder Behinderung anzeigen, die gar nicht vorliegt.

Informierte Zustimmung

Die Ärztin oder der Arzt ist verpflichtet, die Schwangere, beziehungsweise die werdenden Eltern bereits vor einer pränataldiagnostischen Untersuchung umfassend aufzuklären und zu beraten. Dazu gehören Informationen über die Art des Tests, seine Risiken sowie mögliche Ergebnisse und daraus folgende Konsequenzen. Außerdem muss die Ärztin oder der Arzt die Schwangere darauf hinweisen, dass sie einen Anspruch auf eine ergänzende psychosoziale Beratung in einer Schwangerschaftsberatungsstelle hat. Die Schwangere muss in jede vorgeburtliche genetische Untersuchung schriftlich einwilligen.

1. Führen Sie eine ethische Bewertung zur PND durch und erläutern Sie, ob Pränataldiagnostik aus Ihrer Sicht angewendet werden sollte. Nutzen Sie hierfür Material 31a auf Seite 109.

Material 31a: Methodenblatt: Ethisches Bewerten

In der Biologie gibt es viele Themen, die Situationen aus dem eigenen Leben streifen und dabei eine Entscheidung oder eine Stellungnahme von uns verlangen. Bevor man eine Entscheidung fällt, muss man die Situation bewerten. Das passiert auf der Grundlage von umfassenden Sachinformationen und der Abschätzung möglicher Folgen der Entscheidung. Das Ziel der methodischen Bewertung ist es, die Gründe für oder gegen eine Entscheidung zu verstehen, indem man ermittelt, welche Wertevorstellungen zur Entscheidung und somit zur Handlungsoption geführt haben. Auf dieser Grundlage ist es dann möglich, zu einer eigenen begründeten Entscheidung zu gelangen und auch andere Standpunkte anzuerkennen. Als **Werte** werden in diesem Zusammenhang Zustände beziehungsweise Ziele bezeichnet, wenn sie gesellschaftlich oder individuell von großer Bedeutung sind. Mögliche Werte sind in Tabelle von Abbildung 1 aufgeführt. Im Gegensatz zu Werten sind **Normen** Handlungsorientierungen, die zu Handlungen auffordern oder diese verbieten. Normen haben oft als Regeln oder Gesetze formuliert und sind daher als eine bestimmte Verbindlichkeit. Bei ethischen Bewertungen müssen neben den Werten auch Normen beachtet werden. Aus diesem Grund ist es notwendig, neben den rein beschreibenden, wertfreien Aussagen deskriptive Aussagen zur Beschreibung des jeweiligen Sachverhalts auch normative Aussagen zu tätigen, die bestimmte Verhaltensweisen als gerechtfertigt bezeichnen.

Beispiele für deskriptive Aussagen sind:
– Die Krankheit hat folgende Symptome …
– Die Wahrscheinlichkeit an der Krankheit … zu erkranken liegt bei … Prozent.

Beispiele für normative Aussagen sind:
– Um das Recht auf Selbstbestimmung zu gewährleisten, darf … diese Maßnahme durchführen.
– Als wichtigen Beitrag zum Umweltschutz muss die Maßnahme … umgesetzt werden, um …

Eine umfassende methodische Bewertung kann in den folgenden sechs Schritten durchgeführt werden:

Schritt 1: Den Konflikt genau in eigenen Worten definieren.

Schritt 2: Standpunktoptionen entwickeln. (Tipp: Mehr als zwei Optionen können möglich sein.)

Schritt 3: Pro- und Contra-Argumente sammeln.

Schritt 4a: Ethische Werte zuordnen, die hinter den jeweiligen Argumenten stehen (Abb. 1).

Schritt 4b: Rangfolge der Argumente nach ihren jeweiligen Werten bilden.

Schritt 5: Begründet eine Entscheidung fällen unter Berücksichtigung der nicht so hoch gewichteten Argumente.

Schritt 6: Konsequenzen aufzählen, die das eigene und das andersartige Urteil implizieren.

Freiheit	Bildung	Solidarität	Menschenwürde	Gerechtigkeit
Würde der Natur	Treue	Fortschritt	Frieden	Wachstum
Wohlstand	Umweltschutz	Wahlfreiheit	Artenschutz	Leidverringerung
Gleichberechtigung	Leistung	Gehorsam	Sicherheit	Wahrheit
Verantwortung	Freundschaft	Liebe	Selbstachtung	Zufriedenheit
Selbstbestimmung	Ästhetik	…	…	…

1 Ethische Werte

Molekulargenetik

Material 31b: Was nun?

Miriam, 35 Jahre, ist schwanger. Sie und ihr Mann Bernd haben sich schon so lange ein Kind gewünscht und freuen sich sehr. Bernd ist Lehrer und Miriam Ärztin. Die erste Zeit nach der Entbindung möchte Miriam zu Hause bleiben, dann will Bernd in Elternzeit gehen. Als Miriam in der 14. Schwangerschaftswoche ist, lässt sie eine Fruchtwasseruntersuchung vornehmen, da sie weiß, dass das Risiko ein behindertes Kind zu gebären, mit dem Alter der Mutter stark ansteigt.

Die Fruchtwasseruntersuchung ergibt, dass sie ein kleines Mädchen bekommen werden, das an dem Down-Syndrom leidet. Der behandelnde Arzt informiert sie darüber, dass ein Schwangerschaftsabbruch zu diesem Zeitpunkt unter bestimmten Bedingungen noch möglich wäre. Für Miriam und Bernd stellt sich nun die Frage, ob sie das Kind unter diesen Umständen bekommen wollen.

Alter der Mutter	Wahrscheinlichkeit für Trisomie 21 beim Kind
25	0,1%
30	0,1%
34	0,2%
35	0,35%
36	0,5%
37	0,65%
38	0,8%
39	0,9%
40	1,0%
41	1,2%
42	1,9%
43	2,4%
44	3,1%
45	4,0%
46	5,0%
47	7,0%
48	9,0%

1 Zusammenhang zwischen dem Alter der Mutter und dem Auftreten von Trisomie 21 bei Neugeborenen

1. Informieren Sie sich über das Down-Syndrom, nutzen Sie dazu auch das Material 31c auf Seite 111. Notieren Sie sich stichwortartig die wichtigsten Fakten.
2. Stellen Sie die Werte aus Tabelle 1 in einem Diagramm anschaulich dar. Fassen Sie die wichtigsten Aussagen des Diagramms kurz zusammen.
3. Recherchieren Sie die rechtliche Situation und die medizinischen Fakten zum Schwangerschaftsabbruch.

Material 31c: Informationsblatt Down-Syndrom – Trisomie 21

Die Kennzeichen des Down-Syndroms wurden erstmals 1866 von dem englischen Arzt JOHN LANGDON DOWN beschrieben. Er schrieb: „… Das Haar ist nicht so schwarz wie bei den echten Mongolen, sondern eher bräunlich, glatt und schütter. Das Gesicht ist flach und breit, die Augen stehen schräg, und die Nase ist klein …". Wegen des eher asiatischen Aussehens der betroffenen Menschen wird das Down-Syndrom auch als Mongolismus bezeichnet. Da diese Bezeichnung als Abwertung verstanden werden kann, sollte sie nicht verwendet werden.

Die Ursache
Die Ursache für das Down-Syndrom ist das Vorhandensein eines **dritten Chromosoms Nr. 21**. Damit handelt es sich um eine **Trisomie 21**. Trisomien entstehen durch einen Teilungsfehler bei der Meiose.

Besondere Merkmale
Menschen mit Down-Syndrom haben typische körperliche Merkmale. Neben den oben beschriebenen Kennzeichen treten noch kleine Ohren, breite Hände mit kurzen Fingern und eine durchgehende Handfurche auf. Menschen mit Down-Syndrom leiden häufig unter **Muskelschwäche**. Sie wachsen langsamer und erreichen eine Körpergröße, die unterhalb des Durchschnitts liegt. Das Körpergewicht ist in den ersten Jahren meist unterdurchschnittlich, nach der Pubertät ist eine Neigung zu starker **Gewichtszunahme** typisch. Bei 40 bis 60 Prozent der Betroffenen treten verschiedenartige **Herzfehler** auf. Anomalien des Verdauungstraktes gibt es etwa in zehn Prozent der Fälle, weiterhin leiden sie gehäuft an Fehlfunktionen der Schilddrüse. Durch Abweichungen im Immunsystem kommt es oft zu Infekten der oberen Luftwege und zu Mittelohrentzündungen, die in Schwerhörigkeit münden können. Viele Down-Syndrom-Kinder haben **Sehstörungen**. Die Entwicklung der Menschen mit Down-Syndrom verläuft insgesamt verzögert, besonders auffällig ist die Verzögerung bei der **Sprachentwicklung** und bei der **motorischen Entwicklung**. Die intellektuellen Fähigkeiten sind vermindert, wobei der Grad sehr variabel ist. Weniger als 10 Prozent der Menschen mit Down-Syndrom ist schwergradig geistig behindert.

Zusätzlich zu den medizinischen Aspekten gibt es noch einige besondere Eigenschaften, durch die sich Menschen mit Down-Syndrom auszeichnen: Sie sind oft sehr **lebensfroh** und können sich auch über Kleinigkeiten herzlich freuen. Sie sind ausgesprochen **freundlich** und gehen unvoreingenommen auf Menschen zu.

Lebenserwartung
Früher starben 75 Prozent der Menschen mit Down-Syndrom vor der Pubertät und 90 Prozent vor dem Erreichen des 25. Lebensjahres. Durch frühzeitige Behandlung der Begleitfehlbildungen und -erkrankungen wie Herzfehler, Fehlbildungen des Verdauungstraktes oder Infektionen hat sich die mittlere Lebenserwartung deutlich nach oben verschoben. Heute können Menschen mit Down-Syndrom ein Alter von 50 und höher erreichen. Bei individueller Förderung können sie ein weitgehend selbstständiges Leben führen.

Molekulargenetik

Material 31d: Gavriels Hoffnung – Crispr

Gavriel Rosenfeld ist 14 Jahre alt und sitzt im Rollstuhl. Vor dem Schlafengehen muss er täglich noch umfangreiche Dehnübungen machen. Dafür legt ihm seine Mutter Kerry spezielle Beinschienen an, damit er stehen kann. Gavriel leidet an Duchenne-**Muskeldystrophie**, einer seltenen Krankheit, die durch eine Mutation auf dem X-Chromosom verursacht wird. Sie tritt mit einer Wahrscheinlichkeit von 1: 3500 auf und es sind fast nur Jungen betroffen. Dychenne-Muskeldystrophie ist eine jener seltenen Krankheiten, die durch nur ein defektes Gen verursacht werden, aber das gesamte Leben beeinträchtigen. Aufgrund des Gendefekts wird in Gavriels Muskelfasern das Protein **Dystrophin** nicht produziert, das die Muskelzellen stabilisiert. Dadurch werden die Muskeln allmählich immer weiter abgebaut. Normalerweise werden Duchenne-Patienten nicht älter 25 Jahre. Doch in Gavriel Rosenfelds Fall könnte es anders sein. Er ist womöglich einer der ersten Patienten, deren Gendefekt mithilfe von Crispr behandelt wird.

Die Genchirurgie

Das neue **Universalwerkzeug der Gentechnik** heißt **Crispr** (für Clustered Regularly Interspaced Short Palindromic Repeats) oder Crispr/Cas9 und kann die DNA von Menschen, Tieren und Pflanzen so präzise verändern wie keine Technik zuvor. Das Werkzeug besteht aus einem Riesenmolekül mit Namen Cas9, das wie eine winzige Schere funktioniert und die DNA zerteilen kann, und aus einer Molekülsequenz, die als Adresscode dient. Der **Adresscode** gibt die gewünschte Position an, an der die DNA durchtrennt werden soll. Dafür setzen Genetiker die Moleküle **Adenin (A), Guanin (G), Cytosin (C) und Thymin (T)** so zusammen, dass die Sequenz genau mit jener Stelle der DNA korrespondiert, an der diese zerschnitten werden soll. Haben zwei Scheren dann einen fehlerhaften Genabschnitt abgetrennt, setzen die natürlichen Reparaturenzyme der Zelle die DNA wieder zusammen. Auch neue Gene lassen sich auf diese Weise einfügen. Um **monogenetische Erbkrankheiten** zu behandeln, müssen die Moleküle mithilfe von harmlosen Viren, sogenannten Genfähren, in die betroffenen Körperzellen eingeschleust werden und das defekte Gen korrigieren. In früheren Gentherapien ging das schief, Patienten sind gestorben. Neuere Genfähren mit **Adeno-assoziierten Viren**, die nur arbeiten wenn Adenoviren als Helferviren anwesend sind, sollen sicherer sein. Aids und Krebs wiederum könnten bekämpft werden, indem man Immunzeller außerhalb des Körpers mit Crispr verändert und dann wieder in den Körper injiziert. Gefürchtet sind sogenannte **Off-target-Effekte**, bei denen die DNA versehentlich auch an anderen als dem gewünschten Ort durchtrennt wird.

Gavriel als Versuchskaninchen

Eine Probe mit Gavriels Körperzellen ist nach Kanada transportiert worden, wo mit ihnen Crispr-Experimente durchgeführt werden. Gavriels Gendefekt eignet sich für die Crispr-Behandlung besonders gut, da ein kleiner Abschnitt seines Dystrophin-Gens doppelt vorhanden ist. Schneidet man Crispr heraus, sollte das Gen theoretisch wieder funktionieren. Das kanadische Forscherteam hat erste Versuche mit Gavriels Gewebeprobe durchgeführt. Nach der Behandlung stieg die Dystrophin-Produktion von null auf vier Prozent des Normalwertes. Für eine erfolgreiche Therapie ist dieser Anstieg noch zu gering. Es sind also noch weitere Forschungen nötig bis Gavriel erfolgreich behandelt werden kann.

Die Entdeckerinnen

Die Forscherinnen EMMANUELLE CHARPENTIER und JENNIFER DOUDNA haben vor wenigen Jahren die entscheidende Entdeckung gemacht. Sie beschrieben, wie sich ein Abwehrsystem von Scharlach-Bakterien gegen Viren als Werkzeug in der Genombearbeitung verwenden lässt. Dafür haben sie allein 2016 acht Forschungspreise bekommen.

---

1. Beschreiben Sie die Funktion von Crispr als Werkzeug der Gentechnik.
2. Vergleichen Sie Chancen und Risiken dieser modernen gentechnischen Behandlungsweise.
3. Führen Sie eine ethische Bewertung (Material 31a, S. 109) durch und erörtern Sie, ob diese Gentechnikmethode aus Ihrer Sicht weiter angewendet werden sollte. Unterscheiden Sie in Ihrer Argumentation deskriptive und normative Aussagen.

Material 32: Basiskonzepte – eine Mindmap erstellen

Bei den vielfältigen biologischen Prozessen findet man häufig ähnliche Erklärungsmuster oder gemeinsame grundlegende Prinzipien. Die Fachinhalte der Biologie werden deswegen acht Basiskonzepten zugeordnet und dienen der besseren Vernetzbarkeit von erworbenem Wissen. Dadurch entsteht ein roter Faden durch die Fülle der biologischen Fachinhalte, sowohl in der Sekundarstufe I wie auch in der Sekundarstufe II. Die zu erreichenden Kompetenzen der jeweiligen Jahrgänge sind den einzelnen Basiskonzepten zugeordnet, so auch in Klasse 11.

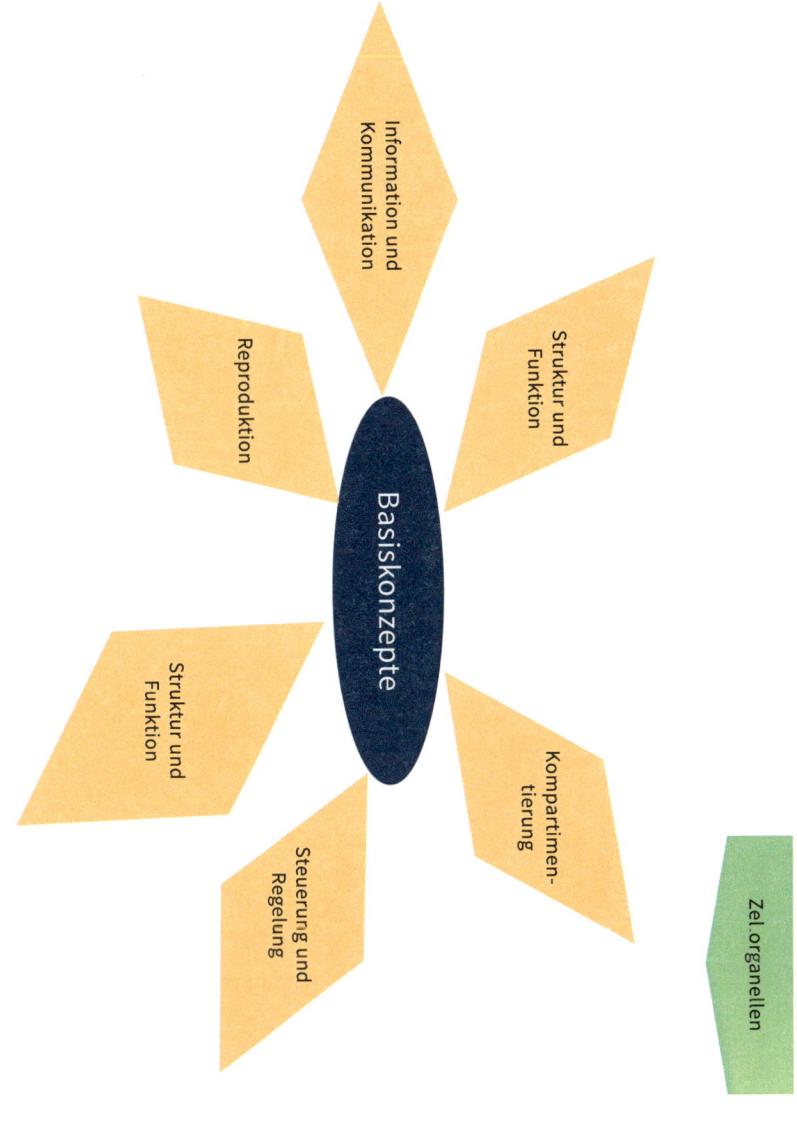

1 *Beispiel für eine Mindmap*

1. Fassen Sie die einzelnen Aspekte, die Sie im Verlaufe des Schuljahres in den jeweiligen Texten zu den Basiskonzepten kennengelernt haben, in einer Mindmap zusammen.

Die Basiskonzepte „Variabilität und Angepasstheit" und „Geschichte und Verwandtschaft" werden in der Klassenstufe 11 nicht behandelt.

Glossar

Aktiver Transport: Transport eines Stoffes durch eine selektiv permeable Membran unter Aufwendung von Energie.

Allele (alleles Gen): verschiedene Zustandsformen eines Gens für dasselbe Merkmal. Sie liegen auf den homologen Chromosomen am selben Ort.

Aminosäure: organische Säure mit einer Aminogruppe und einer Carboxylgruppe, Grundbaustein der Proteine.

Aminosäuresequenz: Abfolge der Aminosäuren in Proteinen. Sie wird auch als Primärstruktur bezeichnet.

Amniozentese: Verfahren im Rahmen der Pränataldiagnostik, bei dem mithilfe einer Hohlnadel die Fruchtblase punktiert wird. Die so entnommenen fetalen Zellen werden im Hinblick auf genetische Erkrankungen des Embryos untersucht.

Anticodon: Abfolge von drei Basen (Triplett) auf der tRNA, die die angehängte Aminosäure codiert.

ATP (Adenosintriphosphat): energiespeichernde und -übertragende Verbindung im Stoffwechsel. Die Hydrolyse von ATP zu ADP (Adenosindiphosphat) und Phosphat setzt Energie frei, die für energieverbrauchende Reaktionen genutzt wird.

Autosomen: alle Chromosomen eines Chromosomensatzes, die nicht Geschlechtschromosomen (Gonosomen) sind.

Bakterien: prokaryotische Lebewesen ohne Zellkern. Das Erbmaterial liegt frei in Cytoplasma.

Befruchtung: Vereinigung des haploiden Chromosomensatzes der Eizelle mit dem der Spermienzelle zum diploiden Chromosomensatz der Zygote.

Biokatalysatoren: s. Enzyme.

Biomembran: abgrenzende Struktur aus einer Phospholipid-Doppelschicht mit mosaikartig und beweglich auf- und eingelagerten Proteinen zwischen Zellen und Zellorganellen (Kompartimenten).

Brown'sche Molekularbewegung: kontinuierliche und ungeordnete Bewegung der Teilchen

Carrier: Transportprotein in der Biomembran für den selektiven und gerichteten Transport

Centriolen: röhrenförmige Strukturen aus dem Protein Tubulin. Sie haben Transport und Stützfunktionen, zum Beispiel die Spindelfasern (-apparat) während der Zellteilungen Mitose und Meiose.

Centromer: Bereich des Chromosoms, der die Chromatiden zusammenhält. Es dient in der Metaphase von Mitose und Meiose als Ansatzpunkt für die Spindelfasern.

Chloroplast: von einer Doppelmembran umgebenes Zellorganell in Fotosynthese betreibenden Zellen.

Chromatid: bezeichnet einen Teil der Chromosomen von Eukaryonten. Es besteht aus einem DNA-Doppelstrang und den zugehörigen Proteinen. Die Chromosomen liegen im Zellzyklus als Ein-Chromatid-Chromosomen vor, in der Mitose bis zu der Telophase als Zwei-Chromatid-Chromosomen.

Chromosom: fadenförmiges Gebilde aus DNA im Zellkern von eukaryotischen Zellen, sichtbar während der Mitose und Meiose.

Chromosomenmutation: Mutation, die die Struktur eines Chromosoms betrifft. Man spricht von Deletion, wenn Teile eines Chromosoms fehlen.

Codon: Abfolge von drei Basen (Basentriplett) auf der mRNA, die bei der Translation in eine Aminosäure „übersetzt" werden.

Codogener Strang: Strang der DNA, der die Erbinformation enthält und bei der Transkription abgelesen wird.

Cytoplasma: Grundsubstanz der Zelle. Es besteht aus einer wässrigen Zellflüssigkeit, in der viele Stoffe in gelöster Form vorliegen und dem Cytoskelett.

Cytoskelett: Netzwerk aus Proteinfäden im Cytoplasma für Stabilität und als Befestigungsmöglichkeit.

Denaturierung: irreversible Zerstörung der Struktur von Molekülen wie Proteinen oder DNA durch chemische oder physikalische Einflüsse.

Deskriptive Aussagen: beschreibende, wertfreie Aussagen.

Dictyosom: aus flachen Membranzisternen bestehendes Zellorganell zum Stofftransport. Zum Transport werden von den Zisternen GOLGI-Vesikel abgeschnürt, die dann zu anderen Organellen oder zur Zellmembran gelangen.

Diffusion: Verteilung von Teilchen in einem Raum aufgrund ihrer ungerichteten Eigenbewegung.

Diploid: Zelle, die zwei homologe Chromosomensätze enthält, einen vom Vater und einen von der Mutter.

DNA (engl. *Desoxyribonukleinacid*, Desoxyribonucleinsäure) Makromolekül aus Nucleotiden, das als schraubig gewundener Doppelstrang vorliegt. Jedes Nucleotid besteh aus dem Zucker Desoxyribose, einer Phosphatgruppe und einer der vier Basen Adenin, Guanin, Cytosin und Thymin.

Dystrophie: degenerative Besonderheiten durch Entwicklungsstörungen einzelner Gewebe, Zellen, Körperteile oder Organe (z. B. Muskeldystrophie).

Eiweiße: siehe Proteine.

Elektrophorese: (Gel-): labormedizinische Untersuchung, bei der die Proteine des Blutes nach Gruppen entsprechend ihrer Ladung getrennt werden und aufgrund ihrer relativen Verteilung Hinweise auf verschiedene Erkrankungen geben können.

Endoplasmatisches Retikulum (ER): netzartiges Membransystem der Zelle zur Synthese und für den

Transport von Stoffen. Das raue ER besitzt Ribosomen und dient der Proteinbiosynthese, das glatte ER wirkt an Stoffwechselprozessen mit und dient dem Stofftransport.

Enzyme: komplexe Verbindungen aus Proteinen, die als Biokatalysatoren die chemischen Umsetzungen in Zellen steuern. Sie senken die Aktivierungsenergie, sodass Reaktionen schon bei niedrigeren Temperaturen ablaufen können. Enzyme sind substrat- und wirkungsspezifisch, das heißt sie setzen nur ein Substrat auf eine bestimmte Weise um.

Eucyte: Zelltyp der Eukaryoten. Er besitzt einen echten Zellkern und Zellorganellen.

Eukaryot: Lebewesen, deren Zellen einen Zellkern und weitere Zellorganellen enthält.

Fluoreszenz: spontane Emission von Licht beim Übergang eines angeregten Systems in einen Zustand niedrigerer Energie.

Fortpflanzung: Erzeugung von neuen, eigenständigen Nachkommen.

Gen: Abschnitt der DNA, der die Information für ein Polypeptid enthält. Proteine führen zu der Ausbildung von Merkmalen.

Genetischer Code: Abfolge aus drei organischen Basen (Basentriplett) codiert eine Aminosäure. Die Zuordnung aller möglichen Tripletts zu den jeweiligen Aminosäuren ist der genetische Code.

Genexpression: Vorgänge, durch die die genetische Information nutzbar gemacht und umgesetzt wird.

Genmutation: Mutation, die ein einzelnes Gen betrifft.

Genom: Gesamtheit der Erbinformationen eines Lebewesens.

Genommutation: Mutation, die die Anzahl der Chromosomen betrifft.

Genotyp: Gesamtheit aller Gene (Erbinformationen) eines Lebewesens.

Gentechnik: biotechnologische Methoden und Verfahren, die gezielte Eingriffe in das Genom beziehungsweise biochemische Steuerungsvorgänge von Lebewesen und Viren ermöglichen.

GOLGI-Apparat: Gesamtheit aller Dictyosomen einer Zelle.

Gonosomen: Chromosomen, die das Geschlecht eines Lebewesens festlegen.

Haploid: Zellen mit einem einfachen Chromosomensatz, z. B. die Geschlechtszellen des Menschen.

Helicase: Enzym, das den DNA-Doppelstrang in zwei Einzelstränge teilt.

Homologe Chromosomen: Chromosomen, die einander entsprechen, das heißt Informationen zu den gleichen Merkmalen enthalten.

Hydrophil: wasserliebend, zum Beispiel eine Substanz, die sich gut in Wasser löst.

Hydrophob: wasserabweisend, zum Beispiel eine Substanz, die sich schlecht in Wasser löst.

Hypertonisch: eine Lösung, die eine höhere Konzentration an gelösten Teilchen besitzt als ihre Vergleichslösung.

Hypotonisch: eine Lösung, die eine geringere Konzentration an gelösten Teilchen besitzt als ihre Vergleichslösung.

In-vitro-Fertilisation (IVF): künstliche Befruchtung, die außerhalb des Körpers im Reagenzglas stattfindet.

Isotonisch: eine Lösung, die die gleiche Konzentration an gelösten Teilchen besitzt wie ihre Vergleichslösung.

Karyogramm: paarweise Anordnung der Chromosomen des Menschen nach Größe, Gestalt und Bandenmuster.

Karyoplasma (Kernplasma): Teil des Zellplasmas, der sich im Zellkern befindet.

Kohlenhydrat: organisches Molekül aus den Atomen Kohlenstoff, Wasserstoff und Sauerstoff im Verhältnis 1:2:1.

Klon: genetisch identische Lebewesen.

Kompartiment: abgegrenzter Raum in einem System, in dem spezifische Reaktionen ablaufen. In der Zelle sind Kompartimente durch Biomembranen abgegrenzt.

Komplementäre Basenpaare: sich aufgrund ihrer räumlichen Struktur ergänzende Basen der DNA und RNA, die über Wasserstoffbrücken miteinander verbunden sind. In der DNA paaren sich Adenin mit Thymin (A-T) und Cytosin mit Guanin (C-G). In der RNA wird Thymin durch Uracil ersetzt (A-U).

Ligase: Enzym, das DNA-Stränge verknüpft.

Lipide: Stoffgruppe hydrophober Moleküle. Zu den Lipiden gehören Fette, Phospholipide und Steroide.

Lipophil: fettliebend; zum Beispiel eine Substanz, die sich gut in Fett löst.

Lipophob: fettabweisend; zum Beispiel eine Substanz, die sich schlecht in Fett löst.

Lysosom: membranumschlossenes Vesikel in der eukaryotischen Zelle mit Enzymen zum Abbau von Stoffen.

Meiose: Vorgang zur Bildung von Geschlechtszellen (Spermienzellen, Eizellen) mit haploidem Chromosomensatz. Die Meiose besteht aus zwei Teilungsschritten, die jeweils unterschiedliche Phasen umfassen. Die dabei entstehenden Geschlechtszellen sind untereinander nicht erbgleich.

Mikrotubuli: röhrenförmige Strukturen aus dem Protein Tubulin. Mikrotubuli sind Teile des Cytoskeletts und kommen in Geißeln, Cilien und im Spindelapparat vor.

Mitochondrium: von einer Doppelmembran umge-

Glossar

benes Zellorganell, in dem die Zellatmung stattfindet. Mitochondrien werden auch als Kraftwerke der Zellen bezeichnet.

Mitose: Teilung des Zellkerns in zwei Tochterkerne vor der Teilung einer Zelle. Bei der Mitose werden vorher identisch verdoppelte Chromosomen in einem mehrere Phasen umfassenden Vorgang auf die zwei Tochterkerne verteilt, sodass genetisch identische Zellen entstehen.

Monosomie: Vorliegen von einem anstelle von zwei homologen Chromosomen aufgrund eines Fehlers in der Meiose.

mRNA (messenger-RNA): Kopie eines DNA-Genabschnittes, die vom Kern in das Zellplasma gelangt.

Mutagene: physikalische Einwirkungen oder Stoffe, die im Erbgut von Lebewesen Veränderungen auslösen.

Mutation: dauerhafte Veränderung in der Nucleotidsequenz der DNA.

NAD$^+$ (Nicotinamid-Adenin-Dinucleotid): Cosubstrat von Enzymen bei Redoxreaktionen. Für den Transport bindet es zwei Wasserstoffatome. Werden Elektronen benötigt, setzt es neben den Elektronen zwei Wasserstoffionen (Protonen) frei.

Normative Aussage: wertende oder vorschreibende Aussagen. Sie geben vor, wie etwas sein soll beziehungsweise wie es zu bewerten ist.

Nucleinsäure: Makromolekül, das aus Nucleotiden aufgebaut ist. Es enthält die genetische Information.

Nucleolus: Kernkörperchen, dient der Synthese der Ribosomen.

Nucleotid: Baustein der DNA und RNA, der aus einem Zucker, einer Phosphatgruppe und einer organischen Base besteht.

Nucleus: siehe Zellkern.

Organell: abgetrennte Kompartimente in Zellen.

Osmose: Diffusion eines Stoffes durch eine semipermeable Membran.

Passiver Transport: Stofftransport eines oder mehrerer Stoffe entlang des Konzentrationsgefälles ohne Energieaufwand. Es wird kein ATP umgesetzt.

PCR (Polymerase Chain Reaktion, Polymerase-Kettenreaktion): automatisiertes Verfahren zur Vervielfältigung von DNA-Stücken durch komplementäre Basenpaarung.

Permeabel: durchlässig; zum Beispiel die Biomembran für bestimmte Stoffe.

Phänotyp: Gesamtheit aller Merkmale eines Lebewesens.

Phospholipide: Lipide, die aus einen hydrophoben Teil und einen hydrophilen Teil aufgebaut sind. Phospholipide sind der Hauptbestandteil von Biomembranen.

Plasmolyse: Schrumpfung des Zellleibs einer Pflanzenzelle, die durch Osmose verursacht wird und zur Ablösung des Zellleibs von der Zellwand führt. Die Umkehrung des Prozesses wird Deplasmolyse genannt.

Präimplantationsdiagnostik (PID): Verfahren der Chromosomen- beziehungsweise Genanalyse vor der Übertragung eines Embryos nach einer künstlichen Befruchtung. Für die PID werden dem Embryo Zellen entnommen, vermehrt und untersucht. PID ist in Deutschland und vielen anderen Ländern verboten.

PND (Pränataldiagnostik) Untersuchungsmethoden, die vor der Geburt des Kindes durchgeführt werden.

Procyte: Zelltyp der Prokaryoten ohne echten Zellkern.

Prokaryoten: Lebewesen, deren Erbmaterial nicht von einer Membran umgeben ist, zum Beispiel Bakterien.

Promotor: Nucleotidsequenz der DNA, die reguliert, ob das dahinterliegende Gen abgelesen wird.

Protein(e): Molekül(e) aus einer Abfolge von Aminosäuren, die miteinander in Wechselwirkung stehen und für eine bestimmte räumliche Struktur (Konformation) sorgen. Proteine können in unterschiedliche Funktionen wirksam sein, zum Beispiel als Strukturproteine, Enzyme, Transport-Proteine, Abwehrproteine und Rezeptorproteine.

Proteinbiosynthese: Prozess, in dem entsprechend der Information eines DNA-Abschnittes ein Polypeptid gebildet wird. Die Proteinbiosynthese besteht aus den Abschnitten Transkription und Translation.

Punktmutation: Genmutation, bei der eine einzelne Base in einem Gen verändert ist.

Rastermutation: Genmutation, bei der durch das Fehlen oder Hinzufügen einzelner Basen das „Leseraster" für die Transkription verschoben wird, sodass kein funktionsfähiges Protein gebildet werden kann.

Replikation: identische Verdoppelung der DNA in der Mitose. Dabei wird der Doppelstrang in Einzelstränge getrennt und jeder Einzelstrang mithilfe der komplementären Basenpaarung wieder zu einem Doppelstrang ergänzt.

Reproduktion: Erzeugung neuer, eigenständiger Nachkommen.

Restriktionsenzym: Enzyme, die die DNA an bestimmten Stellen erkennen und schneiden können.

Ribosom: aus zwei Untereinheiten zusammengesetztes Zellorganell ohne Membran, an dem die Proteinbiosynthese erfolgt. Ribosomen kommen im Cytoplasma, auf dem ER, in Mitochondrien und in

Glossar

Chloroplasten vor.

RNA: (engl. *Ribonucleinacid*, Ribonucleinsäure): ein meist einsträngiges Molekül, das sich aus vielen Nucleotiden zusammensetzt. Jedes Nucleotid besteht aus den Bestandteilen Ribose (Zucker), einem Phosphatrest und einer der vier organischen Basen Adenin, Guanin, Cytosin und Uracil.

RNA-Polymerase: Enzym, das die Bildung von RNA an der DNA katalysiert.

rRNA (ribosomale RNA): RNA-Bestandteil der Ribosomen.

Schlüssel-Schloss-Prinzip: allgemeines Prinzip, wonach zwei Moleküle aufgrund ihrer räumlichen Struktur so exakt zueinander passen wie ein Schlüssel zu seinem Schloss. Beispiele für das Schlüssel-Schloss-Prinzip sind Enzyme und ihre Substrate und die komplementäre Basenpaarung.

Stoffwechsel: Gesamtheit aller biochemischen Vorgänge eines Lebewesens.

Tonoplast: Biomembran, die die Vakuole umgibt.

Transformation: Übertragung von genetischer Information durch Aufnahme von freier DNA.

Transgen: genetisches Material, das mit gentechnischen Verfahren in das Erbgut eines Organismus eingebracht wurde.

Transkription: Vorgang, bei dem eine Kopie aus RNA von der DNA im Kern hergestellt wird.

Translation: Vorgang im Cytoplasma, bei dem an den Ribosomen entsprechend der mRNA ein Protein hergestellt wird.

Triplett: Set aus drei organischen Basen.

Trisomie: Vorliegen von drei statt zwei homologen Chromosomen aufgrund eines Fehlers in der Meiose.

tRNA (transfer-RNA): RNA, die eine Aminosäure zu den Ribosomen transportiert. Die verschiedenen Aminosäuren werden an den Ribosomen zu Proteinen verbunden.

Turgor: Druck, den der Zellinhalt einer Pflanzenzelle auf die Zellwand ausübt.

Vakuole: von einer Zellmembran (Tonoplast) umgebener Raum in der Zelle, der zur Speicherung von Stoffen dient und in dem zahlreiche Reaktionen ablaufen.

Vesikel: von Biomembran abgegrenzte Bläschen im Cytoplasma, hauptsächliche Aufgabe sind Transportprozesse.

Zelldifferenzierung: Entwicklungsprozess, bei dem aus ursprünglich gleichartigen unspezialisierten Zellen strukturell und funktionell unterschiedliche Zellen werden.

Zelle: kleinste, mit allen Merkmalen des Lebendigen ausgestattete Einheit von Lebewesen.

Zellorganellen: durch Membranen abgegrenzte Reaktionsräume in Zellen.

Zellplasma: siehe Cytoplasma

Zellwand: außerhalb der Zellmembran liegende Hülle aus Cellulose Pflanzenzellen, Bakterien und Pilzen.

Zellmembran: siehe Biomembran

Zellteilung: siehe Mitose.

Zellzyklus: regelmäßige Abfolge von Vorgängen in der Zeit von einer Zellteilung zur nächsten. Der Zellzyklus setzt sich zusammen aus der Interphase, der Mitose und der anschließenden Zellteilung.

Zygote: befruchtete Eizelle.

Stichwortverzeichnis

Abwandlungsprinzip 33
Acetabularia 49
Acetabularia acetabulum 50
Acetabularia crenulata 50
Acetabularia wettsteinii 50
Adenin 60
Aktin 77
aktiver Transport 41
aktiver Transport, sekundär 41
aktive Transport, primär 41
Aminosäure 22
Amniozentese 102
Anaphase 62, 66
Anticodon 83
Antiport 40
Autosom 54
AVERY, OSWALD 58

Base 60
Basentriplett 82
BEADLE, GEORGE W. 88
Brown'sche Molekularbewegung 35

Carotinoide 12
Carrier 40
Cellulose 21
Centromer 54
Chlorophyll 12
Chorionzottenbiopsie 102
Christae 9
Chromatide 54
Chromatin 8, 55
Chromosom 54
Chromosomenmutation 90

Codon 82
Cotransport 40
Cytoplasma 8
Cytosin 60
Cytoskelett 10

DAVSON, HUGH 28
DANIELLI, JAMES 28
Deplasmolyse 39
Desoxyribose 60
Dictyosom 10
Diffusion 35, 40
Dipeptid 22
Disaccharid 20
DNA 60
Doppelhelix 60
Down-Syndrom 101, 106, 107
Dystrophin 78

Stichwortverzeichnis

Eizelle 96
Elektronenmikroskop 7
Endoplasmatisches Retikulum (ER) 11
Enzym 71
Eucyte 13
Eukaryot 13

Fettsäure 19
Flüssig-Mosaik-Modell 30
Fortpflanzung, geschlechtlich 96
Fortpflanzung, ungeschlechtlich 96
Fructose 21

G_0-Phase 62
G_1-Phase 62
G_2-Phase 62
Galactose 21
Galaktosämie 94
Genetischer Code 82
Genmutation 90
Genomutation 90
Gesamtvergrößerung 6
Glucose 20
Glycerin 19
Glykogen 21
Glykolipid 19
Glykoprotein 22
Golgi-Apparat 10
Gonosom 54
GORTER und GRENDAL 26
Grana 12
GRIFFITH, FREDERICK 57
Guanin 60

HÄMMERLING, JOACHIM 51
Hämoglobin 77
hydrophob 19

Insulin 77
Interphase 62
invasiv 102

Kanalprotein 40
Karyogramm 54, 56
Karyoplasma 8
Keimzellen 96
Kernhülle 8
Kernkörperchen 8
Kernporen 8
Kleeblattstruktur 83
Kohlenhydrat 20
Kollagen 77
Kompartiment 13, 32, 95

Lactose 21
Lichtmikroskop 6

Linse 6
Lipid 19
lipophil 19

Maltose 21
Meiose 97
Metaphase 66
Mikrotubuli 10
Mitochondrium 9
Mitose 62
Modell 31
Monosaccharid 20
Monosomie 101
mRNA 80
Muskeldystrophie 78, 108
Muskeldystrophie, Becker-Kiener- 91
Muskeldystrophie, Duchenne- 91
Mutation 90
Myosin 77

Nabelschnurpunktion 102
Natrium-Kalium-Ionenpumpe 41
Neurospora crassa 88
nicht-invasiv 102
NICOLSON, GARTH 30
Non-Disjunction 101
Nucleotid 60
Nucleinsäure 76

Oberflächenvergrößerung 33
Objektiv 6
Okular 6
Organellen 4

Parvocaulis parvula 50
Peptidbindung 22
permeabel 35
Phospholipid 19
Plasmolyse 39
Polypeptid 23
Polypeptidkette 22
Polysaccharid 20
Pränataldiagnostik 102
Primärstruktur 22
Progerie 92
Prokaryot 13
Prophase 66
Protein 22
Proteinbiosynthese 79
Protoplast 13
Purinbase 60
Pyrimidinbase 60

Quartärstruktur 22

Rasterelektronenmikroskop 7
Replikation 67

Reproduktion 73
Rezeptorprotein 77
Ribose 80
Ribosom 11
rRNA 80

Saccharose 21
Schirmalge 50
Schließzelle 43
Schlüssel-Schloss-Prinzip 60, 70
Sekundärstruktur 22
selektiv permeabel 36
SINGER, SEYMOUR J 30
Spaltöffnung 43
Spermium 96
S-Phase 62
Stärke 21
Startcodon 82
Stoppcodon 82
Stroma 12
Struktur 70
Symport 40

TATUM, EDWARD L. 88
Telophase 66
Tertiärstruktur 22
Thylakoide 12
Thymin 60
Tonoplast 12
Transkription 79, 81
Translation 79
Transmissionselektronenmikroskop 7
Transportprotein 40, 77
Trisomie 21 101
Trisomie 101
tRNA 80
Trypsin 77
Tubus 6

Ultraschalluntersuchung 102
Uniport 40
Uracil 76

Vakuole 12

X-Chromosom 54

Y-Chromosom 54

Zellatmung 9
Zelle 4
Zellkern 8, 48
Zellteilung 62
Zellzyklus 62
Zisternen 12

Sicherheit beim Experimentieren

1 Gefahrensymbole

Bei der Durchführung von Experimenten müssen einige wichtige Regeln beachtet werden, damit möglichst keine Gefährdungen auftreten:

- Beim Experimentieren muss eine Schutzbrille getragen werden.
- In Fachräumen, in denen experimentiert wird, darf nicht gegessen und getrunken werden.
- Vor dem Experimentieren müssen die Versuchsanleitung und die Entsorgungshinweise sorgfältig gelesen werden.

In Experimenten werden manchmal auch Stoffe verwendet, von denen eine Gefährdung ausgehen kann. Diese Stoffe werden als Gefahrstoffe bezeichnet. Gefahrstoffe sind grundsätzlich gekennzeichnet, um auf mögliche Gefahren hinzuweisen. Seit 2010 ist die Kennzeichnung von Gefahrstoffen weltweit einheitlich nach GHS (Globally Harmonised System). Piktogramme, einfache kleine Bilder, geben direkt erste wichtige Hinweise auf die Art der möglichen Gefährdung (siehe Abbildung 1). Bei den Experimenten in diesem Buch werden die Piktogramme in den Gefährdungsbeurteilungen aufgeführt. Diese enthält auch alle weiteren wichtigen Informationen zu Sicherheitsmaßnahmen und zur Entsorgung von Chemikalienresten. Signalworte geben Auskunft über das Maß der möglichen Gefährdung. Das Signalwort „Gefahr" macht deutlich, dass beim Umgang mit dem Stoff eine ernsthafte Gefahr besteht. Weniger gefährliche Stoffe werden mit dem Signalwort „Achtung" gekennzeichnet.

Detaillierte Gefahrenhinweise werden mithilfe der H-Sätze (englisch: hazard standards) abgekürzt. Umfassende Sicherheitshinweise zum Umgang mit dem Stoff werden mit den P-Sätzen (englisch: precautionary statements) angegeben.

Physikalische Gefahren

explosiv
Stoffe, die durch Feuer, Hitze Schlag, Reibung explodieren können

entzündbar
Flüssigkeiten, die leicht entzündbare Gase bilden können

brandfördernd
Stoffe, die Brände verstärken

komprimierte Gase
Gase, die beim Erhitzen explodieren können

ätzende Wirkung
Stoffe, die andere Stoffe und Oberflächen schädigen können

Gesundheitsgefahren

giftige und sehr giftige Stoffe
Stoffe, die in geringen Mengen schwere Schäden verursachen oder zum Tod führen können

ätzende oder giftige Stoffe
Stoffe, die akute und chronische Gesundheitsschäden verursachen können

Gesundheitsgefahr
Stoffe, die Organe schädigen, Allergien, Krebs, Fruchtschädigungen, Erbgutveränderungen auslösen können

ätzende Wirkung
Stoffe, die Haut und Augen schädigen können

Umweltgefahren

umweltgefährdend
Stoffe, die für Wasserorganismen giftig sind.

Liste der in Versuchen verwendeten Stoffe

Stoffname	Gefahren-symbole	H-Sätze	P-Sätze	Entsorgung	Signalwort	Seite im Buch
Isopropanol	GHS02, GHS07	H225, H319, H336	P210, P233, P240, P305+P351+P338, P403+P235	Sondermüll	Gefahr	69
Methanol	GHS02, GHS06, GHS08	H225, H331, H311, H301, H370	P210, P233, P280, P302+P352, P304+P340, P308+P310, P403+P235	Sondermüll	Gefahr	27

H225 Flüssigkeit und Dampf leicht entzündbar.

H301 Giftig bei Verschlucken.

H319 Verursacht schwere Augenreizung.

H311 Giftig bei Hautkontakt.

H331 Giftig bei Einatmen.

H336 Kann Schläfrigkeit und Benommenheit verursachen.

H370 Schädigt die Organe.

P210 Von Hitze, heißen Oberflächen, Funken, offenen Flammen sowie anderen Zündquellenarten fernhalten. Nicht rauchen.

P233 Behälter dicht verschlossen halten.

P240 Behälter und zu befüllende Anlage erden.

P305+351 Bei Kontakt mit den Augen: Einige Minuten lang behutsam mit Wasser ausspülen. Eventuell vorhandene Kontaktlinsen nach Möglichkeit entfernen. Weiter ausspülen.

P403+235 An einem gut belüfteten, kühlen Ort aufbewahren.

P280 Schutzhandschuhe / Schutzkleidung / Augenschutz / Gesichtsschutz tragen.

P302+352 Bei Berührung mit der Haut: Mit viel Wasser waschen.

P304+340 Bei Einatmen: Die betroffene Person an die frische Luft bringen und für ungehinderte Atmung sorgen.

P308+310: Bei Exposition oder falls betroffen: Sofort Giftinformationszentrum oder Arzt anrufen.

Haftungsausschluss: Trotz sorgfältiger Recherche bei der Deklarierung der Chemikalien ist es möglich, dass bei der Zusammenstellung der Liste Fehler aufgetreten sind. Aus diesem Grund übernimmt der Verlag für die Deklarierung der Chemikalien keine Haftung.

Bildquellennachweis

|Berger Seidel, Sigrid Prof. Dr., Schriesheim: http://paleopolis.rediris.es/cg/CG2006_BOOK_02/ 52, 52, 52. |Georg Thieme Verlag KG, Stuttgart: Gerhard Wanner, Mikroskopisch-Botanisches Praktikum (Zeichnungen von Renate Reichinger-Bock). ISBN 978-3-13-440312-1. Georg Thieme Verlag, Stuttgart 2004, S. 38, Abb. 3.3.1/© 2018 Georg Thieme Verlag KG 6, 19. |Getty Images, München: Minden Pictures Titel. |Hoppe, Dr. Petra, Hannover: 27, 32. |Johannes Lieder GmbH & Co. KG, Ludwigsburg: 66, 66, 66, 66. |OKAPIA KG - Michael Grzimek & Co., Frankfurt/M.: NAS/Dr. D.W. Fawcett 3, 50; NAS/K.R. Porter 20. |Picture-Alliance GmbH, Frankfurt/M.: Wildlife 90. |Science Photo Library, München: Fawcett, Don W. 30; Lounatmaa/SPL 20. |Visuals Unlimited, Milford NH: Dr. Fred Hossler 19, 20. |Wissenschaftliche Film- und Bildagentur Karly, München: 56, 107.

Wir arbeiten sehr sorgfältig daran, für alle verwendeten Abbildungen die Rechteinhaberinnen und Rechteinhaber zu ermitteln. Sollte uns dies im Einzelfall nicht vollständig gelungen sein, werden berechtigte Ansprüche selbstverständlich im Rahmen der üblichen Vereinbarungen abgegolten.